생명존중교육을 위한

자살예방론

김도진

희망이 모이면 생명이 됩니다!

창지사

머리말

이 세상에 생명보다 소중한 것이 있을까요? '나'란 존재는 지구상에 단 한 사람뿐입니다. 길가에 굴러다니는 돌멩이, 낙엽, 풀잎 하나에도 의미를 찾고 그 의미에서 존재감을 느끼는 것이 우리입니다. 하물며 인간은 만물의 영장이며, 신의 창조물입니다. Socrates(BC 470~399년)는 '자신을 아는 것'의 소중함을 설파하였습니다. 인간만이 자신을 알고 느끼고 사랑하며 삶을 영위합니다.

사람이 중심이 되고, 교육이 중심이 되며, 지식과 창의력이 가치 창출의 원천이 되어 국가경쟁력을 좌우하는 21세기 지식기반사회에서는 자살예방교육이 창조적 지식기반사회 형성에 핵심적 역할을 수행할 수 있도록 생명의 소중함을 인지하여야 할 것입니다. 그런데 경제적 성장은 첨단을 달리고 있지만, 정신건강에 대한 사회적 인식과 책임에 따른 생명존중의 소중함은 도외시 되어 있어 이러한 시대적 흐름에 부응하지 못하고 있는 실정입니다.

자살예방교육은 사회적 가치를 창출하고 미래사회를 창조해 나갈 인적 자원의 손실을 최대한 막아 내는 생명존중교육이 되어야 하며, 사회적 연대의식과 보편적 인류의 영속성을 유지해 나갈 수 있도록 지속적인 교육으로 자리매김되어야 하는 인류사회의 사명이라 할 수 있습니다.

본서는 모두 11장으로 구성되었습니다.

제1장 자살의 개념, 제2장 자살의 실태 분석, 제3장 자살의 원인, 제4장 자살의 수단, 제5장 청소년 자살, 제6장 중년의 자살, 제7장 노인의 자살, 제8장 군인의 자살, 제9장 자살 후 남겨진 자, 제10장 자살의 법적 · 윤리적 이슈, 제11장 자살의 예방 및 대처 정책을 다루고 있습니다. 본서는 저자의 강의 경험을 토대로 자살예방교육에서 꼭 다루어야 할 핵심 내용을 중심으로 최대한 간결하게 구성하고자 하였습니다.

새로운 교재를 집필하려는 의욕은 넘쳤지만, 막상 교정이 끝나고 출판하려고 하니 부끄럽고 걱정스러운 점이 한두 가지가 아닙니다. 내용적으로 문제점이나 개선사항은 지속적으로 개정판에 반영하여 더욱 충실한 교재가 되도록 노력할 것을 다짐하는 바입니다.

본서가 나오기까지 많은 자료를 제공해 주고 격려와 조언을 아끼지 않은 창지사 영업부 양승수 부장님과 출판 디자인 연구소 이혜란 연구원님, 총괄하신 김기섭 사장님의 노고에 감사를 드립니다.

교육은 일시적이 아닌 영원함을 추구하는 간절함이 내재되어야 할 것입니다!

2016년 9월

김 도 진

목차

■ 머리말 3

Chapter 01 자살의 개념 / 9

01 자살의 정의 13
02 자살과 관련된 개념들 17
03 자살의 개관 24

Chapter 02 자살의 실태 분석 / 39

01 자살 추세 분석 42
02 사망원인과 사망률 44
03 성별 사망원인과 사망률 45
04 연령별 사망원인 46
05 심리적 부검 46

Chapter 03 자살의 원인 / 55

01 자살의 위험요인 59
02 자살의 생물학적 원인 69
03 자살의 심리학적 원인 72
04 자살의 사회학적 원인 79
05 자살과 미디어 84
06 자살과 주거 공간적 특성 90

Chapter 04 자살의 수단 / 93

01 성별에 따른 자살수단 ········ 95
02 자살수단에 따른 사망률 ········ 97
03 성별, 연령별, 사망률에 따른 자살수단 ········ 98
04 자살수단과 위험성 ········ 100
05 국가별 자살수단의 변화 양상 ········ 101

Chapter 05 청소년 자살 / 103

01 어린이와 청소년의 자살 ········ 105
02 청소년 자살의 특성 ········ 130
03 청소년 자살의 심리적 부검 ········ 133
04 자살에 대한 일반적인 오해 ········ 135
05 자살의 위험요인 ········ 138
06 자살경계의 징후 ········ 141
07 어떻게 도와줄 것인가? ········ 144
08 자살문제와 인간적인 만남 ········ 147

Chapter 06 중년의 자살 / 153

01 성인의 자살 특징 ········ 156
02 동반자살 ········ 172
03 사회적 역할의 과몰입 ········ 175
04 탈진 증후군 ········ 175
05 빈 둥지 증후군 ········ 176

Chapter 07 노인의 자살 / 177

01 노인의 자살과 위험요인 ········· 179
02 노인의 신체화증상군 ········· 187
03 심리적 상처 ········· 188
04 노인의 사회 심리적 문제 ········· 189

Chapter 08 군인의 자살 / 191

01 군 사망사고의 실태 ········· 193
02 군 자살사고 발생요인 ········· 195
03 군 자살자의 자살방법 및 특성 ········· 196
04 한국군 자살예방의 목표 ········· 198
05 위기상담의 실제 ········· 199
06 위기상담의 과정 ········· 205
07 군 내 자살예방 시스템의 구축 ········· 210
08 사후 관리 ········· 212

Chapter 09 자살 후 남겨진 자 / 213

01 자살과 자살 낙진의 대응 ········· 216
02 자살 후 남겨진 자에 관한 연구 ········· 217
03 특별한 관심: 남겨진 어린이 ········· 221
04 남겨진 자, 자살을 돌보는 우선순위 ········· 222
05 자살 후 남겨진 자를 위한 정신건강 도움 ········· 223
06 자살 후 가족 개입의 제안된 모델 ········· 227

Chapter 10 자살의 법적 · 윤리적 이슈 / 231

01 자살의 법적 · 윤리적 이슈 ········ 233

02 윤리, 가치 그리고 자살 ········ 234

03 의사도움자살과 존엄사 ········ 238

Chapter 11 자살의 예방 및 대처 정책 / 241

01 WHO 관련 활동 ········ 243

02 외국의 자살예방 활동 ········ 244

- 부록 ········ 249
- 참고문헌 ········ 263
- 저자소개 ········ 270

01 CHAPTER

자살의 개념

국립서울병원과 이화여자대학교는 공동으로 '2004년 사망원인통계 자료를 토대로 우리나라 자살의 사회경제적 비용부담에 관한 연구'를 실시하였다. 사회경제적 비용추계 모형은 평균여명까지 생산에 참여한다고 가정하여 산출하였으며, 이는 3조 856억 원으로 추계되었다. 자살자의 직접비용은 응급실 진료비, 응급이송비, 장례비, 수사비가 포함되어 총 95억 원, 자살자의 간접비용은 조기사망비용을 추계하여 약 3조 원이었다. 외부적 비용 가운데 가족의 의료비, 교통비와 같은 직접비용이 약 47억 원, 가족의 작업손실비용과 같은 간접비용이 10억 원이었다. 또한, 우울증의 사회경제적 비용도 연간 2조 153억 원으로 추계되었다. 자살자 가족의 경우, 가족 구성원의 자살 이후 의료이용량이 증가하였는데 정신과적 질환은 자살 전에 비하여 4.6배, 일반 질환은 4.0배 증가하여 가족에 대한 정책적 지원방안도 필요한 것으로 연구 결과 나타났다(정신건강정책포럼, 2007).

다음의 〈표 1-1〉은 高橋祥友(1997)의 자살에 대한 인식 테스트를 한국에 맞게 번안한 것이다(高橋祥友, 1997).

〈표 1-1〉 자살인식 테스트

1. 한국의 자살률은 세계 1, 2위로 매우 높다.
2. 자살을 생각하는 사람은 죽겠다는 각오가 확고하기 때문에 자살예방이 불가능하다.
3. 대부분의 사람은 자살 직전의 정신적인 문제를 인정하지 않는다.
4. 남성은 여성보다 자살률이 높다.
5. 자살을 암시하는 사람은 실제로 자살하지 않는다.
6. 자살 전에 반복해서 사고를 일으키는 사람이 있다.
7. 한국 청소년의 자살률이 가장 높은 것으로 나타난다.
8. 자살은 어느 날 갑자기 아무런 징후 없이 일어나는 경우가 많다.
9. 우울증은 자살과 강한 연관이 있다.
10. 우울증에 효과적인 치료 방법이 있다.
11. 자살위험이 큰 사람은 언제나 우울하다.
12. 일단 자살의 위험이 지나가면, 두 번 다시 같은 행동을 반복하지 않는다.
13. 사회적으로 고립된 사람은 그렇지 않은 사람에 비해 자살의 위험이 크다.
14. 자살의 위험이 큰 사람의 치료에는 가족의 협력이 필수적이다.
15. 자살에 유행현상은 없다. 단지 우연의 일치에 지나지 않는다.
16. 전문직 여성이 전업주부보다 자살률이 높다.
17. 신체적인 문제에 대해 반복적으로 호소하는 노인 중 자살의 가능성을 내포하고 있다.
18. 자살한 사람 중 대부분이 정신과 치료를 받은 경력이 있다.
19. 자살시도는 남성보다 여성이 많다.
20. 실제로 죽을 위험이 낮은 방법(손목을 얕게 긋거나 약을 많이 먹지 않은)으로 자살을 시도한 사람이라도 그 후에 자살로 인해 생명을 잃어버릴 위험성이 높다.

1. ×	2. ×	3. ×	4. ○	5. ×	6. ○	7. ×	8. ×	9. ○	10. ○
11. ×	12. ×	13. ○	14. ○	15. ×	16. ○	17. ○	18. ×	19. ○	20. ○

출처: 高橋祥友(1997). 자살의 심리학.

01 자살의 정의

세계보건기구(World Health Organization: WHO)에서 2012년 자살 사망자가 연간 100만 명으로 전쟁과 살인으로 인한 희생자보다 많다는 조사 결과를 발표하였다. 자살을 이해하기 위해서는 우선 자살에 대한 올바른 개념적 정의가 필요하다.

자살을 뜻하는 영어 'suicide'는 '자기'를 의미하는 'sui'와 '죽이다'라는 의미의 'cædo'(kill)가 결합한 단어로 스스로 자신의 생명을 끊는 것을 의미한다. 한자로 '自殺'은 '스스로 죽이다'의 의미로 자신의 의지에 의해 의도적으로 생명을 끊는 행위이다. 자살을 흔히 생각하는 '스스로 목숨을 끊는 행위'로 단순하게 이해해서는 안 된다. 그러한 이유는 누군가를 위해 자신을 희생하는 행위까지 자살로 규정할 수 없기 때문이다.

Durkheim(1897)은 "피해자가 곧 가해자인 특별한 성격의 죽음으로서 스스로에 의해 행해지는 적극적 · 소극적 행위에 의한 모든 죽음"을 자살로 정의하고, 또 다른 연구자들은 스스로를 해치거나 위험에 빠뜨려 죽음에 이르게 하는 것으로 자살을 정의하고 있다. Durkheim은 '죽음'이라는 주제를 사회학적으로 연구할 것을 주장했다. 자기 스스로의 정적 또는 부적 행위로 인하여 죽음에 이르는 직접 · 간접적인 모든 경우를 자살이라고 정의하면서, 이때 희생자인 자신은 죽는다는 것을 알고 있음을 전제하였다. 또한, 자살을 사회학적 연구모델로 개인과 사회 사이의 관계를 반영하여 이기적(egoistic) 자살, 이타적(altruistic) 자살, 아노미(anomic) 자살, 숙명적(fatalistic) 자살과 같이 네 가지 유형[1]으로 분류하였다.

1) 이기적 자살(Lack of social integration: 사회적 통합의 결여) - 개인이 사회와 관계가 결핍되었을 때 개인은 소외되고 자신에게 빠져든다. 이타적 자살(too much social integration: 지나친 사회적 통합) - 개인이 사회의 규범에 지나치게 동일시하여 사회적 기대에 지나치게 맞추고 부응하기 위해 자살기도. 아노미 자살(too little regulation: 낮은 사회적 규제) - 개인이 자신의 행동이 사회규칙에 부합해야만 한다고 느끼지 않을 때, 개인은 사회규범을 벗어난 행동을 할 때 자유로운 경험을 한다. 운명적 자살(too much social regulation: 지나친 사회적 규제) - 자신이 살고 있는 사회로부터 억압받고 있다고 느낄 때(예: 노예, 빈곤, 죄수, 강제수용소 등).

Shneidman(1985)은 자살을 "힘들고 괴로운 문제를 해결하는 진중한 노력으로 자기 스스로에 의해 유발된 소멸의 의식행위이자 해결책"으로 이해하였다. 어려움에 빠진 개인은 자살을 통해 고통을 끝내는 것이며, 이는 희망과 건설적 행위의 마음까지 사라지는 것이다. 또한, Shneidman은 자살을 방지하고자 자살방지 전략을 3단계로 설명했다. 첫째 단계는 격렬한 심리적인 고통이나 괴로움을 감소시키고, 둘째 단계는 눈가리개를 없애서 시야를 확장시키며, 셋째 단계는 자기 자신을 파괴하려는 행위를 조금이라도 줄일 수 있게 돕는 것이다.

Bongar(2002)는 자살에 대한 개념을 "자기로부터의 도피"라고 정의하면서 자살의 과정을 설명하였다. 누구나 생활하면서 자신이 이루고자 하는 기대 수준은 높은데 현실적으로 기대에 도달하지 못할 때, 현실과 자신의 기대 사이에 괴리가 발생한다. 이러한 괴리가 발생한 것을 자기 탓으로 여겨 자신에 대해 비난과 부정적인 평가를 하게 되고, 부정적 자기평가는 부정적 정서 상태를 유발시킨다. 사람은 부정적 정서 상태에서 벗어나기 위해 부정적인 감정을 없애 줄 방안을 찾게 되어 '인지적 몰락(cognitive deconstruction)' 상태가 된다. 이때 '인지적 몰락'은 시간적 조망의 축소와 장기적인 목표 결여, 의미의 거부, 수동성 및 무책임성 등과 같이 정신기능이 협소화되는 상태를 말한다. 이렇게 협소화된 정신기능은 미래에 대한 계획을 세우기보다는 과거의 부정적 생각과 현실의 고통에만 관심을 갖게 되고, 장기적인 계획능력이 결여되어 충동적으로 자살행동을 한다. 이와 같이 Bongar의 이론은 우울함이나 절망 같은 정서적 요인, 단기적 위험요인으로 인한 자살과의 관계, 다양한 병리 집단에서의 자살기제를 이해할 뿐 아니라 행동문제가 드러나는 청소년의 자살행동을 이해하는 데 도움을 준다.

Freud는 소중한 사람을 상실함으로써 겪는 아픔으로 인해 소중한 사람을 유지하고자 동일시하게 되고, 자신의 일부가 된 내재된 사랑에 대한 공격성이 자살을 유발한다고 설명하였다. 즉, '내부로 향하는 분노가 극적으로 표현되는 것'이라고 보았다. Adler는 자살을 '환경 속에서 타인을 조정하려는 시도'이며, 이것은 자기 자신을 상하게 하는 의도도 있지만, 실망이나 절망, 분노 등의 복잡한 정서를 극단적으로 전달하는 방법이라 하였다.

그는 자살에 대하여 정신역동적 동기로 '죽이고자 하는 바람, 죽임을 당하고 싶은 바람, 죽고 싶은 바람'으로 분류하였다. 대부분의 사람이 자살행동을 할 때는 세 가지 동기가 모두 드러나지만 결국에는 하나의 동기만 나타나게 된다. 또한, 사람은 나이가 들어감에 따라 세 가지 동기 중 '죽이고자 하는 바람과 죽임을 당하고 싶은 바람'은 점차 감소하고, '죽고 싶은 바람'은 증가하는 경향이 있다(Berman & Jobes, 2006).

또한, 그는 자살을 바라보는 관점을 '도움의 호소(cry for help)'에서 '고통의 호소(cry for pain)'로 바라볼 것을 주장하였다. 이는 대부분의 자살행동이 어떻게 할 수 없는 힘든 고통이 있을 때 시도하는 것이므로 고통이 먼저 나타나고, 그다음 도움을 호소한다는 것이다. 즉, 자살행동은 어떻게 할 수 없는 상황에서 나타나는 반응이다. 이러한 반응과 연결된 사회적 단서가 드러나면, 그 현상에 취약해져서 무기력해진 사람은 자해나 자살을 통해 힘든 현상에서 벗어나려고 한다. 하지만 이러한 행동은 자살수단의 이용에 따라 달라질 수 있다. 또한, 자신이 인식한 사회적 친밀감이 어떠한 방법으로도 벗어날 수 없다고 믿는 중재역할을 하게 된다. 이러한 사회적 친밀감을 인식하고 적용하는 데 성별에 따른 차이가 있으며, 여성이 남성보다 기회를 잘 활용하는 경향이 있다. 이러한 과정에서 좌절을 피하거나 벗어날 수 있도록 하는 것, 그리고 사회적인 지지를 통해 극복할 수 있다는 믿음을 왜곡시키게 된다. 우울증이 있거나 자살생각이 있는 사람은 이전에 실패한 경험으로 인해 문제해결능력을 격감시켜 미래에 대한 자신의 능력을 제한한다(Berman & Jobes, 2006).

미국질병통제예방센터(Centers for Disease Control and Prevention: CDC)의 자살 사망 진단서 분류기준에 의하면 자살은 사망자 자신에 의해 초래된 부상, 음독 또는 질식에 의한 죽음을 말하며, 스스로 목숨을 끊으려는 의도가 있었다는 증거(직접적/간접적)가 있는 경우로 정의된다. 세계보건기구(WHO)에서는 자살을 치명적인 결과를 초래하는 자해 행위로 본다. 자살은 일반적으로 자신의 생명을 의도적으로 끊는 일종의 살인 행위를 의미한다(보건복지부, 2014). 우리나라 통계청은 자살을 어떠한 수단과 방법으로 행위자가 자신의 죽음을 초래할 의도를 가지고 스스로 목숨을 끊는 행위로 정의하고 있다(통계청, 2013).

자살을 완전히 이해하는 것은 쉽지 않다. 자살은 근본적으로 다양하고 다면적인 특성이 있으며, 각 개인의 특수한 생물학적, 정신사회적, 문화적 배경을 가진다. 자살은 이유 없이 일어나는 사건이 아니라 일련의 과정에 따른 궁극적인 결과라 할 수 있다.

"왜 자살을 결심하는가?"라는 질문에 많은 사람은 답을 하기 곤란할 것이다. 자살의 의미는 다음과 같이 생각할 수 있다.

- 절망과 고통에서 벗어나는 방법
- 조절할 수 없는 감정적 · 정신적 · 물리적 아픔으로부터의 안도
- 질병으로 인한 낙인에 대한 반응
- 무력감으로부터의 도피
- 급성 중독의 결과 자살을 명령하거나 자해하라는 환청에 대한 반응
- 기이하고 과대한 망상의 징후
- 종교적 헌신의 맹세
- 국수주의자나 정치적 충성에 대한 맹세
- 속죄의 수단
- 먼저 죽은 사랑하는 사람과의 재회 수단
- 환생의 수단
- 복수의 방법
- 가족의 명예를 지키는 방법

02 자살과 관련된 개념들

Reynolds와 Thomson(1995)은 자살을 자살생각과 자살계획, 자살시도, 자살행동의 네 가지로 구분하였고, 또 다른 학자들은 자살생각, 자살시도, 자살행동의 세 가지 개념으로 분류하였다. 자살생각(suicidal ideation: 자살사고, 자살관념)은 자살을 하고 싶다, 죽고 싶다는 생각이나 사고에서부터 자살에 대한 구체적인 계획 수립까지를 포함하며, 자살시도(attempted suicide)는 스스로에 대한 파괴의도를 가지고 자해를 입히는 행위로서 사망에 이르지 않은 경우를 의미한다. 자살행동(suicide behavior)은 자기 자신에 대한 살인 행위를 통해 죽음에 이르는 완성된 자살을 의미한다. 자살과 관련된 이러한 개념들은 연속적인 과정으로 이해되는 것으로 자살이 단순한 개별적 사건이 아니라 복잡하고 역동적이며, 종합적인 과정으로 인식하여야 한다는 것을 의미한다.

1) 자살생각

자살생각(suicidal ideation)은 자살을 시도하기 전 일련의 인지적인 사고 과정으로 정의할 수 있으며, 일시적으로 죽고 싶다고 생각하는 것부터 실제로 자살을 감행하기 위해 구체적으로 계획을 세우는 것을 포함한다.

Reynolds는 자살생각을 "죽음과 자살 그리고 자해 행위와 관련된 인지적 사고"로 정의했으며, 또 다른 연구에서는 자살생각을 자살구상, 자살사고, 자살의도, 자살충동 등 다양하게 사용하고 있다.

또한, 자살생각은 살아가면서 누구나 한 번쯤 '인생이 덧없다', '죽고 싶다'와 같은 일반적인 생각에서부터 자기 자신이 정말로 죽으려는 의도를 갖고 구체적인 자살계획을 세우는 것까지 포함한다. 따라서 자살생각에 대하여 조사를 할 때 어디에 중점을 두고 있는지에 따라 비율의 차이가 크다. 대부분의 경우 자살생각을 한 경험은 대략 50~80%이지만 자살방법에 대하여 구체적으로 생각한 경험은 10% 정도로 보고하고 있다(청소년대화의 광장, 1994).

자살생각이 자살을 적극적으로 생각하는 것이라면 자살행동은 자살을 실행에 옮기는 것, 즉 언어적 위협과 이전의 자살시도를 포함한다. 자살에 성공한 사람을 대상으로 자살에 관한 연구를 할 수 없다는 한계점을 감안할 때 자살은 자살을 의도하거나 계획하는 '자살사고 과정'과 타인에게 자살하겠다고 말하거나 자살을 시도하는 '자살행동 과정'으로 구별하여 연구할 수 있다. 연구자는 자살행동과 자살시도가 동시에 발생할 수 있으므로 자살위험성이라는 동일 선상에서 연구되어야 하지만 위험성의 판단과 예방이라는 측면에서 서로 다른 특징을 연구할 필요가 있다(정묘순 · 서수균, 2014).

그러나 자살에 관한 연구는 윤리적이고 실제적인 문제로 인하여 자살시도자로부터 자료를 수집하기가 쉽지 않으므로 자살생각을 주제로 한 연구가 많이 수행되고 있으며, 자살시도에 관한 연구는 상대적으로 적은 편이다. 한편, 자살생각을 가진 모든 사람이 자살시도를 하지는 않는다는 점에서 볼 때 자살생각과 구별되는 자살시도와 관련되는 요인에 대한 연구는 더욱 핵심적인 주제이다. 자살생각이 심각했던 사람의 42%와 자살생각이 경미했던 사람의 34%가 나중에 자살을 시도한 것으로 나타났다. 자살의도 없이 단순히 자해하는 청소년은 우울과 자살생각, 삶의 의미 등에서 자살의도를 가진 자살시도 집단과 구별되었고(Muehlenkamp & Gutierrez, 2007), 자아존중감과 부모의 지지도 더 높은 것으로 나타났다. 이러한 연구 결과는 자살위기가 자살생각은 높으나 자살시도가 없는 경우, 자살생각과 자살의도 없이 자해를 경험하는 경우 그리고 자살생각을 동반한 의도적인 자살시도의 경우로 구별될 수 있음을 의미한다(정묘순 · 서수균, 2014).

2) 자살시도

자살행동과 이로 인한 사망에 대한 가장 강한 예측 요인은 바로 자살시도의 전력이다. 자살시도의 전력을 가진 사람은 그렇지 않은 사람에 비해 상대적으로 자살의 고위험군이라고 알려져 있다.

자살시도(suicidal attempt)는 자살에 대한 생각이나 계획 등을 의도성을 가지고 구체적인 행동(자해 행동)으로 실천하는 것을 의미한다. 그러나 죽고자 하는 목적 외에 다른 사람의 관심을 기대하거나 자신이 원하는 것을 획득하기 위해 감정적이고 충동적으로 자살시도가 나타나는 경우도 있다.

특히, 청소년기의 자살행동은 대부분 완결된 자살이기보다는 자살시도에 그치는 경우가 대부분이다. 자살생각이 자살에 대한 생각이나 계획 등의 인지적 측면에 초점이 있다면 자살시도는 자살을 위한 구체적인 행동에 초점을 두었다. 또한, 자살시도는 완결된 자살자의 경우와는 달리 보고되지 않은 경우가 대부분이라 정확하게 파악하기 힘든 실정이다. 자살자의 40~60%는 자살에 성공하기 전에 한 번 이상의 자해(self-harm)경험을 가진다고 한다. 자해경험에는 자살의도(suicidal intent) 수준이 높은 것들이 포함된다.

3) 자살행동

자살 또는 자살완료(suicidal completed)는 실제적으로 사망에 이르는 것으로 스스로 죽으려는 의도를 가지는 것이며 의도와 행동, 죽음이라는 요소를 포함한다. 의도는 자살이 자기 자신의 의도에 의한 것이며, 행동은 자살행동을 통해 죽음에 이르는 것이다. 그리고 죽음은 자살을 시도한 사람, 즉 자기 스스로 자신을 죽였다는 것이다. 자살의도(suicidal plan)는 유서 준비나 소지품 정리, 책이나 인터넷 등을 통해 자살을 하기 위한 정보를 검색하는 등의 행위를 말한다. 이는 자살생각을 넘어 자살을 준비하는 행동을 포함하지만, 자해 행위까지는 포함하지 않는다.

자살 생존자는 자살을 시도하였으나 실패한 경우, 즉 완결된 자살이 못된 경우를 말한다. 자살의 경우 자살생각이나 자살시도의 수치보다는 파악하기 용이하나, 죽음의 원인이 공식적으로 구분되지 않은 상황을 생각하면 실제 자살자는 밝혀진 수보다 많을 것으로 예상된다. 죽음에 이르는 자살은 여성에 비해 남성이 약 4배 정도 높게 나타난다.

비자살적 자해(non-suicidal self-injury)는 죽음을 의도하지 않고 직접적이고 고의적으로 자기 자신의 신체를 해하는 행위를 말한다. 자살의 의도가 없더라도 개인의 심리적 · 신체적 안녕을 위협하는 행동이며, 극단적인 경우에는 자살로까지 이어질 수 있는 행동이다. 비자살적 자해는 심리적 · 신체적 · 대인관계적인 측면에 부정적인 영향을 미친다. 심리적 측면에서는 개인이 어려운 상황에서 일시적으로 안정감을 얻거나 다른 이유(관심 끌기, 타인을 조정하기 위한 행동 등)때문에 자해를 하지만 끝난 후에는 그러한 자신에 대하여 죄책감이나 수치심을 느낀다. 신체적 측면에서는 자해행동을 통해 신체 조직이 손상되기도 하고, 이로 인해 질병에 걸릴 위험이 증가할 수도 있다(DSM-5: American Psychiatric Association, 2013). 마지막으로 대인관계적 측면에서는 자해 행동을 통해 또래나 주변 사람들로부터 놀림을 받거나 따돌림을 당하는 등 주변의 부정적인 시선으로 인해 어려움을 느끼기도 한다.

4) 자살태도

자살에 대한 태도를 이해하는 것은 자살예방 및 자살 고위험자에 대한 개입과 관련하여 매우 유용할 수 있다. 자살에 대한 부정적 태도는 어떤 경우를 막론하고 자살행동을 비난하는 태도를 지칭하며, 긍정적 태도는 비록 자살을 전적으로 수긍하지는 않지만, 특정 조건과 상황에서 이를 수용하는 태도를 지칭한다. 그리고 이러한 자살에 대한 태도는 인구 집단 안에서도 상당한 개인차가 존재한다.

자살에 대한 무조건적 배척/비수용을 나타내는 관점의 반영으로서 자살에 대한 부정적 태도는 다시 이해 불가능성(incomprehensibility) 차원과 언급회피(avoidance of talking) 차원으로 나누어진다. 이해 불가능성 차원이란 자살에 대한 사회 내의 지배적 관점을 대변하는 것으로 자살을 정신질환, 가족 등에게 못할 짓이자 패륜, 도저히 이해할 수 없는 일탈적 행동 등으로 규정하는 것을 말한다. 언급회피 차원은 자살에 대해 공개적으로 말하는 그 자체를 허용해서는 안 된다는 관점의 표현이다.

자살에 대해 일정 부분 관대하고 수용적인 태도를 지칭하는 자살에 대한 조건적 긍정적 태도는 한마디로 일정한 합리적 토대를 근거로 하는 자살의 수용성(permissiveness) 차원을 구성한다. 이것은 자살이 목숨을 버릴 수 있는 개인의 고유 권리이고, 때때로 문제해결을 위한 돌파구나 해결책이 될 수 있으며, 특히 심각한 불치병에 걸리거나 기타 불가피한 상황에서 자살이 정당화될 수 있다고 보는 시각이다.

자살시도 경력이 있거나 자살사고가 있는 사람은 그렇지 않은 사람에 비해 자살에 대해 더 허용적인 태도를 보인다. 이스라엘 청소년, 슬로베니아 고등학생, 아일랜드 대학생을 대상으로 한 연구에서 자살에 대한 허용적 태도와 자살위험요소, 자살사고와 정적 상관관계가 나타났으며, "자살행동은 정상적인 것이다.", "자살로 죽는 것은 그 사람의 권리이다."라는 의견에 좀 더 동의하는 경향성을 보였다.

한국에서도 자살에 대한 태도를 보고한 일부 연구가 있다. 광주시 북구 주민 1,210명을 대상으로 자살시도 경험 여부에 따라 두 집단을 비교하였는데 "어떤 사람이든 자살할 가능성이 있다.", "자살이 유일한 해결책인 상황이 있다.", "불치병에 걸린 사람의 자살을 이해할 수 있다." 등 자살에 허용적인 문항에서 자살시도 경험이 있는 집단이 유의하게 찬성하는 비율이 높았다.

국가적인 차원에서 자살예방정책을 수립하기 위해서는 자살의 원인 및 자살시도에 영향을 주는 요인들을 찾기 위한 자살실태조사 등의 연구가 필요하다. 자살자에 대해서는 심리적 부검이 가장 효과적인 방법이 될 수 있으나, 문화적 차이와 정서적 거부감으로 인하여 아직까지는 전국적인 조사가 이루어지지 않고 있다. 자살 고위험군의 경우에는 응급실을 방문한 자살시도자가 가장 접근성이 용이하기 때문에 2013년부터 보건복지부와 중앙자살예방센터의 주도하에 전국 25개 병원을 중심으로 자살시도자에 대한 사례관리를 실시하고 있다. 그러나 일반인을 대상으로 하는 자살실태조사는 국민건강영양조사가 3년마다 자살사고 여부를 조사하는 것 이외에는 시행되지 않고 있다. 즉, 일반인이 자살에 대하여 어떤 생각을 하고 있는지를 전국적으로 조사한 경우는 거의 없다(박종익 · 김영주, 2014).

또한, 자살에 대한 태도를 조사함으로써 자살을 예방하고 자살 고위험군을 위한 중재를 개발할 수 있으며, 교육 프로그램을 통해 자살에 대한 태도, 인식, 지식이 증가하는 것으로 나타났다. 즉, 자살에 대한 태도를 연구하는 것은 자살예방 중재 프로그램 개발에 중요한 자료가 될 수 있다.

ATTS(Attitudes Toward Suicide)는 스웨덴에서 두 개의 대규모 전집 조사를 통한 자살에 대한 태도를 측정하기 위하여 개발된 도구로 Jacobsson(1999)에 의해 타당도 연구가 진행된 이후 유럽을 비롯해 아시아에서도 사용이 증가하고 있다. 리커트(Likert) 5점 척도로 '매우 동의하지 않음'의 1점에서 '매우 동의함'의 5점까지 점수화된다.

〈표 1-2〉 한국판 자살태도 설문지

문항	매우 동의하지 않음	동의하지 않음	보통	동의함	매우 동의함
1. 사람은 자신의 생명을 스스로 끊을 권리가 있다.					
2. 자살만이 유일한 합리적 해결책인 상황이 있다.					
3. 누군가 자살을 원한다면 그 사람의 일이므로 우리가 간섭하지 말아야 한다.					
4. 자살은 불치병을 마감하기 위한 합당한 수단이다.					
5. 자살은 아무런 경고 없이 발생한다.					
6. 누군가 자살에 대하여 생각하고 있음에도 불구하고 가족들은 대개 알지 못한다.					
7. 자살하는 사람은 대개 정신질환을 갖고 있다.					
8. 젊은이의 자살은 아직 삶의 가능성이 무한하기 때문에 특히 이해할 수 없다.					
9. 누구든지 자살할 수 있다.					
10. 자살에 대하여 이야기하는 사람이 반드시 자살을 하는 것은 아니다.					
11. 자살한다고 위협하는 사람이 실제로 자살을 하는 경우는 드물다.					
12. 자살시도는 기본적으로 도움을 요청하는 신호이다.					
13. 누군가의 자살을 막기 위해 애쓰는 것은 인간의 의무다.					
14. 자살사고를 가진 사람을 돕는 것은 항상 가능하다.					
15. 누군가 자살하겠다는 결심을 한다면 아무도 그 사람을 막을 수 없다.					
16. 대부분의 자살시도는 친한 사람과의 갈등 때문이다.					
17. 누군가에게 복수하거나 처벌하려고 자살시도를 하는 경우가 많다.					
18. 누군가 자살한다면 오랜 시간 동안 심사숙고한 결과이다.					
19. 대부분의 자살시도는 충동적인 행동이다.					
20. 자살을 한 번 생각했던 사람은 절대로 그 생각을 버리지 못한다.					

출처: 박종익 · 김영주(2014). 한국판 자살태도 설문지(ATTS-20)의 요인구조.

03 자살의 개관

1) 자살의 개관

인류가 역사를 기록한 초기부터 자살에 대한 언급이 있었고 철학적 관점, 종교적 관점, 문화적 관점, 세속적 관점에서 자살을 옹호하거나 금기시하기도 하였다. 최근에는 죽을 권리에 대해 많은 국가가 상반된 의견을 가진다. 우리나라에서는 아직 법적으로 인정이 되지 않은 PAS(Physician Assisted Suicide: 의사가 도와주는 자살)가 미국의 일부 주에서는 1990년대 중반부터 합법화되어 있다.

우리나라는 세계에서 자살을 가장 많이 한다. 특히, 청소년과 청년의 사망원인 1위가 자살이며, 노인 자살률도 다른 나라에 비해 매우 높기 때문에 국가적인 관심이 시급하다.

전체적인 본서의 내용을 살펴보면 전반에는 주로 이론적인 토대를 바탕으로 개념을 이해하고, 후반에는 실제 현장에서 하는 일에 주안점을 두고 진행한다. 본서의 큰 주제가 생명 존중과 자살예방에 관한 것이므로 후반 내용에서는 자살예방에 대해서 자세하게 진행할 것이며, 자살 평가를 진행할 때 우리의 태도, 기술 등에 대해서 중점적으로 살펴볼 것이다. 자살 평가는 자살 치료의 첫걸음이 되기 때문에 이러한 자살 문제에 대한 우리의 관심, 태도, 열정, 기술 등이 매우 중요하다.

각 연령군에 따라 예방, 평가, 치료에 대해서도 자세히 살펴볼 것이다. 자살에 관한 법적 · 윤리적 문제뿐만 아니라 자살 후 남겨진 자들에 대해서도 살펴보고자 한다. 사랑하는 사람을 뜻밖의 일로 잃고 난 뒤 그 가족들, 친척들, 친한 친구들, 가슴 아파하는 모든 지인을 'Suicide Survivor(자살 후 남겨진 자)'로 표현하였다. 이는 자살 유족보다 훨씬 넓은 의미가 있다.

본서를 읽은 독자 여러분이 '자살 후 남겨진 자'의 입장이든 아니든 이 모든 사회적 편견을 극복하고 생명 존중과 자살예방을 위한 귀중한 자원이 되기를 바란다. 또한, 여러분이 향후 국가에서 시행할 연구에서 전문가로 참가하기를 바란다. 이는 우리의 열정과 헌신이 대한민국이 세계 자살 1위 국가라는 오명에서 벗어날 수 있는 기초가 될 것임을 확신한다.

2) 자살의 분류

자살자의 많은 경우가 공식적으로 자살로 분류된 경우에만 수치로 나타나고 사고사 등 다른 분류가 될 때가 많다. 대개의 경우 표준화된 교육을 받지 않은 사람들이 자살 분류를 한다. 어떤 지역에서는 의학교육을 받지 않은 검시관이 하기도 한다. 의학교육을 받은 검시관도 자살로 인한 심리적인 상처와 그 가족과 지역사회에 영향을 줄 때나 죽음을 둘러싼 정황이 모호할 때 자살의 객관적인 결정 시 영향을 받는다. 가족은 상실로 인해 이미 감당하기 힘든 상황인 데다가 사랑하는 사람의 죽음이 자살에 있다고 믿기에는 마음이 내키지 않을 것이다. 그래서 자살로 사인이 분류되는 것에 대해 단호하게 저항한다. 많은 경우의 자살이 사고사처럼 보인다. 유서 등 명확한 증거가 없으면 의심스러운 사망의 경우 사고사로 처리된다. 그래서 자살은 공식적인 통계보다 훨씬 더 높은 것으로 사료된다.

(1) 안락사

안락사란, 죽음에 임박한 불치의 병상자(病傷者)를 고통으로부터 해방시켜 안락하게 죽게 하는 일로, 다음과 같은 유형으로 나눌 수 있다.

① 순수 안락사: 고통의 완화를 위해 모르핀을 투여하는 경우(병자의 생명 단축은 동반하지 않는다)

② 간접적 안락사: 순수 안락사와 같은 조치가 불가피하게 병자의 죽음을 앞당기게 되는 경우

③ 부작위(不作爲)에 의한 안락사: 적극적인 의료조치를 강구하더라도 생명을 약간 연장시킴에 지나지 않으며, 더구나 이러한 조치로 인해 공연히 병자에게 고통만을 주게 될 때 그 조치를 하지 않는 경우

④ 적극적 안락사: 병자의 생명을 적극적으로 끊음으로써 그를 고통으로부터 해방시켜 주는 경우

(2) 자살공격

자살공격(自殺攻擊)은 공격을 행하는 주체가 희생하면서 목표 대상에 위해를 가하는 행위이다. 대표적인 예로 가미카제(神風), 9·11 테러 등이 있으며, 신체의 일부분 또는 운송수단에 폭약 등의 인화물을 구비해 행위자가 특정 목표에 접근하여 폭약을 터뜨림으로써 자기희생과 동시에 목표물을 파괴하거나 피해를 입히는 것이 목적이다. 이때, 행위자는 유도탄의 유도장치로서 역할을 하게 된다.

(3) 집단자살

집단자살(集團自殺)은 많은 사람이 동일한 목적으로 자살하는 것을 말한다. 일부 집단자살은 종교나 컬트 환경 안에서 일어난다. 자살 임무, 자살 폭격, 가미카제는 군사적 혹은 초군사적 형태로 나타나는 집단자살이다. 연인 사이에서 일어나는 동반자살도 작은 의미의 집단자살로 볼 수 있다. 정치적 항의(인민사원)의 의사표

시로 집단자살이 나타난 사례도 있었다.

(4) 동반자살

부모가 자녀를 앞세워 자살하는 것을 말하며 가정경제의 빈곤, 가족의 질병, 가정의 불화 등 그 원인은 다양하게 나타난다. 동반자살은 대체로 부모가 자녀를 독립된 개체로 인정하지 못하고 하나의 종속물로 인식하기 때문에 일어난다. 부모라 할지라도 자식의 생명을 좌우할 권리는 없다(부모 자식 간, 부부 간, 연인 간).

(5) 도피자살

외부 요인에 의한 심리적 압박으로 강한 스트레스, 식욕 감퇴, 생활의욕의 상실, 우울증 등이 가중되어 행하는 자살을 의미한다. 예를 들어, 노무현 전 대통령의 부엉이바위 투신자살, 성완종식 수사회피용 자살, 최근 일어난 롯데그룹 부회장 이인원의 수사압박에 의한 자살 사건 등이 있다.

(6) 순교

자기가 믿는 종교, 즉 신앙 때문에 박해를 받아 목숨까지 잃게 되는 일로, 종교를 가진 사람이 자기의 신앙을 지키기 위해 목숨을 바치는 것을 말한다.

(7) 모방자살

유명인이나 자신이 모델로 삼고 있던 사람이 자살할 경우, 그 사람과 자신을 동일시해서 자살을 시도하는 현상이다.

3) 자살과 자살행동

자살성공률을 안다는 것은 매우 어려운 일이다. 더욱이 자살사고(생각), 자살시도, 자살행동의 유병률을 안다는 것은 더 어렵고, 국가적인 통계도 없다. 특히, 자살사고는 계속 생각이 바뀌기 때문에 정확한 통계를 안다는 것은 더욱더 어려운 일이다. 자살시도는 자살자의 10~20배에 달하며, 평생 자살시도는 1~4%에 달한다고 한다.

이러한 자살에 대한 제한적인 정보에도 다음과 같은 네 가지 경향을 파악할 수 있다.

첫째, 자살사고나 자살시도는 교육, 수입, 사회경제적 상태에 따른 차이가 나타나며, 이는 90년대 후반 금융위기를 거친 이후 급속도로 증가하고 있다.

둘째, 자살사고는 성별에 따른 차이가 없어 보이지만, 자살시도는 성별에 따른 차이가 있다. 여성은 자살시도를 많이 하고 남성은 자살성공을 많이 한다. 즉, 남녀 모두 자살에 대한 생각은 비슷하지만, 생각이 행동으로 바뀌는 순간 남성과 여성은 매우 다르게 행동을 한다. 자살자의 80%는 남성이다. 반면에 자살시도자의 대다수는 여성이다.

셋째, 우울증과 스트레스 등은 자살시도에 미치는 영향이 매우 크다.

넷째, 자살사고와 자살행동은 인종에 따른 차이가 있다. 자살사고는 모든 인종에서 비슷하지만, 자살시도는 히스패닉 계에서 더 많이 일어나고 자살은 코카시안 계에서도 많이 발생했다.

이러한 자살사고와 자살행동은 성인뿐만 아니라 청소년에게도 매우 흔하게 발생한다. 청소년을 대상으로 1년간 우울증, 자살행동의 유병률을 조사한 결과는 다음과 같다.

〈표 1-3〉 자살 유병률

구분	내용
우울증 (28%)	2주 이상 일상 활동을 중단할 만큼 우울하고 희망이 없다고 느꼈다. 여학생(35%)이 남학생(22%)보다 우울함이나 절망감을 더 느꼈다.
자살사고 (21%)	지난 1년간 자살시도에 대해서 심각하게 고려했다. 여학생(27%)이 남학생(15%)보다 높았다.
자살계획 (16%)	지난 1년간 자살시도를 위한 특별한 계획을 세웠다. 여학생(20%)이 남학생(12%)보다 높았다.
자살시도 (8%)	지난 1년간 한 번 이상 자살시도를 하였다. 여학생(12%)이 남학생(5%)보다 높았다. 3% 정도가 자살시도로 인해서 병원 치료를 받을 만큼 다치고, 중독되고, 약물 과다복용을 하였다.

이러한 결과는 청소년 5명 중 1명이 자살에 관해 생각하였고, 6명 중 1명이 자살에 관해 계획하였으며, 13명 중 1명이 자살시도를 한다는 것을 나타낸다. 또한, 여학생이 남학생보다 자살시도가 더 많았으며, 청소년에게 우울증, 자살사고, 자살행동이 만연하다는 것을 보여 준다. 이는 많은 청소년이 자살의 위험에 노출되어 있으며, 자살이나 자살행동을 자신의 삶의 문제를 해결하는 방법으로 받아들이고 있다는 것을 의미한다.

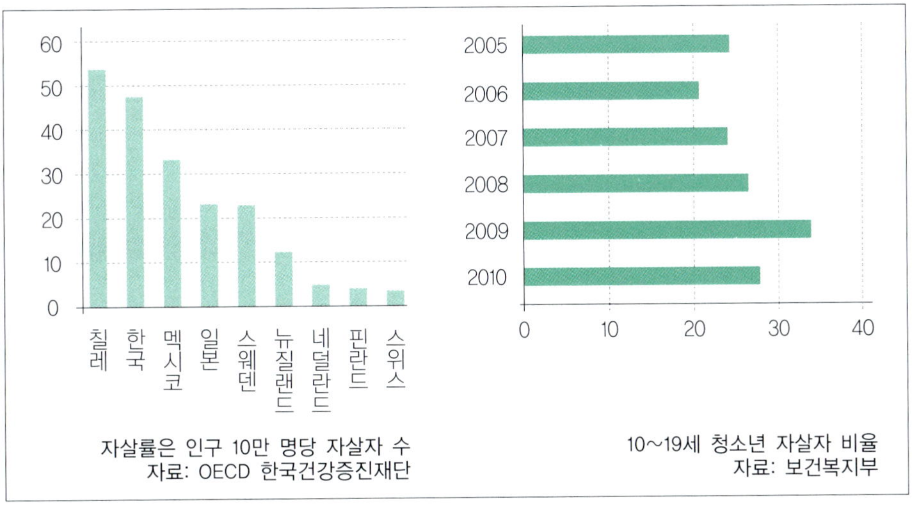

[그림 1-1] OECD 회원국 자살 증가율

4) 자살에 대한 이해

(1) 사회적 정황

❶ 개인적 부정

자살이나 자살행동에 대해 생각하거나 이야기 나누는 것은 우리 대다수가 매우 불편해하는 일이다. 우리가 자살이라는 것을 아픈 사람들(정신적인 문제가 있거나 장애가 있는 사람, 나이가 들었거나 신체적으로 큰 병을 가진 사람)에게 일어나는 어떠한 상황으로 우리 자신을 어렵게 확신시키고 있기 때문이다. 또한, 우리는 자살을 나 자신이나 내가 사랑하는 사람이 아닌 다른 사람에게 일어나는 일이라고 생각한다. 자살이라는 주제로부터 정서적으로 멀리함으로써 우리는 자신을 보호하려고 한다.

❷ 사회적 부정

자살은 가능한 한 피하고 싶은 우울한 주제이다. 적어도 사회적 부정의 한 가지 이유는 과거에 자살을 죽을죄(용서받지 못할 죄)로 보는 역사적 금기나 가족이 부끄러움을 당하거나 심지어 벌을 받아야 하는 말할 수 없는 잔학한 행위로 간주한 적이 있었기 때문이다. 두 번째는 자살에 대해 이야기하는 것은 죽음에 대해 이야기하는 것이고 죽음에 대해서 이야기하는 것은 우리 대다수가 불안하고, 불편하고, 병적으로 느낀다. 죽음, 특히 폭력적인 죽음이나 자살처럼 비정상적인 죽음인 경우 우리 대다수가 좋아하지 않는 주제로 일상에서 일어나지 않는 일로 여기고 싶어 한다.

❸ 언론의 역할

언론도 자살에 대해 부정적인 역할을 한다. 자살은 거의 거론되지 않는데, 오직 유명인이나 정치인이 자살했을 때 극적인 모습으로 보도할 뿐이다. 이때는 자살이라는 측면에만 초점을 맞추고 그들의 고통스러웠던 삶의 비극에 대해서는 거론하지 않는다. 왜 우리는 유명인의 자살에만 병적으로 홀린 것처럼 초점을 맞추고 매일 일어나는 연간 15,600명의 자살자에 대해서는 무시할까?

- 부정적 역할: 베르테르 효과(Goethe의 『젊은 베르테르의 슬픔』)
- 긍정적 역할: 파파게노 효과(Mozart 오페라 「마술피리」 중)

❹ 급속한 확산

자살이라는 불편한 현상이 존재하지 않는 것처럼 생각할지라도 자살의 현실은 사라지지 않으며, 오히려 사실문제를 더 키울 뿐이다. 이제는 자살이 급속하게 증가하고 있고, 비록 그것이 우리를 불편하게 하더라도 많은 사람의 행동양식일지 모르는 자살에 대한 편견을 솔직하게 토론해야 할 때가 왔다.

(2) 자살에 대한 사회적 통념

• 편견 1: 자살에 대해 이야기하는 사람은 자살을 하지 않는다.

이러한 편견은 특히 자살을 시도한 가족이나 친구들이 고통을 극복하는 데 어려움을 더한다. 또한, 가족들에게 '수치심'을 불러일으키고, 사랑하는 가족을 잃어버린 것에 대한 기억을 변색하거나 잘못 전하게 만든다. 물론 선하고, 멋있고, 친절하고, 사랑스러운 사람조차 자살을 한다. 자살행동은 다른 사람을 상처 주려는 개인의 의도가 아니라, 대개의 경우 자신의 내면의 상처를 중단시키기 위한 바람에서 오는 것이다.

• 편견 2: 자살은 경고 없이 일어난다.

자살하는 사람은 종종 그들의 의도에 대한 언어적인 경고나 행동상의 경고를 보낸다. 언어적인 경고에는 죽음에 대해 이야기하는 것에 집착하며, 행동상의 경고에는 아끼는 소장품을 버리거나, 재산을 정리하거나, 식습관의 큰 변화, 알코올이나 약물 남용, 사회지지망으로부터의 철회 등과 같은 행동을 보인다.

- **편견 3: 자살자는 죽기를 원한다. 만약 사람이 스스로 죽기로 결정하면 어떤 것도 그 사람을 멈추게 할 수가 없다.**

자살자의 대부분은 죽기를 원하지 않는다. 그들은 다만 고통이 끝나기를 원할 뿐이다. 그들은 자신의 고통을 끝낼 다른 대안을 찾지 못하고 자살을 선택한다. 대개의 자살위기는 짧게 지나가고 그 위기는 개인의 노력뿐만 아니라 그를 둘러싸고 있는 사회 환경과의 상호작용 속에서 극복할 수 있다.

- **편견 4: 자살은 사회경제학적 수준과 연관이 없다.**

통계청(2012)의 '자살에 대한 충동 및 이유'에 대한 결과에서도 자살을 생각하는 이유 대부분이 '경제적 어려움' 때문인 것으로 나타나듯 부, 수입, 사회경제적 상태에 의해 자살률의 차이가 나타난다.

- **편견 5: 자살을 시도하는 사람은 정신적으로 아프거나, 미쳤거나, 제정신이 아닌 사람이다.**

자살자의 90%는 대개 정신적인 질환을 진단받거나 약물 남용 등의 경험이 있다. 그렇지만 대다수의 정신과적 진단을 받은 사람이거나, 약물 중독자는 자살을 시도조차 하지 않는다. 따라서 자살을 단순히 정신병적 증상으로 설명하는 것은 옳지 않다. 내적인 정신적 요인과 외적인 대인관계 요인이 자살 결정에 영향을 준다.

- **편견 6: 자살하겠다고 위협하는 사람은 단지 관심을 끌려고 하는 것이다.**

모든 자살시도는 진지하고 심각하게 받아들여져야 한다. 임상의는 자살의 위협이나 시도를 단순히 관심을 끌기 위한 행동으로 잘못 판단하는 실수를 범해서는 결코 안 된다. 관심을 끌기 위해 자신에게 위해를 가할 필요가 있다고 느끼는 그 사람 자체가 관심을 가져야 하는 정당한 이유가 된다. 자살하려는 환자를 돌볼 때에 대화를 하려는 그들의 시도를 놓쳐서 자살 후에 후회하는 것보다 지나치게 보호적인 태도를 취하는 편이 항상 더 낫다.

- **편견 7: 대부분의 자살은 휴일이나 겨울철에 많이 발생한다.**

휴일이나 겨울철은 많은 사람에게 힘든 시간이지만 연구 결과에서 계절에 따른 차이는 크게 없었다. 오히려 봄(3월경)이나 여름에 조금 상승하는 경향이 있다.

● 편견 8: 자살 경향은 가족력이나 유전적인 면이 있다.

최근의 연구에서 자살에 대한 유전적 측면에 있어 과학적인 근거는 없다. 그러나 의미 있는 자살위험요인 중 하나는 가까운 가족이나 친척의 자살이다. 가족의 자살은 다른 가족에게 자살도 문제를 해결하는 가능한 하나의 수단으로 받아들일 수 있도록 격려하는 것이다. 그렇지만 이것이 생물학적이나 유전적인 근거에 기인한 것이라는 어떤 증거도 없다. 물론, 정서장애에 대한 유전적인 요인이 있고, 우울함이나 불안에 대한 가족들의 경향이 자살위험과 관련이 될 수는 있다. 그러나 가족력이나 유전적인 면이 있다는 이러한 편견은 가족 구성원에게 자살사고를 더 쉽게 하게 만든다.

● 편견 9: 자살에 대해 이야기하거나 혹은 그 사람에게 "자살할 것이냐?"라고 묻는 것은 그 사람이 자살을 시도하도록 북돋우는 것이다.

자살에 대해서 질문하는 것은 그들의 감정을 드러나게 하는 문을 여는 것이다. 그 순간 두려움과 불안이 많이 사라지고 자살행동을 단념시키게 한다. 적절한 방법으로 자살에 대해서 이야기하면 우울한 사람이나 청소년에게 있어 자살의 위험을 실질적으로 감소시켰다는 연구보고가 있다. 자살의도에 대한 단순한 질문이 생명을 구할 수 있는 대화나 정서적인 관계의 첫걸음이 된다. 자살에 대한 이야기가 농담 혹은 성스러운 어떤 것으로 미화하거나, 누구에게 있어 타당한 대안이 되는 것처럼 만들어서는 절대 안 된다는 점이 매우 중요하다.

● 편견 10: 한번 자살의 위기에서 벗어나거나 자살시도에서 살아남은 사람은 자살의 위험에서 자유로워진다.

과거 자살시도자의 10%는 결국 자살로 생을 마감한다. 따라서 과거의 자살시도는 추후 자살시도나 자살성공의 매우 중요한 위험요인이 된다. 처음 자살위기에서 살아남은 많은 사람이 의미 있는 초기 호전 양상을 보이다가 후에 위험한 상태에 빠지게 된다. 첫 자살시도 후 90일 이내에 많은 자살성공이 일어난다. 이러한 현상에 대한 어떤 이론 중 하나는 자살시도자가 호전되기 시작할 때 그들은 에너지를 모아 그들의 자살계획을 수행한다는 것이다.

편견 11: 자살은 만약 올바르게 이루어지면 고통이 없다.

자살은 고통이 없는 것이 아니다. 많은 자살방법은 고통스럽다. 책이나 영화에서처럼 허구적인 표현에서는 종종 자살에 있어 고통의 정도를 정확하게 표현하지 않는다.

자살은 결코 '단정하고 깨끗하게 가는 방법'이 아니며, 종종 사랑하는 사람이 충격적인 자살 현장을 발견할 때가 많다. 나아가 불완전한 자살시도는 종종 심각한 뇌손상 등과 같은 끔찍하고 잔혹한 운명으로 이어진다.

(3) 자살자 마음의 이해

shneidman(2005)은 극심한 심리적인 고통을 정신통(psychache)으로 표현하였다. 두려움, 수치심, 불안, 거절, 위협, 죄책감, 불행, 사람을 압도하는 모든 부정적인 감정에 의한 심리적인 고통은 고통으로 극복된다는 마음을 갖게 한다.

임상의는 진료연구를 할 때 앞에 앉아 있는 사람을 인간 그 자체로 존중하고 그들의 독특한 경험을 존중하는 시각에서 벗어나면 안 된다. 각 개인의 정서적인 고통을 완화시키기 위해 알고, 이해하고, 도우려고 하는 것이 자살과 관련한 일의 핵심이 되고, 어떻게 해서 자살자의 심리적인 욕구가 채워지지 않았는지를 인식하는 것이 임상의가 자살과 관련된 일을 하는 데 출발점이 된다는 사실을 기억하길 바란다.

(4) 남겨진 자에 있어 자살의 충격

자살이 그 가족이나 친구들, 지역사회나 전문가에게 주는 영향을 평가하는 것은 어렵다. 한 사람이 자살로 생을 마감하면 뒤에 남은 사람들에게 수많은 일이 일어난다. 19세기 전까지만 하더라도 남겨진 가족들은 자살로 인해 종종 처벌을 받았다. 시신을 훼손하거나, 재산을 몰수하거나, 벌금, 가문의 명성의 상실 등이 자살자와 그 가족들의 평판을 저하시키기 위해 사용되었다. 오늘날 자살에 따른 법적인 제재는 없지만, 정서적인 대가는 매우 크다. 그것은 사랑하는 사람들의 슬픔, 학교나 일터나 지역사회에 남겨진 공백, 남겨진 자의 죄책감 등이다. 이러한 정서적인 대가에 비해서는 아무것도 아니지만 재정적인 대가도 있다. 자살로 인한 가능한 수입이 없어지고, 유가족들이 그 수입을 대체할 다른 재정적인 도움이 필요하면 지역사회가 비용을 부담해야 한다. 단기적으로나 장기적으로 가족들이 짊어져야 할 경제적인 부담이 있다.

'자살 후 남겨진 자(Suicide Survivor)'는 자신과 관계되었던 사람의 자살을 경험한 사람들을 지칭한다. 대개 한 사람의 자살자 뒤에는 평균 6명의 남겨진 자가 있다. 물론 그 수는 각자마다 개인차가 무척 크다. 자살로 인한 남겨진 자가 겪는 애도 과정은 다른 이유로 사랑하는 사람을 잃은 사람의 애도 과정과는 매우 다르다. 자살에 대한 사회적 낙인으로 인해 그 죽음을 비밀스럽고 조용하게, 심지어 왜곡되게 만든다. 이 모든 것은 애도하는 과정에 부정적인 영향을 준다. 자살로 인한 애도의 경우 다른 죽음에 비해 우울증이나 불안장애 등의 정신과적 진단기준에 훨씬 더 부합될 정도로 심하게 진행된다.

자살로 인한 애도 과정에는 수치심과 죄책감이라는 두 가지 중요한 부정적인 감정이 있다. 수치심은 자살자와 그 가족을 묶어 자살에 대한 금기로 인한 감정이며, 죄책감은 그 자살의 원인에 나도 일조했다거나 자살을 막지 못했다는 깊은 감정에서 나온다. 자살 후 남겨진 자들을 심각하게 생각해 보아야 할 이유는 그들 자신이 자살위험군이 될 수 있기 때문이다.

이들의 위험요인은 다음과 같다.

- 자살자의 유서 작성 시 도와주었거나, 자살방법 도구를 제공하였거나, 동반 자살에 관계했던 사람
- 자살계획을 알고 그 비밀을 지켜주었던 사람
- 형제, 친척, 절친한 친구들
- 자살자에게 치료자 역할을 하던 사람

- 자살위협이나 자살행동의 경험이 있는 사람
- 자살 현장을 목격한 사람
- 자살 전 자살자와 이야기를 나누고 같이 행동을 한 것에 대해서 죄책감을 느낄 이유가 있는 사람
- 자살을 선택 가능한 해결책으로 보는 사람

자살에 대한 사회적 낙인은 자살 후 남겨진 자에게 극심한 상실감을 더하며, 애도 과정을 복잡하게 만든다. 따라서 임상의는 이들의 특별한 요구를 감지하는 것이 필요하며, 그렇게 함으로써 남겨진 자를 지원하고, 적절한 정신건강 돌봄을 제공하여 자살 후 남겨진 자와 사회 사이에 완충 역할을 위한 행동을 할 수가 있다.

5) 정신건강 전문가의 역할

정신건강 전문가로서 우리는 자살의 현실에서 도망칠 수 없다. 우리는 자살이 급속히 확산되는 것을 무시할 수도 없고, 다른 사람이 자살자와 일할 것이라고 가정할 수도 없다. 자살자와 일하는 우리의 역할은 임상적으로 유능해지고 전향적(proactive)으로 되는 것이다.

자살과 자살행동 예방에 가장 유망한 방법은 정신과적 질환을 조기 진단하고 치료하는 것(진단하고, 치료하고, 우울증이나 약물 중독 등의 정신과 질병의 초기 단계에서 환자를 적절하게 의뢰하는 것)이라는 연구 결과가 있다(미국 국립정신건강연구원 NIMH: 1999).

어떤 환경에 있든 정신건강 종사자가 임상적으로 유능해진다는 것은 다음의 9가지에 대해서 많은 정보를 갖고 있다는 것을 의미한다.

① 자살, 자살행동, 자살사고 등
② 일반적인 위험요인(흡연, 음주, 위험직업군 등)
③ 강력한 동반질환
④ 평가 방법(정형화 혹은 비정형화)

⑤ 의뢰 방법(환자와 직접 일하지 않는 사람을 위한 것)

⑥ 치료 및 위기관리

⑦ 일반적인 예방 프로그램과 특별히 목표된 예방 노력

⑧ 자살위기관리 시 법적 · 윤리적 고려

⑨ 자살 후 여파에 어떻게 대응할 것인가?

정신보건 전문가는 자살에 대해서 예방적이고 전향적으로 될 수 있다. 자살시도자의 반 이상이 결코 전문적인 도움을 구하지 않는다. 임상 전문가는 각각의 진료현장에서나 교육 환경에서 정신건강 이슈와 자살예방에 대해 논의하도록 주장할 수 있다. 정신건강 문제나 자살사고, 자살행동 시 도움을 요청하는 것의 중요성에 대해서 공개적인 논의를 하거나 격려하는 것은 고통받는 사람을 돕기 위해 필수적인 것이다. 자살사고를 가진 사람은 부끄러워하거나 두려워하거나, 그들의 생각에 갇혀 버릴 필요 없이 도움을 받는 것이 가능하다는 것을 알 필요가 있다.

본서의 의도는 독자 여러분이 자살자와 같이 일을 할 때 임상적으로 유능하고, 자살예방에 있어서는 전향적(proactive)이 될 수 있도록 많은 정보를 가지고 있는 정신건강 전문가가 되도록 돕는 것이다. 이것은 분명히 훨씬 앞선 준비가 요구되는 주제이며, 직업상 배울 수 있는 것만이 최선이 될 수 없다. 독자 여러분이 배운 많은 정보를 가지고 동료나, 직원, 학생, 상담하는 사람과 논의하기를 바란다.

자살자 개개인은 많은 시간을 끔찍한 내적인 고통으로 괴로워하고 단지 그 고통이 끝나기만을 바라고 있다. 자살은 고통을 끝내는 방법이 되고 삶을 끝내려는 의식적인 결정이 될 수 없다. 사실 많은 자살자가 죽음에 대해서 대단히 양가 감정을 가진다. 실제 이 사실은 우리가 일을 하는 데 도움이 된다. 그것은 우리가 뭔가를 할 수 있다는 것을 의미하기 때문이다.

우리는 개입할 수 있고 그 사람을 도울 수 있고, 고통을 경감할 수 있도록 도움이 되는 다른 것을 모색할 수도 있다. 결국, 그 사람은 계속 살아갈 수 있게 된다. 따라서 본서를 깊고 낙관적인 마음으로 접하기를 바란다. 나아가 아주 작은 자살예방이 생명을 구할 수 있다는 것을 꼭 기억하길 바란다. 자살예방은 모든 사람의 책임이다.

〈표 1-4〉 정신과 전문의 판단에 따른 자살기도 원인

자살기도 원인	남자	여자
정신과적 증상	60.4	61.5
대인관계 문제	21.6	25.6
직장 관련 문제	3.5	0.5
금전 손실	3.5	3
신체적 질병	3.5	2

출처: 보건복지부(2013). 자살실태조사.

02 CHAPTER

자살의 실태 분석

형사정책연구의 자살실태 분석 결과에 의하면, 자살을 하는 성별은 남성이 70%, 여성이 30%인 것으로 나타났다. 가장 높은 비율을 차지하고 있는 직업군은 '무직'이며, 무직과 기타를 제외하면 노동에 종사하는 인구 집단의 자살자 수가 2001년까지 가장 많은 것으로 나타났다. 그리고 상업인구 집단은 1994년에는 상대적으로 많지 않았으나, 1995년 이후 그 수가 크게 증가하였고, 1998년의 경우에는 자살자의 수가 급증하였다.

경찰청에서 분류한 자살의 동기는 '염세, 비관 등'으로 구분된 사례가 가장 많은 것으로 나타났으며, 그다음은 '병고'로 인한 자살로 나타났다. 자살의 원인으로는 자살자 개인의 '심리적 불안'과 '경제적 곤란'이 가장 높은 비율을 차지하였다. 가족 문제가 있었던 사례 중에서 가장 높은 비율은 '배우자와의 불화'였으며, 다음으로 '자녀와의 불화'도 상대적으로 높았다.

자살에 사용된 도구는 대부분이 '끈을 수단으로 한 교수', '추락', '독극물을 사용'한 것으로 나타났다. 자살방법으로는 '교사', '의사' 등 목을 매달아 자살한 경우와 '독극물을 음용'하여 자살한 경우가 매년 50% 이상을 차지하는 것으로 나타났다. 자살자 중 80% 이상은 1명 이상(1명 32.3%, 2명 26.9%)의 동거 가족이 있었으며, 조사 대상자 중 높은 비율이 우울증 또는 정신분열 증세를 가지고 있거나 가졌던 경험이 있으며, 알코올 중독 및 약물 중독이 90% 이상이 없는 것으로 나타났다.

자살 사건은 다른 계절에 비하여 봄(29.6%)과 여름(26.3%)에 상대적으로 많이 발생하였으나, 통계적 차이는 없는 것으로 나타났다. 발생 시간은 오후와 낮 시간대가 상대적으로 많았다. 그리고 대다수의 자살자는 자신의 거주지와 그 주변에서 자살을 시도한 것으로 나타났다.

자살자의 1/3가량이 유서를 남기고 자살을 시도하였다. 편지지나 백지 같은 따로 준비한 종이에 남긴 경우가 37.2%로 가장 많았으며, 노트나

연습장이 28.9%, 메모지, 수첩에 남긴 경우가 22.0%로 나타났다. 유서의 수신인으로는 자신의 자녀, 배우자, 부모 등의 순이었다. 유서의 내용으로는 남겨진 사람 또는 다른 사람에 대한 염려와 걱정을 포함한 경우(41.8%)가 가장 많았으며, 자신에 대한 자책(32.1%), 자신의 장례절차에 대한 부탁 내용(25.8%), 자포자기의 심정을 토로(24.9%)하는 경우 등이 많이 포함되었다.

자살자의 평소 성격에서는 자살자가 평소에 내성적인 성격이었다고 진술한 경우가 가장 많았으며, 자살자가 평소에 우울한 심경을 많이 드러내는 성격이었다고 진술한 경우가 두 번째로 높았다. 그리고 자살자의 경우 약 75% 정도가 가족 간에는 별다른 문제가 없거나 친밀한 관계 속에 있었다고 진술하였다.

자살자 중 13.7%는 자살시도 경력이 있었던 것으로 나타났으며, 자해경력(손목)은 있는 자살자는 2.8%로 나타났다. 자살 당일 집에 있다가 자살한 경우가 54.4%로 가장 높았다. 자살에 앞서 평소와 달라진 점 중 가장 많은 내용으로는 갑자기 죽음과 관련된 이야기를 하였다고 진술한 경우가 가장 많았으며, 자살자가 진술인 등에서 자살의 예후를 보였던 경우는 26.7%(죽고 싶다 : 56.0%)로 나타났다.

01 자살 추세 분석

1990년 자살 사망률은 인구 10만 명당 7.6명으로 자살은 개인적인 차원의 문제로 인식하였다. 그러나 1998년 이후 한국의 자살률이 급증하였고, 2000년대 초반에 일시적으로 감소하다가 이후 급속히 증가하여 한국은 세계에서 자살률이 가장 높은 국가가 되었다. IMF 경제위기 이후 자살이 급증하여 2003년부터는 교통사고 사망자를 앞질러 현재는 교통사고 사망자의 2.3배에 이르고 있다.

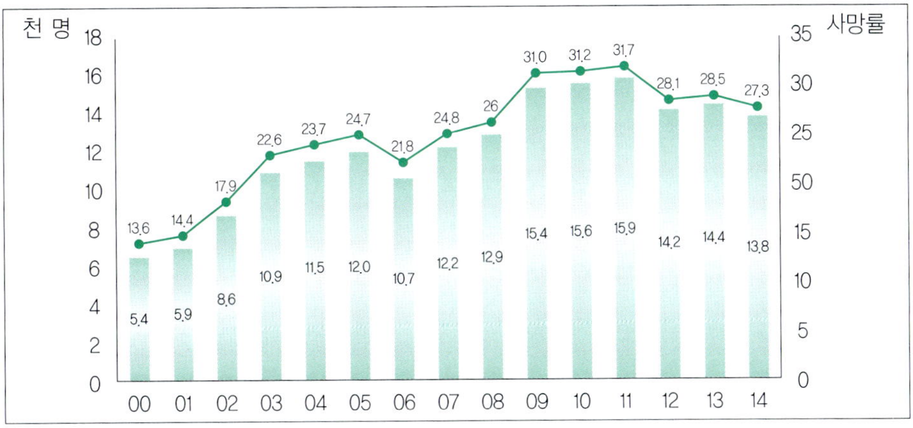

[그림 2-1] 자살자 수와 자살률 변화

출처: 통계청(2013).

또한, 우리나라의 자살 사망률은 OECD 회원국 중 가장 높을 뿐만 아니라 그 격차도 큰 상황이다. OECD 국가 간 자살률이 2012년 평균 12.5명인데 비해 한국은 29.1명에 이른다. 독일, 덴마크, 오스트리아 등 OECD 대다수 국가가 1995년부터 2009년까지 15년간 30% 이상 자살률이 감소한 데 반해, 우리나라는 같은 기간에 오히려 153%나 증가하였다.

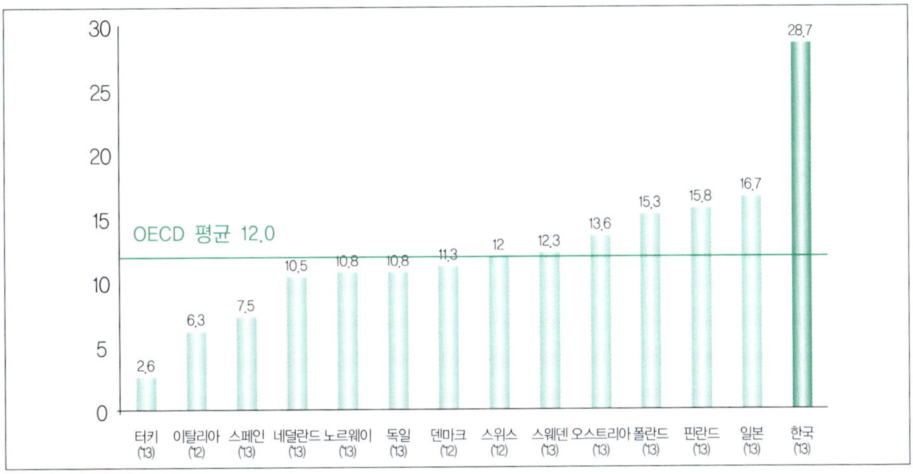

[그림 2-2] OECD 국가 자살률 비교(2013년)

출처: 통계청(2013).

02 사망원인과 사망률

통계청(2013)의 2012년 사망원인통계에 따르면 2012년 자살(고의적 자해)에 의한 사망자는 14,160명으로 전체 사망자의 5.3%에 해당하며, 인구 10만 명당 사망률은 28.1명으로 나타났다. 자살은 사망원인 중 악성신생물(암), 심장질환, 뇌혈관질환에 이어 4위에 해당하며, 2002년 8위에서 많이 증가하였다. 2011년부터는 자살 사망률이 운수사고, 간질환, 당뇨병 사망률보다 높은 것으로 나타났다.

〈표 2-1〉 사망원인(2002~2012)

순위	2002		2011		2012			
	사망원인	사망률	사망원인	사망률	사망원인	사망자수	비율	사망률
1	악성신생물(암)	130.1	악성신생물(암)	142.8	악성신생물(암)	73,759	27.6	146.5
2	뇌혈관질환	77.0	뇌혈관질환	50.7	심장질환	26,442	9.9	52.5
3	심장질환	36.9	심장질환	49.8	뇌혈관질환	25,744	9.6	51.1
4	당뇨병	25.1	자살	31.7	자살	14,160	5.3	28.1
5	만성하기도질환	22.6	당뇨병	21.5	당뇨병	11,557	4.3	23.0
6	간질환	21.9	간질환	17.2	간질환	10,314	3.9	20.5
7	운수사고	19.1	만성하기도질환	13.9	만성하기도질환	7,831	2.9	15.6
8	자살	17.9	간질환	13.5	간질환	6,793	2.5	13.5
9	고혈압성질환	10.6	운수사고	12.6	운수사고	6,502	2.4	12.9
10	호흡기결핵	6.6	고혈압성질환	10.1	고혈압성질환	5,239	2.0	10.4

출처: 통계청(2013).

03 성별 사망원인과 사망률

통계청(2013)의 성별 사망원인자료에 의하면 2012년 성별 사망원인 중 가장 높은 비율은 남녀 모두 악성신생물(암)으로 인구 10만 명 당 남성 사망률은 184.5명, 여성은 108.5명으로 나타났다. 그다음으로는 남녀 모두 심장질환, 뇌혈관질환 순으로 사망률이 높았다. 자살의 성별 사망률에 대한 분석에서 남성은 4위 38.2명이고, 여성은 6위 18.0명으로 나타나 자살로 인한 사망은 여성보다 남성이 두 배 이상 높은 것으로 분석되었다.

〈표 2-2〉 성별 사망원인별 사망률(2012)

순위	남		여	
	사망원인	사망률	사망원인	사망률
1	악성신생물(암)	184.5	악성신생물(암)	108.5
2	심장질환	51.8	심장질환	53.2
3	뇌혈관질환	49.2	뇌혈관질환	53.1
4	자살	38.2	당뇨병	22.7
5	당뇨병	23.2	폐렴	20.3
6	간질환	21.3	자살	18.0
7	폐렴	20.7	고혈압성질환	14.4
8	만성하기도질환	19.2	만성하기도질환	11.9
9	운수사고	19.0	알츠하이머	9.5
10	고혈압성질환	6.4	운수사고	6.8

출처: 통계청(2013).

04 연령별 사망원인

〈표 2-3〉 연령별 사망원인(2012)

구분	1위			2위			3위		
	사망원인	구성비	사망률	사망원인	구성비	사망률	사망원인	구성비	사망률
1~9세	악성신생물(암)	15.8	2.4	운수사고	12.9	2.0	선천 기형	7.8	1.2
10~19세	자살	27.3	5.1	운수사고	20.4	3.8	악성신생물(암)	16.8	3.2
20~29세	자살	43.4	19.5	운수사고	17.1	7.7	악성신생물(암)	10.3	4.6
30~39세	자살	34.4	27.3	악성신생물(암)	19.3	15.4	운수사고	8.9	7.0
40~49세	악성신생물(암)	28.6	51.7	자살	17.1	30.9	간질환	8.2	14.8
50~59세	악성신생물(암)	38.2	149.1	자살	9.0	35.3	심장질환	7.5	29.2
60~69세	악성신생물(암)	42.8	374.2	심장질환	8.5	74.6	뇌혈관질환	8.0	70.1
70~79세	악성신생물(암)	33.2	866.4	뇌혈관질환	11.4	298.8	심장질환	10.1	262.7
80세~	악성신생물(암)	16.0	1,514.1	심장질환	12.1	1,147.6	뇌혈관질환	11.4	1,079.5

출처: 통계청(2013).

05 심리적 부검

1) 심리적 부검의 개념

우리나라는 2005년 9월과 2008년 12월에 '자살예방종합대책'을 수립하고(보건복지부, 2005; 보건복지가족부, 2008), 2011년에는 「자살예방 및 생명존중문화 조성을 위한 법률」을 제정하는 등 자살예방을 위해 노력하고 있다. 또한, 자살의 다차원적 원인과 자살 사망자 및 자살시도자의 특성과 자살의 위험요인을 규명하기 위해 '2013년에 자살실태조사'를 실시하였다(보건복지부, 2014). 그러나 자살에 대한 연구는 연구대상의 사망으로 인한 방법론적 한계가 존재한다. 이를 극복하기 위해 등장한 대안적 방법이 심리적 부검이다.

'심리적 부검(Psychological Autopsy)'은 1934년부터 1940년 사이 뉴욕 경찰 93명이 연속적으로 자살한 후 자살원인 규명을 위한 전문가 조사가 시행되면서 시작되었다. 현대적 의미의 심리적 부검은 1956년 미국 워싱턴대학의 Robins와 동료들이 1년 동안 발생한 134건의 자살 사건에 대해 체계적으로 조사하면서부터 시작되었다. 1958년 로스앤젤레스 검시과, 자살예방센터에서 의학적 사인은 밝혀졌으나 죽음의 형태가 불명확하여 논란이 있는 사례에 대해 자연사(Natural Death), 사고사(Accidental Death), 타살(Homicide) 또는 자살(Suicide) 여부에 대한 감별 요청에 참여한 Shneidman(2004)이 처음으로 신체적 부검[2]과 비교되는 의미에서 심리적 부검이라는 용어를 사용하였다(한국자살예방협회, 2009).

Shneidman(2004)에 의하면 "심리적 부검의 목표는 죽은 사람의 의지가 과연 무엇인지 밝히는 것"이다. 만약 죽은 사람이 실제로 죽음을 원했던 것이었다면 자살, 죽음이 예기치 않게 발생한 것이라면 사고인 것이다. 그러나 어떠한 경우에는 자살이 분명한 경우가 있는데, 이때 심리적 부검의 목적은 사인규명이 아니라 자살의 원인을 밝히는 데 있다. 따라서 심리적 부검은 고인이 사망한 이후 수개월 내에 고인의 부모, 배우자, 연인, 친척, 친구, 직장 동료, 검시관, 목격자, 경찰, 사회서비스 제공자(상담사, 사회복지사, 담당 의사 등) 등으로부터 수집된 면담 자료[3]와 고인이 남긴 유서, 편지, 일기, 경찰 조사기록, 병원 진료기록, 사회 연결망(Social network) 등 고인의 죽음에 대해 알려줄 수 있는 모든 활용 가능한 정보를 수집하고 분석하여 고인의 자살동기 및 의도와 원인을 규명해 내는 조사 방법이다.

---

2) 검시(檢視, death investigation)제도는 사망자의 사망원인과 방법을 밝히는 것으로 국가 형벌권 행사를 위한 초동 단계인 범죄의 단서를 밝히는 수사 또는 내사 단계의 작용이라고 할 수 있다. 검시는 사망의 원인과 방법을 판단하기 위한 사체 및 그 현장을 조사하는 행위로서, 검시(檢屍, postmortem examination)를 포함하는 개념이고, 검시(檢屍)는 사체를 외부에서 오감으로 관찰하는 검안(檢案)과 사체를 해부하는 부검(剖檢)으로 나눌 수 있다(고제원, 2015).

3) 심리적 부검의 대표적 자료수집 방법은 면담으로 시작되며, 일반적인 질적 연구에서와같이 이슈에 대한 이해능력, 좋은 질문을 할 수 있는 능력, 경청, 적응력과 융통성, 편견에 대한 저항력 등 연구자의 자질이 매우 중요하다(이원욱, 2011).

심리적 부검의 방식은 자료수집 방식과 분석 방법에 따라 크게 양적 방식과 질적 방식으로 구분할 수 있다. 양적 방식은 대부분의 연구로부터 영향을 받은 것으로 한 지역에서 발생한 134건의 자살 사례에 대해 면담 방식으로 자료를 수집하고, 수집한 자료를 계량적으로 분석함으로써 대부분의 자살자가 정신질환을 겪었단 사실을 밝혀냈다(한국자살예방협회, 2009). 최근 한국에서도 정책적 대안 마련을 위해 이러한 관점이 반영된 심리적 부검 연구가 수행되었다(아주대학교, 2013). 질적 방식으로 수행된 심리적 부검의 경우 심층 면담을 통해 자료를 수집하며, 분석 역시 현상학, 내러티브, 근거이론 등의 질적 분석 방법에 의해 이루어진다. 현재 국외 연구에서는 질적 방식을 적용한 심리적 부검 연구가 수행되고 있다(Dyregrov et al., 2011; Hawgood et al., 2010; Kizza et al., 2011; Kizza et al., 2012a; Kizza, 2012b; Kizza et al., 2012c; Kjølseth et al., 2010; Lindeman et al., 1998; Owens et al., 2008; Owens et al., 2009; Owens et al., 2005). 양적 방식의 심리적 부검 연구가 자살원인에 대한 일반화 가능성을 높일 수 있다면, 질적 방식의 심리적 부검 연구는 개별 자살자의 자살원인을 그들의 삶의 맥락 안에서 이해할 수 있도록 도울 수 있다. 그러나 질적 연구의 여러 가지 장점이 분명히 존재하며, 심리적 부검 방법을 고안한 Shneidman의 연구 역시 질적 방법이었음에도 불구하고(한국자살예방협회, 2009) 아직까지 한국에서는 질적 방식의 심리적 부검 연구가 거의 수행되지 못하고 있는 실정이다.

한국의 높은 자살률을 낮추기 위해 2002년 심리적 부검에 대한 필요성이 처음 언론에 제기된 이래로(동아일보, 2002), 이에 대한 관심이 점차 증가해 현재는 국가(보건복지부) 차원에서 심리적 부검을 도입하기에 이르렀다(한국자살예방협회, 2009; 아주대학교, 2013). 심리적 부검에 대한 관심이 증가하면서 그동안 학계에서도 심리적 부검을 주제로 한 다양한 연구를 수행해 왔다. 이는 심리적 부검의 소개 및 활용방안에 관한 연구와 심리적 부검 수행 연구(한국자살예방협회, 2009; 아주대학교, 2013) 등으로 나눌 수 있다.

2) 심리적 부검의 내용 및 구성

한국자살예방협회는 2000년 북경자살연구예방센터의 Philips가 개발하고, 중국, 홍콩, 일본 등에서 사용 중인 심리학적 부검 조사 도구를 우리나라 상황에 맞게 수정 · 보완 및 검증하였다. 심리적 부검 조사 도구의 일반적인 내용 및 구성은 다음과 같다.

(1) 심리적 부검의 개요

- 심리적 부검 조사 수행기관
  : 유가족 지원 서비스가 가능한 정신보건센터
- 자살 사망자 발굴 경로
  : 경찰청의 변사 사건 수사기록, 응급의료기관의 자살 사망자 진료기록
- 대조군 선정 방법
  : 자살 사망자와 성별, 나이 등이 비슷하고, 동일한 시군구에 거주하는 지역 주민
- 심리적 부검 정보제공자
  : 자살 사망자의 가족(부모, 배우자, 형제, 자녀 등), 가까운 친척, 친구 또는 직장 동료, 자살 사망자가 자살 사건 발생 1년 이내에 정신의학적 문제로 방문한 의료진 등
- 심리적 부검 조사원의 자격
  : 정신과 전문의, 임상심리사, 정신보건 전문 간호사 등
- 심리적 부검 조사 방법
  : 조사원과 정보제공자의 직접 대면 조사를 원칙으로 진행
- 심리적 부검 조사 항목
  : 사망자의 인적 정보(성별, 나이, 가족 관계 등), 사망과 관련된 주요 정보(사망 방법, 사망 시간 및 장소 등), 신체적 부검의 결과(사인, 혈중 알코올 농

도, 신체적 질병 유무), 가족의 과거력(부모의 결혼력, 가족의 질병 및 사망력, 가족의 정신질환력 등), 자살 사망자의 사회적 과거력(군대 및 학교와 관련된 과거력 등), 자살 사망자의 신체적 질병력 및 정신질환력, 자살 사망자의 음주 및 약물 남용 과거력, 자살 사망자의 이전 자살시도력, 자살 사망자의 업무 및 업무에 대한 만족도, 자살 사망자의 재정적 상태, 자살 사망자와 관련된 법적인 문제, 자살 사망자의 사망 당시 특징 및 행동 변화, 자살 사망자의 사망 당시 대인관계, 자살 사망자에 대한 정신의학적 진단

- 심리적 부검 조사 시기
  : 자살 사건 발생 3개월 이후부터 1년

Shneidman(1977)의 연구에서 사용한 심리적 부검의 조사 항목은 〈표 2-4〉와 같다. 이러한 심리적 부검의 조사 항목은 연구의 목적, 상황 및 대상에 따라 수정 · 보완되어 사용된다.

〈표 2-4〉 심리적 부검의 조사 항목

<table>
<tr><th>Shneidman(1977)의 항목</th><th colspan="2">질문 목록</th></tr>
<tr><td rowspan="18">1. 사망자의 인적 정보(이름, 나이, 주소, 결혼 상태, 종교, 직업 등)
2. 죽음에 대한 세부 사항(원인 또는 방법 그리고 다른 관련 항목들을 포함함)
3. 사망자의 과거력에 대한 간단한 개요(형제자매, 결혼생활, 의학적 질병, 의학적 치료, 심리치료, 자살시도)
4. 사망자 가족의 사망력(Death History: 자살, 암, 다른 치명적 질병, 사망 연령 등)
5. 사망자의 성격과 삶의 방식에 대한 설명
6. 스트레스, 정서적 혼란에 대한 전형적인 반응 패턴과 불안정의 주기
7. 최근(지난 며칠부터 12개월까지)의 속상함, 압박, 긴장 또는 예상되는 마음의 갈등
8. 사망자의 전체 삶의 방식과 죽음에서 술 또는 약물의 역할
9. 사망자의 대인관계에 대한 특징(의사와의 관계도 포함함)
10. 죽음, 사고 또는 자살과 관련된 사망자의 환상, 꿈, 생각, 예감 또는 두려움
11. 사망 전 사망자의 변화(습관, 취미, 식사, 성적 패턴 그리고 다른 삶의 일상들)
12. 사망자의 '생활 측면(Life Side)'에 관한 정보(예: 생활 향상, 성공 계획)
13. 자살에 대한 사망자의 의도 평가
14. 치사율 평가
15. 사망자의 죽음에 대한 참여자(정보제공자)의 반응
16. 기타 언급, 특별한 특징 등</td><td>인적 정보</td><td>1. 연령, 종교, 결혼 상태, 학력, 직업, 가족사항, 소득 수준 등</td></tr>
<tr><td rowspan="9">성격 및 성장 배경</td><td>1. 평소 고인의 성격은 어떠했습니까?</td></tr>
<tr><td>2. 스트레스 상황에서 평소 고인은 어떤 모습을 보였습니까?</td></tr>
<tr><td>3. 고인은 스트레스 해결을 위해 어떤 노력을 했습니까?(지난 며칠부터 12개월까지)</td></tr>
<tr><td>4. 고인의 성장 과정은 어떠했습니까?(고인의 성장 과정에서 특별히 기억나는 사건이 있다면 말씀해 주세요.)</td></tr>
<tr><td>5. 고인의 성장 과정 중 성격 변화가 있었습니까? 있었다면 그 이유는 무엇입니까?</td></tr>
<tr><td>6. 성장 과정에서 주변인의 자살이나 불행한 죽음을 접한 적이 있습니까?</td></tr>
<tr><td>7. 고인은 평소 자신(의 존재)에 대해 어떻게 생각했습니까?(예: 경제적·사회적 지위 등)</td></tr>
<tr><td>8. 고인은 평소 타인이나 사회에 대해 어떻게 생각했습니까?(예: 대인관계, 직장생활 등)</td></tr>
<tr><td>9. 고인은 평소 미래에 대해 어떤 생각을 하고 있었습니까?(생활 향상, 성공 계획 등)</td></tr>
<tr><td rowspan="3">문제 상황 (사망 전 1년간)</td><td>1. 사망 전 고인은 어떤 문제를 겪고 있었습니까?(건강상의 문제, 경제적 문제, 가족 내 갈등 문제, 도박 및 알코올 문제 등)</td></tr>
<tr><td>2. 고인은 문제해결을 위해 어떤 노력을 하였습니까?</td></tr>
<tr><td>3. 노력이 실패(자살)한 이유는 무엇이라 생각하십니까?</td></tr>
<tr><td rowspan="3">사망 원인</td><td>1. 고인의 사망 당시 상황에 대해 말씀해 주십시오.(죽음에 대한 환상, 꿈, 생각 등 자살방법, 시기, 장소, 치사율 등)</td></tr>
<tr><td>2. 고인의 사망(자살) 원인은 무엇이라고 생각하십니까?</td></tr>
<tr><td>3. 고인의 사망 전 특별히 기억나는 일이 있다면 말씀해 주십시오.(생활상의 변화: 습관, 취미, 식사 등)</td></tr>
<tr><td rowspan="2">총평</td><td>1. 고인의 죽음에 대해 어떻게 생각하십니까?</td></tr>
<tr><td>2. 고인의 죽음에 대해 추가로 해 주실 말씀이 있는지요?</td></tr>
</table>

(2) 심리적 부검의 구성

❶ 심리적 부검 조사의 도입부

심리적 부검 조사자가 자기소개를 하고 정보제공자에게 지참한 심리적 부검 조사에 대한 안내문을 제공하며, 조사 목적, 조사 방법, 조사 내용, 비밀보장 등에 대해 설명한다.

❷ 자유로운 대화 형식의 초반 40분

정보제공자에 대한 기본적인 정보를 얻은 후 40분 동안 자유로운 대화에 의한 조사를 진행하며, 정보제공자에게 본인 경험이나 생각을 자유롭게 이야기하도록 유도한다. 자유로운 대화는 심리적 부검에서 중요한 부분으로, 정보제공자가 자신의 말로 자살 사망자의 사망과정과 생전 사회적 관계, 자살에 대한 정보제공자의 견해 등을 이야기하도록 한다. 자유로운 대화를 통해 조사자와 정보제공자 간의 서로 긍정적인 감정의 교류가 있으면 조사에 대한 협력의 수준도 높일 수 있다. 또한, 이 과정에서 수집된 정보가 있으면 후반의 반구조화 면접에서 중복된 질문을 피해 시간을 절약할 수 있다. 자유로운 대화를 지속하면서도 중요한 정보를 획득하기 위해 일반적으로 다음과 같은 주제를 사용한다.

- 사망경과(유서의 존재와 내용에 대해서도 묻는다), 사망자의 행동, 태도, 정신적인 변화, 사망자와 가족, 친척, 교우와의 관계, 업무상의 관계, 가족 외에 특별한 상담자가 있었는지 등의 여부

❸ 반구조화된 면접 형식의 후반 1시간 20분

일문일답 형식의 반구조화된 면접을 조사자의 주도로 1시간 20분 동안 실시하여 원칙적으로 준비된 질문 문장을 읽고 정보제공자가 응답한 답을 기록하면서 조사자의 판단으로 추가적인 설명이나 확인을 위한 질문을 할 수 있다. 이때 사망 당시의 상황, 과거 생활력, 생활 사건, 삶의 질, 신체질환 및 치료 상황, 정신건강 문제, 정신건강 관련 지원 요청, 가족 구성, 자살 사건 발생 전 가족 상황 등에 대한

질문이 진행된다. 특히, 생활 사건은 직장 사건, 학업 사건, 경제 사건, 대인관계에서 발생한 사건, 주거 관련한 사건, 가정 내 사건, 병이나 사고와 관련된 사건, 회사 경영과 관련된 사건 등 총 77개의 사건에 대한 항목을 만들어 자살 사망자가 사망 1년 전에 경험한 사건을 기록하고, 이 사건이 자살 사망자에게 있어서 좋은 일이었는지 나쁜 일이었는지, 자살 사망자에게 미친 정신적 영향의 크기와 기간은 어떠했었는지 등을 대답하게 한다.

❹ 심리적 부검 조사의 종료부

심리적 부검 조사의 종료부에는 감사의 말을 전하고 녹음을 종료하여 정보제공자가 녹음을 신경을 쓰지 않고 이야기할 수 있도록 배려한다. 이후 심리적 부검 조사에 대한 감상을 묻고, 정보제공자가 응답하기 곤란했던 설문에 대해 물어보고 그 외에 이야기하고 싶은 부분을 이야기하게 한다. 조사자는 시간이 되는 한 가급적 정보제공자의 의견을 경청한다. 이렇게 함으로써 정보제공자가 본인 스스로의 기분이나 힘든 점을 조사자와 상담할 수 있는 기회를 가질 수 있고 조사자는 필요에 따라 지역 내 상담기관을 소개할 수 있다.

03 CHAPTER

자살의 원인

자살의 원인은 개인의 생물학적 · 심리학적 · 정신적 · 신체적 문제와 같은 미시적 측면과 가족, 친구 및 직장 동료와 같은 사회적 문제를 비롯하여 경제성장의 둔화, 빈부격차의 증가, 미디어의 선정적인 자살 보도와 관계한 사회적 구조와 기능, 경제적 관점 등의 거시적 측면이 복합적으로 작용하는 것으로 이해된다.

많은 연구에서 정신질환이 자살의 중요한 요인으로 나타나고 있다. 자살자의 90% 이상에서 DSM-IV, ICD 기준에 따른 정신과적 진단이 가능하고, 자살한 환자의 80%는 제대로 치료를 받지 못한 상태라고 하였다. 2011년 정신질환실태 역학조사 보고서(보건복지부, 2012)에 의하면 주요 우울장애의 유병률은 3.0%로 2001년의 1.8%에 비하여 증가된 양상을 보였다. 우울증의 유병률은 여자가 남자보다 두 배 이상 높은 반면 자살률은 남자가 여자보다 두 배 이상 높은 것으로 나타났다.

LG 경제연구원 보고서(송태정 외, 2005)에 의하면 경기 침체나 양극화 심화 시에 이혼, 자살, 범죄가 크게 늘어나는 양상을 보이며, 소득 양극화와 가계 부실과 같은 사회경제적 요인이 자살과 비교적 높은 상관관계가 있는 것으로 나타났다. 반면, OECD 29개국의 Health Data 자료를 분석한 한국보건사회연구원 보고서(강은정 · 이수형, 2010)에 따르면, 한국의 경우 다른 OECD 국가와는 다르게 경제 수준이 높아지면서 오히려 자살 사망률이 증가하는 것으로 나타났다. 소득 불평등과 관련해서 청년층은 지니계수가 클수록 자살 사망률이 높은 반면, 남성의 경우 45세 이상에서는 지니계수와 자살 사망률이 음의 관계를 보였다. 이 연구는 한국에서는 빈부격차가 모든 연령층에서 자살률을 증가시키는 것이 아니라는 점과 다른 OECD 국가와는 달리 거시경제지표가 호전되면서 오히려 자살이 느는 양상을 보인다는 점을 보고해 자살의 원인을 몇 가지 지표로 설명하는 것은 매우 힘들다는 것을 알려 주고 있다.

가장 최근에 발간된 국회예산정책처 보고서(이채정 · 김상우, 2013)에 의하면 자살의 사회경제적 원인으로 경제성장 둔화, 소득 불평등 심화, 전통적인 가족구조의 해체, 고령화 등의 사회변동이 자살률 증가에 영향을 미칠 수 있는 것으로 조사되었다. 또한, GDP 성장률, 지니계수, 조이혼율, 조출생률은 자살률과 상관관계가 있는 것으로 나타났다.

김영옥과 김주영(2015)의 연구에서는 자살의 원인을 규명하는 기존 연구의 주요변인을 인구사회학적, 심리학적, 사회문화적 요인으로 분류하였다. 자살의 원인에 대한 인구사회학적 요인 연구는 개인의 상태에 의존하여 빈곤 및 저소득 계층이거나 실업 정도를 나타냈던 경제지표, 건강 상태, 성별, 연령, 동거 형태 등 개인별 요인을 통계적으로 접근하여 분석한다. 심리적 요인은 개인생활 및 사회적 스트레스, 부적응, 완벽주의나 낮은 자아존중감 등의 성격 특성에서 오는 심리적 지표를 측정하여 영향 요인을 분석한다. 사회문화적 요인은 사회계층 차이에 따른 사회적 갈등, 주변의 자살 사건을 경험하거나 언론 보도를 통해 듣게 되는 자살 사건의 전염성, 사회적 지원, 국가적 경제위기(IMF), 주거 환경적 요인 등의 영향 요인을 분석한다.

〈표 3-1〉 자살의 원인

연구단위	주요 요인
인구사회학	[인구통계학적, 사회경제적 등] • 개인 특성: 성별, 연령, 동거 형태(가정 환경) 등의 특성 요인 • 경제 문제: 빈곤 및 저소득 계층에 해당하거나 실업 상태 요인
심리학	[외부 스트레스와 개인성격문제 등] • 건강 문제: 신체적·정신적 요인 • 스트레스: 학업, 교우관계, 사회 갈등 등의 사회 일상적 스트레스 요인 • 정신질환: 우울증, 조울증, 기분장애, 정신분열증 등 • 성격 특성: 사회 부적응, 완벽주의, 낮은 자아존중감 등
사회문화	[사회문화가 개인에게 미치는 부정적 효과 등] • 사회갈등 문제: 사회적 지지가 낮거나 약자 계층에 속한 개인 및 사회 환경에서 발생하는 갈등 요인 • 전염성: 자살 사건 언론 보도, 지인의 자살경험을 통한 자살전염 요인 • 기타: 사회적 지원이 열악한 지역, 국가적 경제위기 등 국가적 문제가 개인생활에 영향을 미치는 요인, 주거 환경적 요인 등

01 자살의 위험요인

자살의 위험요인은 생물학적, 심리학적, 사회학적 요인 등 여러 요인이 복합적으로 구성되어 있다. 자살과 관련된 연구들은 자살을 생각하거나 시도하려는 사람을 미리 발견하고 이들이 자살이 아닌 다른 방법으로 문제를 해결하도록 도와주기 위한 다양한 노력을 기울이고 있다. 이러한 노력 중의 하나가 자살의 위험요인(risk factors)을 예측하여 평가하는 것이다. 자살위험요인이란 자살과 관련된 행위를 유발하거나 촉진시키는 역할을 하는 요인이다. 그러므로 자살위험요인을 정확하게 알고 있다면 자살과 관련된 행동을 실행하기 전에 자살을 생각하거나 자살을 시도하려는 사람을 효과적으로 예측하고 통제할 수 있다.

특정한 위험요인이 많은 사람은 위험요인이 없는 사람에 비해 자살할 위험이 크다고 평가할 수 있다. 그러나 자살의 위험요인은 절대적인 것이 아니라 상대적인 요인으로 자살의 위험요인을 통해 넓은 범주의 자살 가능성이 있는 사람을 파악한 후, 실제 개별자살의 위험을 평가할 때는 더욱 세심하게 판단할 수 있게 된다. 자살의 위험을 평가하는 방법은 여러 가지가 존재하지만, 일반적인 자살의 위험요인은 〈표 3-2〉와 같다(高橋祥友, 1997). 이러한 위험요인 중 특정한 요인에 의미를 개별적으로 부여하기보다는 종합적으로 고려하여 판단하여야 한다.

〈표 3-2〉 자살의 위험요인

유형	내용
1. 자살시도 이력	• 자살시도(자살미수)의 상황, 방법, 동기(의도), 주위의 반응 등을 검토
2. 정신질환	• 조울증, 정신분열증, 인격장애, 알코올 및 약물 의존성
3. 사회적 자원의 결핍	• 미혼, 이혼, 배우자와의 이별, 최근 친지·지인의 사망 경험
4. 성별	• 자살시도(반복: 남〉여), 자살미수(여〉남)
5. 연령	• 연령이 높을수록 자살률은 상승
6. 상실의 경험	• 경제적 손실, 지위의 실추, 질병·외상, 친지·지인의 사망, 소송 등
7. 사고유발 경향성	• 사고방지를 위해 필요한 조치를 하지 않음 • 만성질환을 예방하기 위한 의학적 조언을 무시
8. 성격	• 미숙·의존적, 충동적, 완전주의적, 고립·우울, 반사회적
9. 기타	• 아동학대, 타인의 죽음으로부터 받은 영향

1) 자살시도 이력

자살미수자의 경우 10명 중 1명은 자살미수 후 반복된 행동으로 자살로 인해 생명을 잃는다. '죽고 싶다고 말하는 사람은 자살하지 않는다.'와 '정말 죽을 각오가 있다면 실패할만한 자살행위는 하지 않는다.'는 미신과도 같다. 자살을 시도한 경험이 있는 사람은 강력한 자살위험요인을 가지고 있으며, 자살위험은 자살시도 6개월 이내가 가장 높고 자살시도자의 1%가 1년 내에 결국 자살한다는 보고가 있다. 자살미수자가 자살로 생명을 잃을 위험은 일반인과 비교하면 수백 배나 높다. 따라서 자살시도 및 자살미수는 위험요인 중 가장 중요한 요인으로 어떠한 시도든지 심각하게 고려해야 한다. 또한, 자살시도가 발생하면 당사자로부터 자살의 동기 및 의도, 수단, 상황 등에 대한 정보를 충분히 수집하여야 한다.

단적으로 죽음과 직결된 방법을 사용한 자살미수자도 이후에 자살행동을 반복할 가능성이 있으며, 실제로 죽기 어려운 방법을 사용한 미수자라고 해서 자살행동을 반복할 가능성이 낮다고 판단할 수 없다(高橋祥友, 1997). 또한, 자살을 시도한 사람이 모두 우울해하며, 절망감에 사로잡혀 있는 것은 아니다. 오히려 겉모습만 보면 전혀 우울해 보이지 않을 수도 있으며, 자살시도를 부정하거나 타인의 일처럼 말하기도 한다. 또한, 약간 고양된 느낌을 보이기도 한다.

2) 정신질환

여러 연구에서 자살이 정신질환과 밀접한 관련이 있는 것으로 보고되고 있다. 최근 자살의 심리학적 부검이 활발하게 이루어지고 있다. 자살이 발생하면 파견된 전문가가 자살한 사람의 가족 및 지인을 통한 면접과 의료기록 및 경찰기록 등의 정보를 통해 자살자의 생전 상황을 재구성하여 자살의 원인을 분석한다. 심리학적 부검에 따르면 정신과 진단을 할 수 없는 경우는 10% 이내이며, 남은 90%는 어떤 질환이든 정신과 진단을 내릴 수 있는 상태인 것으로 나타났다. 자살자의 60~80%가 우울증에 기인한 것으로 알려져 있고, 정신과 환자의 자살위험은 일반 인구에 비해 3~12배 높다고 보고하고 있다. 또한, 자살자 대부분은 사망 전 정신과적 문제를 가지고 있었지만 치료를 받은 사람이 적으며, 치료를 받아도 제대로 된 치료를 받지 못한 경우가 많았다(高橋祥友, 1997).

자살과 관련이 있는 동반하는 정신장애는 기분장애, 정신분열병, 불안장애, 식사장애, 주의력결핍 과잉행동장애, 알코올사용장애, 기타 물질사용장애, 인격장애 등이 있다. 정신장애 각각이 자살의 위험을 높이지만 두 가지 이상의 정신장애가 공존할 때 자살의 위험은 더 증가한다. 예를 들어, 알코올사용장애를 가진 사람이 주요 우울장애를 같이 가지고 있을 때 자살을 시도할 위험이 더 크다. 이러한 사실은 자살을 예방하고자 할 때 다양한 정신적 문제를 포괄적으로 파악하는 노력이 필요함을 말해 준다.

3) 우울증

정신질환 중 우울증은 자살에 큰 영향력을 가진 것으로 보고된다. 우울증은 기분, 사고뿐만 아니라 신체 모든 면에 증상이 나타날 수 있다. 우울증 또는 우울장애는 미국정신의학회가 정한 DSM-V(Diagnostic and Statistical Manual of

Mental Disorders-V) 또는 세계보건기구가 제정한 ICD-11(International Statistical Classification of Diseases and Related Health Problems-11)의 진단기준을 사용한다. 또한, 다양한 평가도구가 우울증의 진단이나 우울 증상의 정도를 평가하는 데 이용될 수 있다.

〈표 3-3〉은 DSM-V의 주요 우울삽화(Depressive episode)의 진단기준으로 아래의 9가지 증상 중 (1)과 (2)를 필수로 하여 다섯 가지 증상이 2주 이상 지속될 때 우울삽화의 진단기준이 만족된다.

〈표 3-3〉 주요 우울삽화의 진단기준

1. 주요 증상
   - (1) 우울감
   - (2) 흥미나 즐거움의 감소
   - (3) 체중 감소(또는 체중 증가)
   - (4) 불면(또는 과수면)
   - (5) 정신성 운동지체 또는 심한 불안
   - (6) 피로감 또는 활력 상실
   - (7) 무가치감, 죄책감
   - (8) 주의집중력 장애
   - (9) 자살에 대한 반복적인 생각
2. 사회적, 직업적, 기타 기능의 유의한 장해
3. 다른 의학적 상태(망상, 환각)의 의하지 않음. 약물에 의하지 않음.

주요 우울삽화는 아홉 가지 증상 중 (1) 우울감과 (2) 흥미나 즐거움의 감소를 필수로 포함한다. 주요 우울삽화의 구체적 증상은 (1) 하루의 대부분, 거의 매일 지속되는 우울한 기분에 대한 주관적 보고(슬프거나 공허함을 느끼는 것)나 객관적인 관찰(울 것처럼 보인다)에서 나타난다. 하지만 소아와 청소년의 경우는 과민한 기분으로 나타나기도 한다. 그리고 (2) 거의 모든 일상 활동에 대한 흥미나 즐거움이 하루의 대부분 또는 거의 매일같이 뚜렷하게 저하(주관적 설명, 관찰) 상태인 무쾌감증(Anhedonia)을 동반한다. (3) 체중 조절을 하고 있지 않음에도 1개월 동안 체중의 5% 이상 체중 감소나 체중 증가, 극단적인 식욕의 변화가 나타난다. (4) 거의 매일 나타나는 불면이나 과다 수면, (5) 거의 매일 나타나는 정신성 운동지체(초조, 주관적인 불안 및 관찰), (6) 거의 매일 피로나 활력의 상실, (7) 거의 매일 경험하는 무가치감과 망상적 수준의 과도하거나 부적절한 죄책감을 느낀다. (8) 주관적인 호소나 관찰에 의해 나타나는 사고력이나 집중력의 감소 또는 우유부단함, (9) 죽음에 대한 두려움과 반복되는 죽음에 대한 생각, 특정한 계획 없이 반복되는 자살생각 또는 자살기도나 자살수행에 대한 계획이다.

우울감과 우울증은 기간과 그 심각성으로 구별된다. 정상적 우울감은 짧은 기간 동안 가벼운 증상이며, 학업이나 직장, 가정에서의 기능상 장해가 없다. 병적 우울증은 최소 2주 이상의 긴 시간에 심한 증상, 우울감과 수면장애, 식욕 부진, 정신성 운동장애, 신체 증상, 무가치감과 죄책감, 자살사고, 정신병적 증상을 동반하며, 학업과 직장, 가정에 심각한 기능 장해를 초래한다.

4) 알코올 및 약물 남용

우울증과 관련된 일부에서 음주량이 증가하는 것으로 보고된다. 문제없던 사람이 중년이 되면서 조금씩 음주량이 늘어나는 경우에는 우울증과 관련이 있을 가능성이 있다. 본인과 주위 사람들이 우울 증상에 대해 깨닫지 못하는 사이에 주량이 점점 증가하는 것이다. 많은 양의 알코올은 중추신경을 억제하고 의존성을 나타나게 하여 우울 증상을 악화하기 때문에 음주량에 대해 주의를 기울일 필요가 있다.

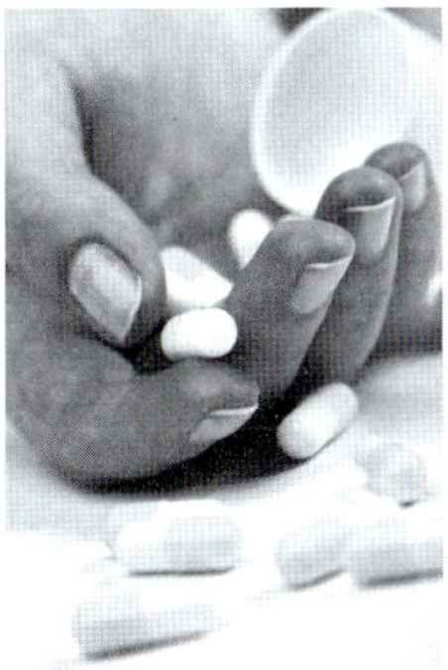

술에 심각하게 취할 경우 자기파괴 행동이 불러올 불안과 두려움이 사라져 생명을 잃게 할 행동을 하는 경우가 적지 않다. 또한, 치료를 받는 사람이라면 약물과 알코올의 상호작용 문제도 나타난다(高橋祥友, 1997).

5) 사회적 자원의 결핍

자살을 '고독의 병'이라고 정의한 의사도 있다. 미혼인 사람과 이혼한 사람, 배우자와 이별한 사람, 최근에 가까운 사람의 사망을 경험한 사람의 자살률은 그렇지 않은 사람에 비해 3배나 높다. 또한, 자살위험요인이 많은 사람도 가족과 함께 생활할 경우 자살시도 및 자살행동이 현저하게 줄어들거나 또는 나타나지 않는 것으로 보고된다. 그러나 가족과 함께 생활한다고 해도 특정한 가족 구성원이 소외되는 상황이 나타나기도 한다.

노인 자살의 경우 삼대가 동거하고 있는 가족 속에서 소외감을 느낀 노인이 홀로 살며 나름 충실한 생활을 하는 노인보다 자살률이 높다는 보고도 있다. 따라서 결혼 및 동거 형태, 가족을 요인으로 고려할 때는 가족 관계의 질을 검토하는 것이 중요하다(高橋祥友, 1997).

6) 성별과 연령

일반적으로 남성이 여성보다 자살이 많은 것으로 나타난다. 여성의 자살률에서는 전업주부에 비해 의사, 간호사, 연구, 관리직과 같은 전문직 여성의 자살률이 높은 것으로 보고되고 있다. 여성의 사회 진출이 활발해지면서 남성과 동일한 스트레스를 받게 되고, 자살률의 남녀 비율에도 영향을 미치는 것으로 나타났다(高橋祥友, 1997).

Lester(1993a)는 낙태를 자유화한 법이 통과한 후 35~54세 여성의 자살률이 감소하고 있다고 분석했다. 또한, 자살률은 국내총생산(GDP), 출생률 등과 같은 변수와 상관관계가 있으며, 이러한 관계는 더 발전된 국가, 도시국가 등에서 강한 것으로 나타났다. 자본에 따른 국민총생산(GNP)이 증가함에 따라 노인의 자살률이 증가한다고 보고하였다. Conwell 외(1990)는 50세 이상 연령의 자살에 관한 심리학적 부검 연구에서 75세 이상에서 남성, 사별, 폭력적 수단의 사용 경험이 많을수록, 그리고 혈중알코올과 이전의 정신과 치료 경험이 적을수록 자살이 많다고 주장하였다. 또한, 75세 이상의 경우 최근의 신체적 질병, 상실의 경험, 50~74세 연령의 경우 직업 · 경제적 · 가족적 스트레스 등이 많을수록 자살이 증가하였다.

Hawton(1998)은 영국 55~64세 인구의 자살시도 비율이 65세보다 높으며, 노인 자살시도자의 남녀 비율은 비슷하다고 분석하였다. 자살시도 비율은 이혼 남녀에게서 더 높고, 결혼한 남성과 독신 여성이 가장 낮았다.

Owens(1990)는 영국에서 65세 이상의 노인의 경우, 사별, 홀로 삶, 정신병, 진정제와 항우울제 사용, 높은 자살의도 등의 경우 자살시도가 빈번하였고, 독신이면서 진정제의 사용이 빈번할수록 자살시도가 더 낮은 것을 발견하였다.

7) 상실에 대한 경험

경제적 문제와 지위의 실추, 병이나 기아, 가까운 사람의 죽음과 소송에서 나타나는 상실의 경험이 자살에 영향을 미치는 것으로 나타난다. 자살에서 상실에 대한 경험은 객관적인 것보다는 주관적인 경험으로 인식된다. 집에서 키우던 애완견의 죽음이라는 상실은 행복한 가정에서 자란 아이에게는 생명과 죽음에 대해 공부할 수 있는 기회가 되며, 극복할 수 있지만 자신이 가진 유일한 정서적 관계의 대상이 애완견밖에 없는 노인에게 애완견의 죽음은 전혀 다른 상실에 대한 질적인 차이를 초래하게 된다.

또한, 가족이나 정신적 · 정서적으로 중요한 관계를 형성했던 사람의 죽음을 어떻게 경험했는지에 대해서도 정보를 수집해야 한다. 누구의 죽음인지, 어떤 죽음인지, 그 상실감을 어떻게 극복했는지에 대한 내용을 파악해야 한다. 병사, 사고사, 자살 등 죽음의 내용과 유대감의 강도에 따라 남은 사람이 받는 심리적 영향도 달라지기 때문이다(高橋祥友, 1997).

8) 사고유발 경향성

자살하기 직전뿐만 아니라 생애에 걸쳐 경미한 사고를 비롯한 사고를 자주 일으키는 사람이 관찰된다. 이러한 사람은 의식적 또는 무의식적으로 자기파괴 경향이 존재한다. 사고를 일으킨 당사자가 단순한 사고로 인식하고 가볍게 생각하는 경우도 많다. 이러한 사고 경향성(accident proneness)을 가진 사람은 사고를 방지하는 데 필요한 조치를 할 수 없거나, 만성적인 병에 대한 예방대책을 세울 수 없으며, 의학적인 조언을 무시하는 등 자살위험 여부를 판단할 필요성이 있다(高橋祥友, 1997).

9) 성격

자살위험이 커질 가능성이 있는 성격으로 미숙 · 의존적, 충동적, 완벽주의, 고립 · 우울, 반사회적 등이 있다(高橋祥友, 1997). 미숙하고 의존적인 성격으로 자신의 능력으로 인해 갈등에 대처하지 못하는 사람이 지금까지 자신을 지지해 주던 가족, 지인, 동료 등이 자신에게 소홀히 대하거나 돌봐주지 않는다고 느낄 경우 우울과 자기파괴 경향을 노출한다. 자신의 갈등과 불안을 스스로 대처하지 못하기 때문에 주변 일에 대한 불만이 많고, 일부러 다른 사람의 화를 돋우는 경향이 있다. 충동적 성격은 미숙하거나 의존적인 사람이 갈등 또는 좌절상황과 같은 문제 상황에서 공격성을 자제하지 못해 충동적으로 행동을 하는 유형이며, 이러한 행동의 내용과 의미를 수집하여 자살위험성을 판단하는 데 고려하여야 한다.

완벽주의적 성격은 자신의 가치를 지나치게 낮게 평가하고 이것을 극복하기 위하여 병적일 정도로 완벽주의적 경향이 나타나는 유형이다. 흑백논리와 양자택일과 같은 극단적 사고방식으로 자신을 억압한다. 사소한 실수를 과대해석하거나 이러한 실수가 미래를 암시하는 저주라는 비합리적 신념을 가지기도 한다. 어떤 일을 할 때 자신의 능력 이상으로 필사적인 노력을 기울이며, 그 결과가 만족스럽지 못할 때는 자기존재의 의미 모두를 부정해 버리는 경향이 있다.

타인과의 교류 빈도가 낮고, 주변 사람에게 자신의 문제를 전혀 드러내지 않는 사람도 자살의 위험성이 높은 것으로 나타난다. 이러한 사람이 실제 자살을 할 경우 주변인들은 왜 자살을 했는지 정말 모르겠다는 반응이 나오곤 한다.

폭행, 절도, 폭력 집단 가입과 같은 비행을 한 청소년 가운데 우울 증상과 자기파괴 경향을 가진 사람이 있다. 문제아로 낙인 찍혀 있지만 주변인으로부터 우울 성향이 전혀 관찰되지 않는 경우이다. 유대감이 유지되는 동안에는 자기파괴 경향이 나타나지 않지만, 이러한 집단이 해체되거나 추방될 경우 자기파괴 경향이 급격히 나타나게 된다. 이러한 자기파괴 경향은 사춘기를 비롯한 성인기 이후에도 죽음이 유발될 수 있는 범죄 행위와 연결되기도 한다.

10) 어린 시절 학대의 경험

유아기에 신체적 · 정서적 학대의 경험이 있는 사람은 자존감의 손상으로 성인이 된 후에도 우울 증상과 자기파괴 경향이 나타나며, 자살위험이 큰 것으로 보고된다. 학대의 가해자가 양부모, 의붓형제인 경우가 많아 이혼과 같은 가족해체의 문제도 동시에 존재한다.

또한, 어린 시절 부모 또는 가족의 입원과 장기적 부재로 인한 성장 과정에 적절한 정서적 유대의 결핍, 신체질환으로 인한 입원 경험, 입원 시 또래 환자의 죽음 등도 자살위험과 관련이 있는지 검토하여야 한다(高橋祥友, 1997).

11) 자살 직전의 신호

자살의 위험요인을 많이 가지고 있는 사람에게 특정한 행동의 변화가 나타난다는 것은 일종의 신호라고 해석할 수 있다. 자살생각과 자살태도는 일반적으로 오랜 시간에 걸쳐 형성되는 것이 일반적이다. 자살 직전의 신호는 자살을 실행하게 되는 직접적인 방아쇠(trigger)를 발견할 수 있는 기회이며, 자살을 실행하게 되는 방아쇠는 매우 사소한 것일 때가 많다. 따라서 자살 직전의 계기만을 보면 자살자의 행동을 이해하기 어렵게 된다. 자살 직전에 나타나는 언어적 · 비언어적 신호는 다음과 같다(高橋祥友, 1997).

(1) 넌지시 암시

"먼 곳에 가고 싶다.", "아는 사람이 아무도 없는 곳에 가고 싶다.", "잠들고 나서 다시 깨지 않았으면 좋겠다."라는 말을 하거나 자살할 장소를 사전에 계획한 후 대수롭지 않게 장소를 언급하는 경우도 있다.

(2) 이별을 준비

아끼던 소지품을 친한 사람에게 주거나 일기나 사진 등을 처분하고, 빌린 물건을 돌려주며, 자신의 신변을 정리하면서 자살을 준비한다. 오랫동안 만나지 않았던 지인들을 갑자기 찾아가기도 한다.

(3) 과도하게 위험한 행동

위험한 사고가 발생할만한 행동을 한다. 자살에 대한 반복적 사고는 자살에 대한 두려움을 약하게 만들어 자살을 부정하면서 내면에 있는 자살에 대한 소망이 행동으로 나타난다.

(4) 갑작스러운 태도 변화

항상 관심을 가졌던 일 또는 대상에 흥미를 잃거나 사람들과의 교류를 단절하고 방 안에서 나오지 않는다. 정신을 집중할 수 없다고 호소하거나 지금까지 쉽게 하던 일을 잘하지 못하고, 학교나 직장에서 성적이 급격히 떨어진다. 또한, 불안과 초조감으로 침착하지 못하고, 감정의 기복이 심해지며, 경솔한 태도가 자주 나타난다. 어린아이나 동물을 학대하기도 하고, 자살이나 죽음에 대한 글을 쓰거나 그림을 그린다. 외모, 옷차림, 예의, 말투 등에도 신경을 쓰지 않는다. 건강을 포함한 자기관리에 소홀하며, 불면, 식욕 부진, 체중 감소를 비롯한 여러 신체 이상이 나타나기 시작한다. 술과 약물 사용이 증가하거나 도박이나 주식에 무모할 만큼의 큰돈을 쓰거나 방탕한 성생활을 한다.

(5) 자해 행위

손목을 살짝 긋거나, 혈관 부위를 찌르거나, 정량 이상의 약을 복용하는 등의 실제로 사망 위험이 그다지 크지 않은 자해 행위를 한다. 자해 자체가 죽고자 하는 의도성은 없지만 반복된 자해 행동으로 인해 죽음에 대한 두려움이 둔화되고 공포와 고통에도 익숙해져 결국에는 자살을 시도할 가능성이 커진다(Joiner, 2005). 자해 행동이 직접적인 자살행동은 아니더라도 자살의 위험성을 알리는 요인이므로 가벼운 자해흔적이라도 진지하게 검토하여야 한다.

02 자살의 생물학적 원인

1) 유전적 요인

한 가계(家系) 내에서 자살행동이 유전된다는 것은 자살과 관련 있는 우울증, 조울증, 알코올 의존증, 정신분열증 등의 유전에 의한 것임을 나타낸다. 가족 중 자살자가 있을 경우 그렇지 않은 경우보다 자살할 위험이 더 증가하는 것은 사실이다. 또한, 정신질환을 가지고 있는 사람의 자살의 가족력은 자살행동의 위험을 증가시키는 요인이 되는데, 특히 자살의 가족력(가족의 자살경험)은 치명적인 방법의 자살시도와 관련이 깊다. 예를 들어, 치명적인 방법으로 자살을 시도한 우울증 환자가 비치명적인 방법의 자살시도 혹은 자살시도 경험이 없는 환자보다 가족 중 자살한 사람이 많았다고 보고하였다.

자살행동과 유전적 요인과의 관계는 쌍생아 연구를 통해 밝혀지고 있다. 그 결과 일란성 쌍생아가 이란성 쌍생아에 비해 자살시도와 자살행동에 있어 더 높은 일치율(각각 11.3%, 1.8%)을 보였다. 후속 연구에서 역시 완전한 자살과 자살시도에 있어 일란성 쌍생아가 더 높은 일치율을 보이는 것으로 밝혀졌다.

또한, 자살을 시도한 사람과 생물학적인 가족 관계가 있는 사람은 비록 자살시도 경력이 없는 가정에서 양육된다 할지라도 통제 집단에 비해 자살행동의 가능성이 큰 것으로 나타났다. 입양인 중 기분장애를 가지고 있는 사람은 그렇지 않은 사람보다 자살률이 높게 보고되었는데, 이는 충동적인 자살시도와 연관이 있는 상황적인 위기(situation crisis)를 동반하는 기분장애의 진단적 준거와 함께 생물학적 부모의 자살 여부가 함께 영향을 미친 것을 알 수 있다. 따라서 자살에 있어 유전적 요인은 단독 혹은 다른 정신장애와 동반하여 자살행동의 취약성을 잘 설명하는 것으로 나타난다.

자살은 장애를 수반하는 심각한 신체적인 질병으로부터도 발생할 수 있다. 자살자 중에서 신체적인 질병의 유병률은 최소 25%, 노인에게서는 최고 80%까지 이른다. 특히, 심각한 신체적 질병이 우울과 같은 기분장애를 동반할 때 자살의 위험은 더욱 증가할 수 있다. 그러나 정신적 문제가 전혀 없을 경우에는 신체적 질병만으로 인하여 자살을 하는 경우는 극히 드물다는 보고가 있다.

그러나 자살행위에 관한 유전적 영향(자살 가족력)을 해석하는 데 있어 다음과 같은 주의를 기울여야 한다. 가족의 자살행위에 가정폭력 경험, 이혼, 적대감, 그리고 모방자살과 같은 유전 이외의 다른 요인이 영향을 미칠 수 있다는 점이다.

2) 신경생물학적 요인

자살을 설명하는 또 다른 생물학적 요인은 자살로 이끄는 정신질환에서 나타나는 신경생물학적 과정을 들 수 있다. 자살을 한 정신과 환자에게서 뇌의 신경전달물질 대사와 관련된 세로토닌의 수준이 정상적이지 않다는 것이 발견되었다. 세로토닌은 기분과 공격성을 통제하는 신경물질로 세로토닌의 양이 부족할 때 자살 혹은 정신질환이 나타날 수 있으며, 이것은 자살생각을 행동으로 옮기고자 하는 충동을 억누르는 능력을 감소시키는 원인이 된다.

자살행위가 세로토닌과 깊은 연관성이 있다는 것은 세로토닌의 주요 대사산물인 5-HIAA(hydroxyindole aceticacid: 중추신경계에서 세로토닌이 어떤 작용을 하는지 보여 주는 물질)의 수치를 통해 확인할 수 있다. 특히, 세로토닌과 그의 대사물인 5-HIAA 수준이 충동적인 범죄자와 알코올 중독자에게 현저히 낮았으며, 자살과 충동적인 공격성 재발의 위험성과 관련이 깊은 것으로 보고된다.

여러 연구에서도 자살시도 경험이 없는 사람보다 자살 경향성 환자의 척수액에서 5-HIAA 수치가 현저히 낮았으며, 자살의 고위험성과 충동적인 공격성을 가지고 있는 환자를 대상으로 측정한 공격성 정도는 세로토닌과 그의 대사물인 5-HIAA 기능 수준과 부적 상관관계가 있었다. 또한, 자해 행동을 하는 환자와 정상인을 대상으로 컴퓨터 단층촬영을 한 결과, 자해 행동을 하는 사람의 세로토닌과 그의 대사물인 5-HIAA 수준이 낮았으며, 치명적인 방법으로 자살을 시도한 사람의 경우에도 그 수준이 현저하게 낮은 것을 발견하였다.

또한, 술을 비롯한 다양한 약물을 복용하는 것은 5-HIAA 수준을 낮추어, 자살행동의 취약성을 더욱 높이는 결과를 가져온다(임영식 외, 2004). 이는 세로토닌과 그의 대사물인 5-HIAA 기능 수준이 낮은 사람일수록 공격적으로 행동할 경향과 자살의 위험이 커지며, 미래에 자살을 시도하는 데 있어 강력한 예측 요인이 된다는 것을 알려 준다.

03 자살의 심리학적 원인

1) 정신분석학적 관점

정신분석에서는 자살행동을 일으키는 개인의 심리적 고통인 내적인 갈등(intrapsychic conflicts)과 무의식을 이해하는 데 주된 관심이 있었다. Freud는 그의 논문 「애도와 우울증(*mourning and melancholia*)」(1917)에서 우울증 환자로부터 관찰할 수 있는 자기증오(self hatred)는 본래 사랑하던 대상의 상실에 대한 분노에서 나온 것이며, 그 대상자에게 향했던 분노가 자기 자신에게 향해져 자아를 약화시킬 때 우울함이 유발된다고 기술하였다.

아동기 자녀는 부모를 통해서 인정과 사랑을 받게 되며, 이때 자녀는 부모의 존재와 부모와의 관계를 통해 자아도취적 상징의 대상이 된다. 그러나 부모는 언제나 자녀의 욕구를 모두 충족시킬 수 없으므로 자녀는 부모에게 좌절과 미움의 감정을 느끼게 된다. 자녀는 실제적이거나 상징적인 대상을 상실했다고 느낄 때 무의식적으로 상징적 대상자로부터 거부당했다거나 그 대상을 자기 스스로가 없애버렸다고 상상하게 된다. 이러한 경험을 통해 미움에 대한 죄책감을 느끼게 되거나, 자신이 상징적인 사람에게 올바른 행동을 하지 못해서 잃어버리게 되었다는 죄책감이 증가한다. 이러한 상징적 대상의 상실에 대한 분노가 자기 자신에게 향하게 될 때 우울로 나타난다. 개인의 우울이 자기 자신이 만들어 낸 상징적인 대상의 상실에서 유발되는 것처럼 자살 또한 자기도취적인 대상의 상실과 결여가 내면화하여 발생하는 것이다. 즉, 자살은 "내부로 향해진 분노(anger turned inward)", 다시 말해 "사랑하는 대상을 상실했음에도 그 대상을 유지하고자 동일시하여, 그에 대한 공격성이 자신에게 향하게 된다."라는 것이다.

Menninger는 Freud의 생각을 더 구체화하여 『자신에 대항하는 사람(*Man Against Himself*)』(1966)이라는 저서에서 자살행위를 일으키는 기저의 정신역동적 동기를 세 가지로 구분하였다. 죽이고자 하는 소망(the wish to kill), 죽임을 당하고 싶은 소망(the wish to be killed), 죽고 싶은 소망(the wish to die)이 그것이다. 죽이고자 하는 소망은 공격성, 비난, 규탄, 제거, 파멸, 복수 등으로 기술될 수 있으며, 죽임을 당하고 싶은 소망은 복종, 피가학성, 자기비난, 자기규탄으로 기술될 수 있고, 죽고 싶은 소망은 절망, 공포, 피곤, 낙망, 고통 등으로 기술된다.

어떤 죄를 짓고 나서 벌을 받으면 마음이 후련해지고 편안해지는 것은 죽임을 당하고자 하는 욕구, 즉 피학적 욕구가 있기 때문이다. 이러한 피학적인 소망은 고의로 자신을 곤경에 빠뜨린다거나 무의식중에 사고를 내는 것과 같은 형태로 나타난다. 이러한 반응을 보이는 이유는 양심 때문이다. 양심은 자아가 외적인 대상을 살인하고자 하는 마음을 먹으면 자아에 엄한 벌을 내린다. 그 벌은 살인자에게 처해지는 것과 같은 처벌이다. 대상을 죽여야 한다는 파괴적인 생각을 용납하지 못하고 스스로 사형을 선고한다. 외부대상에 대한 살인충동은 처벌이나 양심, 소외감, 양가 감정 때문에 살인 행위로 이루어지지 못하고 그 파괴성이 자신에게로 돌아오게 된다. 이러한 과정에서 자기 존중감은 사라지고 자학하고 파괴하는 행위를 하게 된다는 것이다.

Farberow와 Shneidman(1979)은 Menninger(1996)가 분류한 자살의 정신역동적 동기의 연령에 따른 차이를 알아보기 위해 619명(남자 489명, 여자 130명)의 자살자들의 자살기록을 세 가지 동기에 입각해서 분석했다. Menninger(1996)는 세 가지 동기가 모든 자살행위에 관여되어 있음을 강조하였으나, 분석 결과 죽이고자 하는 소망과 죽임을 당하고 싶은 소망의 강도는 연령에 따라 감소하고, 죽고 싶은 소망은 연령에 따라 증가하는 것으로 나타났으며, 남녀 간에 성차는 나타나지 않았다(Farberow & Sineidman, 1976).

Harmon은 자아의 문제로 자살충동을 분석하고 있다. 인간은 누구나 삶의 환상을 가지고 있다. 삶의 환상이란 개인이 자기 자신과 세계에 부여한 희망이며 신념체계이다. 즉, 스스로 믿는 자신의 모습이다. 정상적인 사람은 이러한 삶의 환상이 다양하고 상황에 따라 바뀔 수 있다. 그러나 자살자의 경우 삶의 환상이 매우 제한적이고 비현실적이며 완고하다. 이들은 오로지 한 가지 삶의 목표를 가지고 살아간다. 예를 들어, 사랑하는 사람, 즉 배우자나 애인이나 어떠한 추상적 이상, 종교나 이념 또는 돈, 승진 등의 한 가지에 모든 삶의 의미를 둔다. 따라서 이들의 환상이 깨지면 더 이상 희망이 없는 상태가 되어 버린다. 이러한 상태가 심화되면 자살로 이어진다. 인간이 자살하는 이유는 삶의 환상과 같이 자신이 소중하게 여겼던 희망이나 신념을 위협하는 내적인 표상들을 제거하기 위한 것이다. 예를 들어, 여인이 자신의 육체적으로 노화되는 현실을 부정하려는 동시에 이전의 예쁜 소녀의 모습을 보존하기 위해 자살을 시도하는 것을 말한다. 이들의 이론을 간략하게 정리하면 다음과 같다. 자살행위를 하는 사람들은 첫째, 제한적이고 비현실적이며 깨지기 쉬운 삶의 환상을 가지고 있다. 둘째, 이들의 삶의 환상을 깨버리는 외현적 사건이 있다. 셋째, 이러한 갈등을 해결하기 위한 방법으로는 죽음 이외에 다른 방법이 없다고 생각한다. 이러한 조건이 충족된 경우 자살 가능성이 커진다고 할 수 있다.

2) 무망감

자살의 가장 대표적인 위험요인인 우울은 자살행동의 가장 강한 예측인자 중의 하나로 알려져 있다. 우울이 자살생각과 직접 상관이 있으며, 자살시도로 입원한 환자 대부분이 우울 증상을 나타냈다. 그러나 우울증 환자가 일생동안 자살할 확률은 약 1~2%로 자살을 시도한 사람이 모두 우울했던 것은 아니며, 또한 우울하다고 해서 반드시 자살생각을 나타내거나 자살을 시도하지는 않는다. 우울증은 압도적으로 자살생각의 위험과 관련되고 자살생각을 경유하여 자살시도로 연결되지만, 위계적 회귀 분석 결과 충동성이 투입되었을 경우 우울은 더 이상 자살시도를 예측하지 못하는 것으로 나타났다.

한편, 우울의 하위개념이라고 할 수 있는 무망감(hopelessness)은 연구 결과 자살생각뿐만 아니라 자살시도, 자살행동과 관련이 있는 것으로 나타나고 있다. Beck(1986)은 인지적 증상 중 하나인 무망감이 자살행동의 가장 좋은 단일 예측인자라고 하였으며, 여러 연구에서도 무망감이 자살시도를 예측하는 요인으로 보고

하였다.

무망감은 개인적 실패에 대한 지각, 의기소침, 죄책감, 비참함과 불행을 자신이나 그 누구도 고통에서 벗어나기 위해 아무것도 할 수 없으며, 아무런 변화도 이루어지지 않는다는 부정적인 신념이다. Beck은 "사람들이 자기(self)와 세상(world) 그리고 미래(future)에 대하여 부정적으로 인지하여 우울함에 빠진다."라고 하였다. 특히, 미래에 대한 부정적 인지는 무망감과 관련이 있으며, 이는 어릴 때부터 부정적인 인식을 갖게 되면서 신념으로 자리 잡게 된다. 또한, 이러한 믿음에 대한 원인을 자기 탓으로 돌려 자신을 부정적으로 인식하게 된다.

Beck은 무망감척도(Beck Hopelessness)를 통해 자살과 무망감의 관련성을 분석하였다. 그 결과, 무망감과 같은 부정적 인지가 우울 성향보다 자살에 더 관련이 있으며, 자살과 우울의 관계에서 무망감에 의해 상관관계가 더 높게 나타났다. 또한, 사회적 지지와 무망감이 상호작용하여 자살에 영향을 미치고 심리적 고통이 무망감과 자살 간의 관계를 매개한다는 연구 결과를 볼 때, 여러 요인의 영향에 따라 무망감이 자살에 미치는 영향력이 달라진다는 것을 알 수 있다. 한편, 무망감이 청소년의 자살시도와 관련이 없다는 연구 결과도 있다.

이와 같은 Beck의 주장은 우울증세가 있는 환자 집단의 자살을 설명하는 데는 어느 정도 적합하지만, 그 외의 임상이나 비임상 집단에서는 적절하지 않다는 지적이 있다. 뿐만 아니라 무망감이 우울과 자살행동에 관련이 있다는 것은 밝혔지만, 자살행동을 하게 하는 매개로 심리적 기제를 설명해 주지는 못하였다. 이러한 관점에서 Beck의 이론은 자살의 과정에서 나타나는 개인의 심리적 기제를 설명하지는 못하였다고 볼 수 있다.

3) 인지심리학적 관점

인지적 관점에서 자살을 연구해 온 Baumeister는 그의 저서 『자기로부터의 도피(*Escaping from the self*)』(1990)에서 인지적 몰락을 통해 Beck의 절망이론(hopelessness)이 설명하지 못한 자살의 개인 내적 과정, 즉 심리적 기제에 대하여

체계적으로 기술하였다. Baumeister(1990)는 자살의 개념을 '자기로부터의 도피', 즉 '자기와 연관된 힘든 감정과 생각으로부터 도피를 위한 방법'으로 주장하면서 자살에 이르는 인지 과정을 제시하였다.

인지 과정을 살펴보면 첫째, 개인의 기대 수준은 높은데 현실적 상태가 기대에 미치지 못할 때 기대와 현실 사이에 괴리가 발생한다. 둘째, 이때 발생한 기대와 현실 사이의 괴리를 자기 탓으로 돌려서 자기 자신을 비난하고 자신을 부정적으로 평가한다. 셋째, 주위의 초점을 자신에게 돌려서 자기를 더욱 비난하고 부정적으로 평가한다. 넷째, 그 결과 자기에 대하여 부정적인 정서 상태가 유발된다. 다섯째, 이때 개인은 고통스러운 사고와 감정을 제거할 수단을 찾게 되어 '인지적 몰락' 상태가 발생한다. 여기서 '인지적 몰락(cognitive deconstruction)'이란 정신기능의 협소화(mental narrowing)가 되는 것으로 모든 사건에 대하여 의미 부여를 거부함으로써 모든 것을 피상적 · 무가치적인 것으로 인지하고 해석하는 정신 상태이다. 이러한 상태는 자살행위를 막아 주는 여러 가지 내적 억제력을 약화시켜서 자기 자신에 대한 부정적인 감정과 인식으로부터 도피하려는 방법으로 자살이라는 극단적이고 파괴적인 방법을 선택한다. 이때 인지적 몰락은 자기파괴적인 행동과도 관련이 있으며, 여기에는 자살행동이나 알코올 중독, 약물 남용, 성적 방종과 충동적 과식 등이 해당된다.

Baumeister는 사람이 인지적 몰락 상태일 때 드러나는 특성을 시간적 조망의 축소(shrinking of time perspective)와 구체성, 장기적 목표 결여(absence of distal goal), 의미의 거부(rejection of meaning), 탈억제, 수동성 및 무책임성, 정서적 결여 (lack of emotion), 비합리적 사고 등으로 설명하였다.

(1) 시간적 조망의 축소

'시간적 조망의 축소'란 자살을 시도하는 사람은 과거나 미래에 대하여 불안하거나 혐오스럽게 인식하므로, 지금 이 순간에만 관심을 두는 경향이 있다는 것이다. 또는 자살생각이 있는 사람의 경우 단기간의 시간 조망을 한다고 보고하였다.

(2) 구체성

'구체성'은 의미 있는 통합적 사고는 회피하고 즉각적인 문제에만 협소하게 초점을 두는 것을 말한다. Shneidman(1987)은 '터널 비전(tunnel vision)'이라는 개념으로 자살시도에 선행하는 사고 과정을 표현하였다. 이는 영향력 있는 연구자들이 서술한 자살기록과는 달리 자살을 시도하는 사람의 사고가 감각적이고 구체적이라고 보고하였다.

(3) 장기적 목표의 결여

'장기적 목표의 결여'는 인지적 몰락 상태에 있는 사람은 현재의 감각 경험과 단순하고 기계적인 측면에만 집중함으로써 자신의 미래 목표와 행동의 결과에는 소홀할 수 있다는 것이다. 실제 자살을 시도하는 사람이 장기적으로 계획을 수립하는 능력이 부족하고 충동적으로 행동하는 경향이 있는 것으로 나타났다.

(4) 의미의 거부

'의미의 거부'는 자살을 시도한 사람이 일이나 사랑, 사회적 규범, 대인관계 등 인생에서 나타나는 모든 부분에서 의미를 부정하거나, 현상에 대하여 새로운 해석을 피하는 경향이 있다는 것이다. Shneidman(1987)이 주장한 '터널 비전' 개념도 자살을 시도한 사람은 의미 있고 통합적인 사고를 피하는 경향이 있으며, 이는 창의적 아이디어나 새로운 해석을 받아들이는 능력이 부족함을 설명하였다.

(5) 탈억제

사람은 자기 보존에 대한 욕구, 내재화된 사회적 규범, 가족에 대한 책임성, 행복에 대한 기대 등의 변인으로 인해 자살시도를 하지 못하며, 자살시도를 하려면 이러한 억제 요인들을 극복해야 한다. 이때 인지적 몰락이 자기 보존과 사회적 규범 등에 대한 의미 유실을 촉발하는 억제력을 제거하는 기제를 '탈억제'라고 한다.

(6) 수동성 및 무책임성

'수동성'은 의미를 거부하는 것과 연관되며, 자기 행동을 책임지는 것과 자기 자신에 대한 평가를 피하려는 경향이 있다. '무책임한 행동'은 자기 자신을 참여시키지 않으며, 충동적으로 계획을 세우거나 심사숙고 없이 무책임하게 행동한다. 여기에는 알코올 중독이나 약물 남용 등이 해당한다.

(7) 정서적 결여

'정서적 결여'는 인지적 몰락 상태에서 자신과 연관된 부정적 정서로부터 회피하게 되어 나타난다. 자살을 시도하는 사람 중에는 불쾌하고 고통스러운 감정을 어떤 단서로도 표현하지 않는 사람이 많다. 감정 단서를 제시하여 회상하는 연구에서는 자살을 시도한 집단이 그렇지 않은 집단에 비해 정서적인 경험을 회상하는 데 더 오래 걸리고 힘들어하였다. 이는 자살을 시도한 사람이 아픈 과거 기억을 회피하려고 노력한 결과 정서적으로 무감각해진 상태로 추측된다.

(8) 비합리적 사고

'비합리적 사고'는 일상생활보다 인지적 몰락의 상태에 있을 때 더 많이 나타난다. Ellis(2001)의 우울증 환자를 대상으로 한 연구에서는 자살생각과 의지가 인지왜곡과 비합리적 사고와 연관된 것으로 나타났다. 다른 연구자의 대학생을 대상으로 한 연구에서도 위와 동일한 결과가 나왔다. 이러한 결과는 자살을 시도한 사람이 자신의 삶을 의미 있고 현실적으로 사고하지 못하고 비합리적인 사고를 하고 있음을 시사한다. 이와 같은 인지·정서적 위축 상태는 Baumeister가 제시한 '정신기능의 협소화', 즉 '인지적 몰락'으로 이해할 수 있다. 또한, 인지적 몰락의 중심개념인 '의미의 거부'는 인본주의와 실존주의 접근과 같은 맥락으로 설명할 수 있다. Frankl(1959)은 사람에게 가장 중요한 동기로 '의미에 대한 추구'를 주장하면서 사람은 누구나 자기 자신에 의해서만 이룰 수 있는 고유하고 독특한 의미가 있어야 한다고 주장하였다.

04 자살의 사회학적 원인

사회학적 관점에서는 사회적 규제와 통합이 약해질 때 자살률이 증가한다고 설명한다. 특히, 한국에서는 가족제도의 약화를 사회경제적 자살률 증가의 주요 원인으로 볼 수 있다. 또한, 사회학적 관점에서의 자살은 사회경제적 상황과 결부된다. 1997년(12월 3일) 한국이 국제통화기금(IMF)에 의한 구제금융 지원을 받을 당시의 자살률 증가를 그 예로 들 수 있다. 더욱이 정보전달 매체의 발전으로 현대 사회에서는 자살에 관한 언론 보도가 개인의 자살에 영향을 미치기도 한다.

1) Durkheim의 아노미이론

사회학적 관점에서 자살에 대한 연구는 Durkheim의 『자살론(*Le Suicide*)』(1897)이 출판되면서 시작되었다. 그는 미국과 유럽 국가들의 자살률을 비교하면서 자살은 사회적 현상이며, 자살의 원인은 개인이 아닌 사회에 있다고 주장하면서 사회학적인 관점을 강조하였다. 자살을 개인의 사회적 상호작용과 사회 관련성의 차원에서 살펴보면, 산업화와 도시화로 인해 노동의 분업이 사회의 통합과 집합성을 약화시키고, 사회 구성원의 욕망을 통제하는 사회적 기능(규제)의 약화가 자살에 영향을 미친다고 보았다.

자살에 대한 사회학적 관점은 Durkheim의 '정상성'에 대한 전제를 반영한 것으로, 사회통합의 측면이나 규제의 측면 중 어느 한쪽 방향의 편향은 정상성에서 벗어난 것으로 인식하여 병리적으로 보았다. 즉, 개인주의의 정도나 규제의 정도에 따라 자살에 영향을 미친다고 보았다. 이러한 관점에서 볼 때 정상과 병리는 질적인 차이가 아니라 개인이 속한 사회 속에서 평균 수준의 범위에 있느냐 없느냐의 여부에 따라 결정되는 상대적인 개념이다. Durkheim이 자살에 관심을 가진 것은 자살 자체보다는 자살이 '사회적 사실'로 사회학적 방법론을 잘 드러낼 수 있는 수단이기 때문이었다.

Durkheim은 개인이 사회 속에서 어느 정도 통합되고 통제되느냐에 따라 자살 유형을 이기적 자살, 이타적 자살, 아노미 자살, 운명적 자살로 구분하였다.

(1) 이기적 자살

이기적인 자살(egoistic suicide)은 개별화가 너무 강하여 개인주의가 과도하게 나타날 때 발생하는 것을 말한다. 이때 개인은 사회 속에서 통합이 결여되고 상호유대가 약화되어 타인과 교류하지 않고 고립되면서 결국에는 이기적인 자살이 나타날 가능성이 크다.

(2) 이타적 자살

이타적인 자살(altruistic suicide)은 개인이 그가 속한 사회에 지나치게 통합되고, 개별화가 지나치게 약화된 나머지, 자기 자신보다 그 사회에 더 가치를 두어 자신을 희생하는 경우이다. 고대 그리스인이나 로마인의 영웅적 자살, 전쟁 시 국가나 전우를 위한 희생이 이러한 범주에 들어간다.

(3) 아노미 자살

아노미 자살(anomic suicide)은 사회가 갑작스럽게 변화하거나 혼란에 빠져서 개인이 살아가는 데 필요한 법규나 질서를 제공하지 못할 때 발생하는 것을 말한다. 이때 사회는 힘을 상실하여 개인을 규제하지 못해 무규범 상태나 가치혼란 상태가 되어 자살을 유발시킨다.

(4) 운명적 자살

운명적 자살(fatalistic suicide)은 사회가 개인을 강력하게 속박하여 개인이 절망감이나 무망감을 갖게 되는 것이다. 노예나 포로 등과 같이 자신의 삶이 외부의 강력한 힘에 의해 종속되어 자포자기인 상태에서 유발된다.

Durkheim의 자살이론은 단순히 자살이라는 현상에 국한시키지 않고 범죄나 일탈이론, 사회질서와 도덕의 문제까지 모두 다루었다. 그는 자살이라는 소재로부터 사회적 해체를 바라보는 것이 목적이었으며, 연구를 통해 유럽 사회가 안고 있는 부적응의 원인을 파악하고, 치료방안을 제시하고자 하였다. 그러나 사회학적 이론은 사람이 살아가는 데 환경적 · 사회적 · 경제적인 측면이 개인의 자살에 영향을 미친다는 사실을 설명해 주는 데는 유용하지만, 외적 요인에 치중하여 개인의 내적 요인에 의한 차이를 고려하지 않아 자살을 설명하는 데는 한계가 있다.

2) Shaw와 Mcaky의 사회해체이론

Durkheim의 아노미이론과 함께 대표적인 거시이론으로 Shaw와 Mcaky의 사회해체이론이 있다. Shaw와 Mcaky는 시카고학파를 대표하는 이론가들로 동심원이론에 기초하여 도시 거주 지역의 구조적인 특성이 사회해체를 유발하여 범죄가 만연하게 된다고 이해하였다. 사회해체이론가들은 거주 지역의 낮은 사회경제적 지위, 잦은 인구 이동, 복잡한 인구 구성으로 지역주민들의 행위를 통제할 수 있는 능력이 약화되어 범죄와 무질서가 발생한다고 설명한다.

Shaw와 Mcaky의 사회해체이론은 최근 각광받고 있는 체계이론 혹은 생태학적 범죄학이론으로 발전하였다. 지역사회의 구조적 특성이 지역주민들 간의 인적 교류와 결집력, 지역사회 조직에의 참여, 지역사회의 집합적 사회통제 등을 통해 범죄 및 비행 문제에 매개된다고 주장한다.

사회구조를 파악하기 위해 사용되는 변인들은 Durkheim의 아노미이론에서 강조하고 있는 아노미, 사회통합, 사회규제를 인지적으로 측정하기에는 한계점이 있어 개인의 자살태도와 생각에 미치는 영향을 검증하기에 어려움이 있었다. 하지만 최근 사회해체이론에 기초하여 거주민의 정신건강과 자살에 관한 연구들이 시도되면서 자살에 지역사회의 특성이 미치는 영향을 인지적 측면에서 파악할 수 있는 기회가 제공되었다. 원래 사회해체이론은 범죄와 같은 사회적 병리 현상의 지역적 집중화 현상을 설명하기 위해 고안되었다. 하지만 최근 사회해체이론의 논의를 발전시켜 거주민들의 정신건강과 신체건강에 영향을 미치는 지역사회의 특성에 대한 관심이 증가하고 있다. 지역과 자살연구의 기초적인 설명은 거주자들의 일상적인 생활 환경을 결정짓는 지역사회의 구조적 특성과 기능적 특성 그리고 지역사회의 무질서 환경이 거주민들의 우울감, 신체건강, 자살생각에 영향을 미칠 수 있다는 설명이다.

Durkheim은 자살의 원인으로 사회의 급격한 변화로 인해 전통적인 사회규범이 인간의 본능 추구(예: 물질적 풍요 추구)를 효과적으로 통제하지 못하게 되고 성취에 대한 만족감을 제공하지 못하여 끊임없는 경쟁으로 인해 폭력적 행위, 특히 자살이 발생할 수 있다고 주장한다. Durkheim의 아노미이론은 사회적 급변이 멈추면 사회문제가 해소될 수 있을 것으로 주장한 반면, 사회해체이론은 도시 특정 지역의 사회 구조적 문제가 해결되지 않는다면 끊임없이 범죄가 집중될 것이라는 측면에서 이론적 차이가 존재한다.

하지만 아노미이론에서 급격한 사회변화로 인해 인간의 본능을 조절하고 균형을 유지시킬 수 있는 사회적 통합과 규제가 기능하지 않는 상태인 아노미는 사회해체이론에서의 사회해체와 매우 유사하다. Durkheim의 아노미이론이 사회 전체적인 변화로 인한 아노미를 주장한다면 사회해체이론은 사회의 특정 부분에 대한 아노미, 즉 사회해체를 강조한다는 측면에서 유사하며, 이들 두 이론의 핵심에 사회통제와 사회규제라는 개념이 존재한다. 아노미이론에서 사회통합과 규제는 사회해체이론의 사회유대 및 사회통제와 유사성을 보인다.

3) 통합적 논의

Durkheim의 아노미이론은 자살을 유발하는 핵심적 요인으로 아노미를 지적하고 있으며, 아노미사회는 사회적 통합과 사회규제가 제대로 기능하지 않는 사회를 의미한다.

한편, 사회해체이론의 중심개념인 사회해체(Social Disorganization)는 '공통의 가치를 깨닫지 못하는 지역사회'와 '지역사회 주민들이 공통적으로 동의하고 있는 목적의 달성을 위해 지역주민들을 규율할 수 있는 능력 미약'으로 정의되는데, 아노미사회와 사회해체는 사회 구성원을 적절하게 통제하지 못한다는 측면에서 유사한 사회적 상태라 할 것이다. 물론, 아노미사회의 발생은 급격한 사회변동에 기초하고 있으며, 급격한 사회변동의 종결에 따라 사회적 안정을 되찾게 된다면 문제가 해결될 것으로 이해된다는 측면에서 특정 지역의 범죄 집중화를 설명하는 사회해체이론과는 차이점이 존재하는 것 역시 사실이다. 그럼에도 불구하고 사회해체이론의 근본적인 발현은 도시화로 인한 사회적 변화 중에 도시 특정 지역에서의 인구 이동, 빈곤, 인종적 이질성으로 인해 나타난다. 그리고 그 결과로 전통적 사회가치 약화와 통제능력을 상실하게 된다. 이로 인해 사회해체가 일어나고 범죄 문제가 발생한다는 설명이다. 이와 같은 설명 방식은 아노미사회와 유사하다. 따라서 아노미이론에서의 사회통합과 사회규제는 사회해체이론의 사회유대와 사회통제와 유사한 개념으로 이해할 수 있을 것이다.

Durkheim은 산업화와 도시화로 인해 전통적인 사회 혹은 부락에서 이루어지던 집합적인 노동이 분업화되어 사회적 결집성이 약화된다고 주장한다. 사회통합이 약화된 장소에서는 사회 구성원들의 일탈 행위를 규제할 수 있는 사회적 통제능력을 저하시켜 자살과 같은 극단적 선택이 많아진다고 본다. 그의 주장에서 사회해체이론과의 공통점으로 지적되는 영역은 사회 구성원들의 통합과 규제가 이루어지는 공간, 즉 지역사회(Community)이다. 지역사회는 개개인의 삶의 집합체로서 '가족의 삶과 사회화 과정에서 파생되는 공식적이고 비공식적 관계들과 인적 네트워크의 복잡한 체제'라 정의된다.

Durkheim은 자살의 지역에 따른 차이를 지적하고 있으며, 지역에 따른 사회적 통합과 규제의 정도에 의해 자살률이 결정된다고 이해하였다. 실증연구에서도 지역사회의 통합의 정도에 따라 자살률의 차이가 존재하는 것으로 나타나 자살의 지역 집중화 현상을 지지하는 결과를 발견할 수 있다. 이는 Shaw와 Mckey의 사회해체이론에 근거하고 있는 생태학적 범죄학의 주요 내용과 일맥상통한다. 지역사회의 구조적인 특성을 나타내는 지역사회의 경제적 지위, 인종적 이질성, 인구 이동률의 차이에 의해 지역의 범죄와 무질서 발생의 차이를 설명할 수 있다고 주장하고 있기 때문이다.

아노미이론이 산업화와 도시화로 인한 인구의 증가와 인구 밀도의 증가로 인해 사회적 통합과 규제의 약화가 아노미를 초래하여 자살이 증가한다고 이해하였듯이 사회해체이론가들은 지역사회의 구조적인 특성(빈곤, 인구 이동, 인종적 이질성 등)이 지역사회의 기능적 특성(사회유대, 비공식적 사회통제, 이웃 관계 등)에 영향을 주어 지역사회의 사회문제(범죄, 자살, 무질서, 범죄피해 등)을 야기한다는 측면에서 유사한 이론적 논의이다.

05 자살과 미디어

1) 베르테르 효과(Werther effect)

'언론의 자살 보도가 자살을 유발하는가?'의 문제는 오랫동안 논란이 있었다. 1974년 사회학자 Phillips는 1948년부터 1968년까지 「뉴욕타임스」 1면에 실린 자살 기사와 그달의 자살 건수를 비교 분석한 결과, 1면에 자살 기사가 게재됐던 달의 경우 실제 자살 건수가 유의미하게 증가하는 것을 발견했다. 자살 보도의 퍼블리시티(publicity) 정도에 따른 자살 건수의 증가 효과는, 특히 해당 신문이 발행된 지역에서 더 강력하게 나타났다. 따라서 Phillips는 언론의 자살 보도가 모방자살을 유발하는 베르테르 효과를 통해 특정 사회의 자살 건수에 영향을 미친다고 주장하였다.

Phillips의 연구 이후 자살의 전염성에 대한 사회적 인식과 함께 언론의 자살 보도가 미치는 효과를 검증하는 국제적 연구에서 언론의 자살 보도가 모방자살(copycat effect)에 통계적으로 유의미한 영향을 미치는 것으로 나타났다. 1990년대 미국, 독일, 헝가리, 호주, 일본 등의 연구에서도 동일한 결과가 나타났으며, 특히 보도량, 보도기간 등이 자살과 밀접하게 관련이 있다고 보고하였다.

또한, 자살이 여러 매체를 통해 광범위하게 반복 보도됐을 때 더 많은 후속자살이 뒤따르고, 일관되게 자살 보도의 베르테르 효과를 지지하고 있다. Phillips 등의 자살 보도의 효과와 관련해 차별적 동일시 이론(differential identification theory)은 모방 대상과의 수직적(상위지위) 동일시와 수평적(동일지위) 동일시라는 개념으로 자살 보도의 모방 효과를 설명하고 있다(김병철, 2010).

캐나다의 유명 TV 리포터의 자살 보도 및 그에 따른 후속자살 연구는 신문의 보도 직후 동일한 방법에 의한 자살자 수의 급증 현상에 대해 차별적 동일시 이론과 점화효과이론(priming effect theory)으로 자살 보도의 효과를 설명하고 있다. 자살 보도는 사전에 이미 프로그램화된 관찰자의 상황에 스위치를 켜는 효과를 갖는다고 강조한다. 즉, 자살과 관련한 언론의 표상이 관찰자의 모방행위를 점화시키는 방아쇠 역할을 하게 된다는 것이다.

또한, 자살 보도의 모방 효과는 시간변수와도 관련이 있어 자살 보도 이후 처음 3일 이내까지 효과가 정점에 달하며, 이후 점차 감소하여 대략 2주 정도면 그 효과가 소멸하는 것으로 분석되기도 한다. Phillips도 TV 뉴스에 자살 보도가 나간 후 10일간 자살률이 증가하는 것을 발견하며, 시간에 따른 자살 보도의 효과를 언급하고 있다.

자살률의 증가 혹은 감소는 보도 내용의 질적 차이와 관련이 있어, 국내에서도 자살 보도 행태를 주목한 연구들이 진행되었다. 2003년부터 약 1년 4개월간 국내 언론에 보도된 자살 기사를 분석한 결과, 정확한 자료를 제시하고 있는 기사의 비율이 9.6%밖에 되지 않으며, 선정적인 표제를 사용한 경우가 76.0%나 됨을 확인하였다. 이러한 결과는 인터넷 신문과 전통적 신문을 함께 분석한 자료의 연구에서도 나타났다.

국내 주요 일간지의 내용 분석을 통해 절반 이상의 자살 기사(69.1%)가 살인 발생 기사의 형식을 취하고 있으며, 자살을 범죄시하는 경향이 높음을 확인하였다. 김병철(2007)은 국내 주요 신문의 자살 기사 제목과 본문에 "미스터리", "비관", "나

약한"과 같은 단어들이 주로 사용되고 있음을 밝혔다. 비록 위 연구들은 잠재적 자살자들의 자살원인으로서 보도 내용을 주목한 것이지만, 공중은 자주 접하는 메시지일수록 그 내용을 마치 실제 상황인 것처럼 받아들인다(Lichtenstein, Solvic, Fischhoff, Layman & Combs, 1978)는 점을 고려할 때, 위와 같은 보도 현실은 사회적으로 자살에 대한 부정적 인식을 높이는 데 일조했을 가능성이 크다(이하나 · 안순태, 2013).

이와 반대로, 뉴스 보도가 자살률을 낮추는 데 미치는 영향력을 알아본 연구들도 있다. Michelle과 동료들은 뉴스 내용이 자살예방에 효과가 있음을 확인하였으며, 실제 오스트리아에서는 보도 가이드라인을 준수하기 시작하면서 자살률이 감소하는 긍정적인 결과가 나타났다.

2) 자살의 낙인 효과(stigma effect)

낙인이란 결함이 있는 사람이나 대상을 나타내는 표식으로, 정상적인 범주에서 벗어난 바람직하지 못한 상태를 의미한다. 일반적으로 사람들은 낙인찍힌 대상의 정체성을 낙인에 국한된 역할로 제한시킨다. 낙인찍힌 사람 역시 사회 분위기를 습득해 나가면서 스스로에 대한 부정적인 개념을 형성한다. 이러한 낙인은 낙인찍힌 대상의 자존감, 사회적응, 삶의 만족 등에 부정적 영향을 미친다. 무엇보다 질병과 질환자에 대한 낙인의 가장 큰 문제점은 환자의 도움추구행동(helpseeking)을 방해한다는 점이다.

자살은 의지의 문제가 아닌 치료(treatment)가 필요한 의학적 상태이며, 예방 가능한 공중보건의 문제임에도 불구하고, 자살률이 줄어들지 않는 이유는 바로 도움추구행동을 방해하는 사회적 낙인으로 비롯된다.

자살시도자들이 자살생각 및 충동을 제어하는 데 전문가와의 상담치료와 주변인의 도움이 가장 효과적이었다는 것을 확인하였다. 그러나 자살생각으로 힘들어하는 사람은 사회적 낙인에 대한 두려움 탓에 정신과적 서비스를 이용하지 못하고 있으며, 가족에게조차 그들의 고통을 숨기는 경우가 많다.

또한, 자살시도자 및 유가족들은 자신에게 주어진 낙인에 괴로워하다가 다시 자살을 선택하는 경향이 높다. 자살률을 줄이기 위해서는 우선적으로 낙인이 제거되어야 함을 미국 클리블랜드 지역 캠페인(Suicide is Preventable. Its Causes are Treatable)의 성공적인 결과가 보여 준다.

3) 귀인(attribution)과 낙인(stigma)

귀인(attribution)이란 개인이 세상을 이해하는 하나의 틀로, 자신이나 타인에게 일어난 사건의 원인을 인지하는 과정이다. 귀인 과정은 결과적으로 행위자를 향한 관찰자의 반응에 영향을 미치기 때문에 이를 이해하는 것은 사람들의 심리를 파악하는 데 있어서 매우 중요하다. 예를 들어, 비만에 대한 낙인은 몸무게에 대한 부정적인 귀인의 결과이다. 비만의 원인은 종종 생활방식과 게으름 같은 자기통제의 실패로 인식되는데, 이러한 통제 귀인의 결과는 부정적인 태도 및 낙인으로 연결된다.

귀인 과정을 파악하는 차원(dimension) 중 하나인 통제성은 행위자의 책임성을 판단하는 과정이기 때문에, 낙인을 이해하는 중요한 변인이 된다. 통제성은 행위자가 사건이나 행동의 원인을 얼마만큼 통제하고 조절할 수 있었는가에 대한 인식이기 때문이다. 대부분의 사람은 질병의 원인이 개인의 통제 범위 안에 있다고 판단하면 병에 걸린 것에 대한 책임을 모두 환자에게 씌우고, 그를 향해 비난과 분노와 같은 부정적 감정을 표출한다. 반대로 그 원인이 외부 환경이나 유전(genetic) 등 환자의 통제 범위 밖에 있다고 판단하면, 그를 향해 동정과 연민의 감정을 드러낸다. 이러한 감정반응의 차이는 차별 혹은 도움을 주려는 행위 의도로까지 이어진다. 특히, 육체적 질병보다 정신적 질병의 경우, 발병 원인을 개인의 통제성과 연관 짓는 경향이 높다.

환자를 향한 측은감과 도움행동을 유발하기 위해서는 당사자가 통제할 수 없었던 상황으로 책임을 두는 것이 필요하다(Menec & Perry, 1995). 1995년 Menec과 Perry의 연구 결과, 우울증의 원인이 호르몬 불균형 때문이라는 정보를 접한 피험자들은 과도한 업무에 대한 불만족 때문이라는 정보를 제공받은 피험자들보다 환자를 향한 호의적인 태도와 도움의도가 높았다. 즉, 통제 가능에서 통제 불가능으로의 전환은 낙인을 감소시키는 효과적인 전략이 된다. 자살의 경우도 개인 스스로 통제할 수 없는 원인(예: 우울증)으로 인해 발생하는 비율이 높기 때문에 개인의 나약함으로 발생한다는 기존 인식을 전환시키기 위해서는 정확한 원인 전달이 필요하다(이하나 · 안순태, 2013).

그러나 발생 원인이 개인 내부에 있다는 것만 지나치게 강조하면, 사람들의 반응은 오히려 부정적으로 바뀐다(Metha & Farina, 1997). Mehta와 Farina의 연구 결과, 유전(genetic) 혹은 생화학적(biochemical)으로 비정상적인 상태라는 정보는 '정신질환자는 일반인과 다르다.'는 위험 인식을 불러일으켰으며, 통제가 불가능하다는 점 때문에 '정신질환자는 무서운 존재이다.'라는 부정적인 반응이 유발되었다(Mehta & Farina, 1997). 이와 같은 인식에서 오는 차별을 막기 위해 '외부의 도움과 치료를 통해 충분히 회복 가능하다'는 정보가 질병의 원인과 함께 제시되어야 한다고 제안한다. 회복이 가능하다는 것은 정신질환자도 우리와 다르지 않다는 사실을 은연중에 밝혀 주는 것이기 때문이다.

4) 범주화와 재범주화

집단 범주화는 현실의 다양성을 하나의 묶음으로 단순화시키는 과정이기 때문에 대상에 대한 인식을 왜곡시키기 쉽다. 특히, 사회적으로 부정적인 질환에 대해 '질환자 집단'과 '일반인 집단'으로 범주화하는 것은 해당 환자에 대한 고정관념과 차별 행동을 발생시킬 우려가 매우 크다(Devine, Plant & Harrison, 1999). 에이즈 낙인에 대한 연구 결과, '그들'과 '우리'로의 구분은 집단 간 차이를 명확히 인식시킴으로써 외집단에 대한 편견과 차별을 일으켰다(Devine et al., 1999).

낙인 역시 집단 내에서 가치가 없는 구성원을 구별하는 사회적 개념으로 집단 범주화와 성격을 같이 한다. 사람들은 낙인찍힌 대상을 일반인과 다른 특정 집단으로 구분 지음으로써 이들을 사회 밖으로 배제시킨다. 대상자가 외관상 이상한 행동을 보이지 않더라도 '정신질환자'라는 이름표(labeling)가 부여된 것만으로 사람들이 그에 대해 부정적인 반응을 나타냄을 확인하였다. 이러한 측면에서 볼 때, 자살 또한 '자살자', '자살시도자'라는 지칭만으로도 이들은 사회적으로 배제되고 부정적인 대상으로 분류될 가능성이 있다. 자살시도자와 유가족이 사회적 낙인으로 인해 고통스러워하고 고립되는 까닭도 바로 이러한 이유 때문이다.

이와 반대로, 재범주화(recategorization)는 집단 범주를 하나의 단일 범주로 묶음으로써 외집단 구성원에 대한 매력을 증가시키고, 상대 집단이 추구하는 가치를 수용하게 만드는 전략이다(Gaertner, et al., 1990). Gaertner와 동료들(1990)이 제안한 공동 내집단 정체성 모델(Common In-group Identity Model)에 따르면, 서로 분리되었던 집단이 하나로 재범주화 되면 내집단 및 외집단 모두 비슷한 특성을 가진 구성원들로 동화(assimilation)되고 기존의 편견도 감소하게 된다. 재범주화는 외집단과의 만남과 같은 직접적인 접촉(contact)을 통해서 이루어지는데, 에이즈와 정신질환의 낙인 감소에 있어서도 위와 같은 효과가 입증되었다(Gerbert, Sumser, & Maguire, 1991; Alexander & Link, 2003).

최근 들어 집단 재배치가 낙인찍힌 대상과의 간접적인 접촉을 통해서도 가능하다는 것이 확인되었다. 외집단과의 접촉이 없거나 부족하면, 그 구성원들에 대한 정보가 적기 때문에 정보의 왜곡이 발생하고, 고정관념이 형성될 가능성이 크다. 반대로 외집단과의 간접적인 접촉을 통해서라도 이들에 대한 올바른 정보를 획득하게 되면, 왜곡된 정보처리과정에서 비롯된 고정관념을 약화시킬 수 있다(Herek & Capitanio, 1997; Corrigan et al., 2007). Corrigan과 동료들은 정신질환자에 대한 교육적 목적의 다큐멘터리보다 발병과 회복과정에 대한 환자의 경험을 소개한 접촉 목적의 다큐멘터리가 피험자의 낙인을 낮추는 데 효과적이었음을 밝혔다. 자살의 경우도 이와 마찬가지로 미디어를 통해 정확한 정보를 제공하고, 우리 사회의 문제임을 인식시킨다면 부정적인 사회적 낙인이 감소될 수 있을 것이다(이하나 · 안순태, 2013).

06 자살과 주거 공간적 특성

김영옥과 김주영(2015)은 범죄예방 환경설계(Crime Prevention through Environment design: CPTED)와 동일한 전제를 통해 자살에 영향을 미치는 변인으로 자살자의 물리적 환경, 즉 주거 환경의 공간적 특성을 분석하였다. 연구에서는 2007년부터 2011년까지 5년간 자살률(자살률 평균 24.32명)이 비교적 높은 서울시 A 행정구를 대상으로 인구사회학적 자료, 인구 총 조사에 의한 자료, 공간정보자료를 사용하였다.

〈표 3-4〉 시간적 범위

구분	내용	범위(년)	보정 방법
자살자 현황	최근 5년간 자살자 위치, 성별, 연령, 원인, 직업 등(구청 자료)	2007~2011	–
인구/주택 현황	총인구수(성별, 나이), 총 주택 수, 주택별 인구수 등(통계청 자료)	2007~2011	서울시 서울부동산정보광장 참고 및 보정
공간지리정보	총인구수(성별, 나이), 총 주택수, 주택별 인구수 등(통계청 자료)	2010	서울시 연도별 항공사진 참고, 2007~2011년 현황으로 보정

거주지 유형을 단독주택, 아파트, 연립주택, 다세대주택, 기타 주거유형으로 나누고, 자살자 거주지 유형별로 자살률과 공간적 특성을 분석하였다. 분석 기준은 자살률, 거주지의 배치 패턴에 의한 이웃 주민과의 연계성, 커뮤니티 시설 분포에 따른 공적 공간의 특성, 공간 구조상의 위계성 등이다.

〈표 3-5〉 거주 유형별 자살률 및 자살자의 특성

구분		전체	단독주택	다세대주택	연립주택	아파트	기타
A구 인구수		587,248	58,191	26,402	14,223	481,861	6,571
		100.00%	8.98%	4.54%	2.45%	82.90%	1.13%
자살률		18.83	21.31	3.79	53.44	19.14	33.48
특성	평균 연령	40대	50대	50대	40대	40대	30대
	주요 성별	남성	남성	남성	남성	남성	남성
	주요 원인	신병 비관	신병 비관	우울증	신병 비관	신병 비관	신병 비관
	주요 직업	무직	무직	무직	무직	무직	무직

분석 결과 자살률이 가장 높은 자살자의 거주 공간은 연립주택이고 그다음으로는 기타 주거유형, 단독주택, 아파트, 다세대주택으로 나타난다. 자살문제가 가장 심각한 연립주택은 A 행정구로 자살률 평균의 두 배 이상이다. 연립주택의 공간적인 문제를 살펴보면, 공동주택의 특성을 지니고 있으나, 공용 공간이 없거나 열악하여 개별 주호의 독립성이 강하고, 각 주호 간의 연계 및 교류성이 다른 주거지에 비해 약하다.

평균적으로 세대당 건축면적 비율이 낮게 나타나 일반단독주택지 내에서는 인구밀도가 높은 편에 해당한다. 이에 비해 건폐율이 높고 공용공간이 부족하여 주민 간의 교류가 일어나는 공적 공간이 거의 없다. 주로 일반 단독주택지 내에 혼합형으로 입지하고 있어, 공간 구조상 위계성이 낮고, 주변 편의시설 분포 특성에 의해 커뮤니티를 형성할 기회도 낮다.

기타 주거유형은 비(非)거주용 거처를 대상으로 고시텔, 오피스텔, 기숙사, 복지·교육시설 내에 거주하는 유형이다. 근린생활시설, 상업·업무시설 등의 용도시설 내에 복합적으로 나타난다. 그러나 일반 거주지가 인접하지 않는 특성으로, 이웃 주민 간의 연계성이 약하다. 더욱이 건물의 상층부에 주로 위치하여 지층과 분리되어 주변 주거지와의 단절은 심각하다. 단독주택과 아파트 등의 거주민과는 달리 단기 숙박을 목적으로 하는 사람이 대부분이다. 따라서 이들을 위한 커뮤니티 시설은 거의 전무하다고 할 수 있다. 입지적으로 주간선도로 전면에 위치하여 연립주택보다 접근성은 양호하나, 주변 주거지와의 단절이 심화되어 있다. 이들 거주민을 위한 공적 공간이 없는 것은 주민 간의 교류 기회를 더 약화시킨다.

단독주택은 아파트보다 자살률이 높다. 일반 단독주택지는 공적 공간이나 커뮤니티 시설이 아파트 단지보다 취약하기 때문으로 판단된다. 아파트 단지는 법・제도적으로 규정된 부대시설과 규모가 확보되어 있고 주변의 편의시설이 다양하다. 입지성 측면에서도 아파트 단지는 도시의 중심도로 주변으로 분포되어 있고, 단독주택단지는 이면도로나 외곽에 입지하고 있어 공간 구조상 위계성이 더 높게 나타나고 접근성도 더 양호한 것으로 분석된다. 결과적으로 자살자 비율이 높은 거주지 유형은 이웃 주민 간의 연계성, 주민교류를 위한 공적 공간 확보, 접근성 등 공간적 환경 요소에서 문제점이 나타난다.

04 CHAPTER

자살의 수단

자살의 수단은 사망신고에 의해 집계된 통계청 자료 중 고의적 자해(intentional self-harm: X60-X84)로 분류된 사망자 원자료(raw data)를 기초자료로 활용하여 성별, 연령, 자살률과 자살수단에 대해 분석하였다.

자살의 수단은 비마약성 진통제(X60-61), 마약(X62), 자율신경계통(X63-X64), 알코올(X65), 유기용제(X66), 가스 휘발성 물질(X67), 살충제(X68), 기타 상세 불명 물질에 의한 고의적 자해(X69)는 중독(intentional self-poisoning: X60-X69)으로 분류하였으며, 익사 및 익수에 의한 고의적 자해는 익수(Intentional self-harm by drowning and submersion: X71), 목맴 및 질식에 의한 고의적 자해는 교수(Intentional self-harm by hanging, strangulation and suffocation: X70), 높은 곳에서 뛰어내림에 의한 고의적 자해는 추락(Intentional self-harm by jumping from a high place: X80)으로 분류하였다.

이를 제외한 이외의 자살수단은 기타로 구분하였으며, 기타에는 총기(권총, 라이플, 엽총 등), 화기발사, 폭발, 연기 및 불, 증기 등에 의한 고의적 자해(X71-75), 예리한 물체 등(X77-79), 움직이는 물체, 자동차 등에 의한 충돌에 의한 자해(X81-83), 상세 불명에 의한 의도적 자해(X84) 등을 포함하였다.

01 성별에 따른 자살수단

자살방법별 분포는 2003년 중독에 의한 사망이 40.8%, 교수 33.9%, 추락 15.6%, 익수 3.3% 순이었고, 2011년에는 교수에 의한 사망 점유율이 52.4%로 가장 높았으며, 중독(27.6%), 추락(14.6%), 익수(2.6%) 순이었다. 이 기간 동안 교수에 의한 사망 점유율이 남성은 1.5배, 여성은 2.1배 증가하였으며, 반면 중독에 의한 점유율은 남성은 27%, 여성은 43%가 감소하였다. 우리나라의 자살수단 중 중독 및 교

수에 의한 사망이 전체 사망자의 80%를 차지하는 것으로 나타났다.

중독에 의한 자살은 비마약성 진통제(X60-61), 마약(X62), 자율신경계통(X63-X64), 알코올(X65), 유기용제(X66), 가스 휘발성 물질(X67), 살충제(X68), 기타 상세불명 물질에 의한 고의적 자해(X69)를 모두 포함하였다. 2011년 중독에 의한 사망 점유율은 27.6%이며, 사망자 수는 4,393명인데, 이중 가스 휘발성 물질에 의한 중독이 1,254명(28.5%), 살충제에 의한 중독이 2,580명(58.7%)으로 중독 사망자의 약 87.3%가 위의 두 가지 수단에 의해 사망하는 것으로 집계되었다. 통계청에 의하면 우리나라 살충제에 의한 자살 점유율이 2000년 23.1%, 2005년 26.0%, 2011년 16.2%로 보고된 바 있다.

〈표 4-1〉 성별 자살수단(2003~2011년)

고의적 자해	2003			2011		
	남	여	계	남	여	계
중독(X60-X69)	39.2	44.2	40.8	28.8	25.0	27.6
교수(X70)	38.4	23.9	33.9	53.9	49.4	52.4
익수(X71)	2.8	4.5	3.3	2.6	2.7	2.6
추락(X80)	12.3	22.8	15.6	11.6	21.0	14.6
기타(X72-X79, X81-X84)	7.3	4.6	6.4	3.2	1.9	2.8
계(n)	100.0 (7,541)	100.0 (3,391)	100.0 (10,932)	100.0 (10,885)	100.0 (5,057)	100.0 (15,942)

02 자살수단에 따른 사망률

자살방법별 인구 10만 명당 사망률을 나타낸 것으로 남성의 사망률은 2003년 35.9명에서 2011년 47.3명으로 약 1.32배 증가하였고, 여성도 같은 기간 동안 16.0명에서 21.9명으로 약 1.34배 증가하였다.

자살방법별 사망률에서 남성의 경우 중독에 의한 사망률은 인구 10만 명당 14.1명에서 13.6명으로 감소하였고, 교수에 의한 사망률은 13.8명에서 25.5명으로 1.85배 증가하였다. 여성도 이 기간 동안 중독에 의한 사망률은 인구 10만 명당 7.1명에서 5.5명으로 감소한 반면, 교수에 의한 사망률은 3.8명에서 10.8명으로 2.84배 증가하였다. 기타 방법에 의한 자살은 남녀 모두 사망률이 감소하는 경향을 보였으며, 추락의 경우 남녀 모두 사망률이 증가하였고, 익수의 경우 남성은 증가한 반면 여성은 사망률이 감소하였다.

성별 사망비(남성 사망률/여성 사망률)는 2003년 2.24%, 2011년 2.16%였으며, 자살방법별 성별 사망비에서 중독에 의한 사망비는 2003년 1.99%에서 2011년 2.47%, 익수는 1.43%에서 2.0%로 각각 증가하였고, 교수의 사망비는 3.63%에서 2.36%으로 감소하였으며, 추락 및 기타 자살의 경우 사망비는 큰 변동이 없었다.

〈표 4-2〉 성별 자살수단과 사망률(2003~2011년)

고의적 자해	2003			2011			사망비(남/여)	
	남	여	계	남	여	계	2003	2011
중독	14.1	7.1	10.6	13.6	5.5	9.5	1.99	2.47
교수	13.8	3.8	8.8	25.5	10.8	18.1	3.63	2.36
익수	1.0	0.7	0.9	1.2	0.6	0.9	1.43	2.00
추락	4.4	3.7	1.2	5.5	4.6	5.1	1.19	1.20
기타	2.6	0.7	3.5	1.5	0.4	1.0	3.71	3.75
계(n)	35.9	16.0	25.9	47.3	21.9	34.6	2.24	2.16

03 성별, 연령별, 사망률에 따른 자살수단

연령이 증가함에 따라 사망률도 상승한다. 70~79세군 및 80세 이상 군에서 사망률이 남성의 경우 10만 명당 100~200명 수준이고, 여성은 동일 연령군의 사망률이 42~75명 수준에 이르는 것으로 나타났다.

2011년 남성에서 10~19세군의 사망률을 기준으로 할 경우 20~29세군은 사망률이 4.4배 높고, 30~39세군 6.1배, 40~49세군 7.4배, 50~59세군 9.3배, 60~69세군 12.2배, 70~79세군 21.7배, 80세 이상에서는 30.9배 높은 것으로 나타났다. 여성도 20~29세군은 사망률이 2.6배 높고, 30~39세군 4.6배, 40~49세군 4.0배, 50~59세군 4.1배, 60~69세군 5.2배, 70~79세군 8.8배, 80세 이상에서는 15.6배 높았으며, 남성이 여성보다 연령 증가에 따른 사망률의 증가 폭이 더 큰 것으로 나타났다.

자살방법별 사망률에서는 남성의 경우 중독, 교수, 익수, 추락에서 연령이 증가함에 따라 사망률도 상승하는 것으로 나타났으나, 여성의 경우 교수에 의한 사망률은 20~49세에 약간 높은 수준을 유지하다가 50~69세군에서 감소하는 경향을 보이고, 70세 이상군부터는 사망률이 상승하는 양상으로 나타났다.

자살의 수단은 성별, 연령별로 중독, 총기, 교수에 의한 것으로 차이가 있으며, Callanan과 Davis(2012)는 중독, 총기, 교수의 자살수단은 성별, 연령별로 서로 연관이 있다고 하였고, 교수 사망률이 남자가 여자보다 6배 높고, 약물 중독은 남자보다 여자에서 4배 많고, 총기에 의한 자살은 여자가 남자보다 75% 적다고 하였다.

Callanan과 Davis(2012)는 여자가 남자보다 중독에 의한 자살위험도는 3.486배(odds ratio) 높고, 총기 자살위험도는 0.557로 낮았으며, 교수의 위험도도 0.570으로 낮다고 하였다. 이와 같이 남자는 총기 또는 교수와 같은 극단적인 방법을 이용하고, 여성은 음독이나 일산화탄소 중독과 같은 비극단적인 방법을 사용하는 것으로 알려져 있다.

Callanan과 Davis(2012)는 교수에 의한 자살위험도는 연령이 증가함에 따라 감소하고, 음독의 경우 45세 이상에서 남녀 위험도가 증가한다고 하였다. 자살 치사율은 고연령층에서 높고, 치사율은 65세 이상군은 34%, 15~24세군은 7%로 보고된 바 있다.

〈표 4-3〉 성별, 연령별, 사망률과 자살수단(2003~2011년)

연령		2003						2011					
		중독	교수	익수	추락	기타	계	중독	교수	익수	추락	기타	계
남성	10~19	0.9	1.9	0.1	2.1	0.3	5.2	0.7	2.4	0.2	2.8	0.3	6.3
	20~29	4.7	7.6	1.0	4.4	1.5	19.1	6.0	15.0	1.3	5.0	1.0	28.3
	30~39	9.3	12.5	1.1	3.3	3.0	29.3	11.0	20.7	1.2	4.5	1.2	38.7
	40~49	14.7	16.7	0.8	4.9	3.6	40.7	11.5	27.6	1.3	4.7	1.8	46.9
	50~59	23.5	20.2	1.5	4.1	4.0	53.3	14.9	35.2	1.2	5.3	2.1	58.6
	60~69	38.7	26.9	1.8	6.7	4.1	78.1	25.6	40.2	1.9	7.2	2.3	77.1
	70~79	54.1	33.1	1.4	13.9	4.7	107.4	53.4	63.1	2.2	14.7	3.5	136.9
	80+	99.7	74.9	5.1	18.6	3.4	201.6	73.8	90.2	2.7	25.4	2.7	194.7
여성	10~19	0.4	0.7	0.2	2.1	0.3	3.7	0.3	1.3	0.1	3.0	0.1	4.8
	20~29	3.6	3.2	0.7	3.4	0.6	11.4	2.9	12.6	0.4	4.2	0.2	20.2
	30~39	5.6	3.5	0.6	3.6	0.6	13.9	3.6	13.4	0.6	4.2	0.3	22.1
	40~49	6.5	3.3	0.6	3.2	1.0	14.5	3.8	10.3	0.6	4.3	0.6	19.6
	50~59	7.9	3.0	1.0	2.6	0.9	15.4	4.7	9.2	0.6	4.8	0.6	19.6
	60~69	11.8	1.3	1.0	4.4	1.0	22.4	8.6	9.8	0.9	4.0	0.7	24.1
	70~79	27.0	11.8	1.4	7.4	1.0	48.6	16.4	17.1	1.0	7.3	0.6	42.4
	80+	31.9	22.9	2.3	15.4	1.4	73.8	29.6	30.3	1.4	12.6	1.1	74.9

04 자살수단과 위험성

암 발생과 암 사망력은 서로 관계가 밀접하나, 자살률의 생태학적 패턴은 자살시도의 빈도나 자살행동 위험인자(우울증, 정신질환)보다는 자살방법의 치사율과 더 밀접한 관계가 있다. 자살률은 자살시도의 빈도나 자살행동보다는 자살방법과 연관이 있다.

실제로 자살방법별 치명률은 총기 91%, 익수 84%, 교수 82%로 높은 반면, 음독은 2% 수준으로 낮고, 추락은 31%, 창상 또는 자상은 치명률이 1%에 불과하다.

자살방법의 치명률은 성별 및 연령별로 차이가 나타난다. 남성은 여성에 비해 보다 치명적인 자살수단을 사용한다. 또한, 남성의 자살성공률이 높고, 손상 정도가 더 심각하고, 치명률은 65세 이상 고연령층에서 높다(Miller et al., 2004). 남성은 총기 또는 교수와 같은 극단적인 방법을 선택하는 반면, 여성은 약물 중독 또는 일산화탄소 중독과 같은 비극단적인 방법을 주로 사용한다.

또한, 남성이 여성보다 자살성공자가 두 배 정도 많고, 자살률은 남성이 3.7배 높은 것으로 알려져 있다. 세계보건기구 데이터를 이용한 성별 사망비(남성/여성)는 미국 3.9%, 호주 3.3%, 일본 2.7%, 한국은 1.8% 수준이며, 한국에서 성별 사망비가 가장 낮은 연령은 20~29세군으로 사망비가 1.0%로 보고되었다. 60세 이상 고령 인구의 사망비에서 자살수단별로 총기 11.6%, 교수 4.7%, 추락 및 익수 2.0%로 보고한 바 있다.

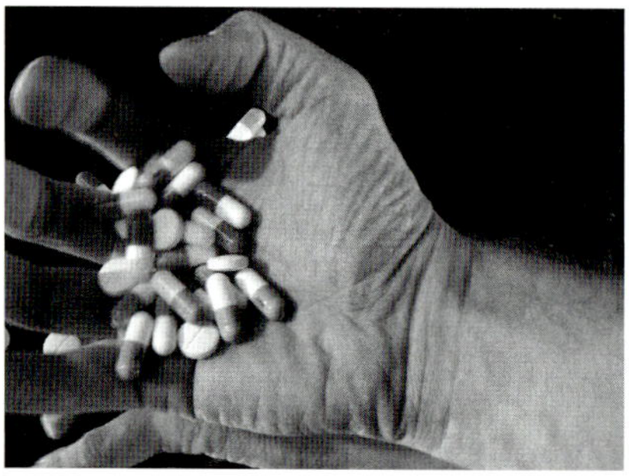

05 국가별 자살수단의 변화 양상

국가 및 시대적 흐름에 따라 자살수단이 다른 양상으로 변화되는 것을 볼 수 있다. 미국이나 호주와 달리 총기 소유가 금지된 우리나라의 경우 별도의 표로 제시하지 않았으나 2011년 총기에 의한 자살 빈도는 0.1%에 불과한 것으로 나타났다.

덴마크 자살통계(1922~1991) 초기에 흔히 사용된 자살수단은 교수였으며, 점차 가스중독, 용제나 약제에 의한 중독으로 변화되었고, 90년대부터는 교수, 익수와 같은 극단적 방법을 사용하는 것으로 나타났다,

호주(1988~2007)에서는 남성의 경우 총기, 가스중독, 음독, 익수의 사망률은 감소하였고, 여성은 총기, 가스중독, 추락, 익수의 사망률이 감소한 반면 교수에 의한 사망률은 남녀에서 증가하는 것으로 보고되었다.

스코틀랜드(1981~1999)에서 교수에 의한 자살이 남성은 98%, 여성은 53% 증가하였으며, 익수는 여성에서 54% 감소하였다. 리투아니아에서도 교수에 의한 자살이 흔하며, Wilkinson과 Gunnell(2000)은 영국, 호주(1968~1997)에서도 교수에 의한 사망률이 증가 추세에 있고 흔하게 이용되는 자살수단이라고 보고하였다.

상파울루 자살통계(1996~2009)에서 자살방법은 남성은 교수, 여성은 중독으로 나타났으며, 대만은 1970~1980년대에는 중독에 의한 사망률이 가장 높았으나, 1980년대 중반부터 감소하여 1990년대에는 교수에 의한 사망률이 더 높게 나타나는 양상을 보인다고 보고한 바 있다.

교수는 매우 치명적인 자살수단으로 남녀 모두에서 빈번한 수단으로 알려져 있으며, 우리나라 및 주요 선진국에서 자살방법별 점유율 및 사망률에서 교수에 의한 자살 의존도가 점차 높아지고 있다. 교수가 자살수단으로 이용되는 것은 예견된 죽음의 본성(anticipated nature of death)과 접근성 두 가지 측면이다. 이러한 방법은 죽음에 대한 의식이 없는 상태에서 확실하면서, 빠르고, 고통이 적다는 점과 신체를 훼손하지 않고 타인에게 참혹한 이미지를 남기지 않은 깨끗한 수단으로

인식한다는 점, 전문기술이나 사전 계획이 필요치 않은 단순한 방법으로 쉽게 사용할 수 있다는 점이다.

Runeson 등(1992)은 자살시도자 48,649명을 21~31년간 추적 조사한 결과 교수에 의한 자살시도자가 가장 나쁜 예후를 보이고, 음독시도자의 재자살성공률보다 교수시도자가 사망률이 6배 높고, 음독, 자상의 자살시도 경력이 있는 사람은 교수, 익수, 추락, 총상에 의한 자살시도자보다 재자살성공률이 낮다고 하였다.

Habenstein 등(2013)은 공중보건 전략 측면에서 자살수단을 통제(규제)함에 따른 잠재적 자살예방 효과를 측정한 결과 스위스 자살의 39.2%는 자살수단의 규제로 예방이 가능한데, 예를 들면 개인 무기(13.2%), 군무기(10.4%), 추락 위험장소(4.6%)에 대한 통제나 규제 등이 포함될 수 있다고 보고하였다. 그리고 자살수단의 선택은 주위 환경과 밀접한 관련이 있으며, 농촌은 고형, 액체 약물 중독(부분상관계수=0.77), 6층 이상 거주지는 추락(부분상관계수=0.73)과 연관이 있기 때문에 살충제와 같은 독극물의 통제 관리, 고층 건물에서 차단망과 창문의 안전망 등의 관리가 필요하다고 제안하였다.

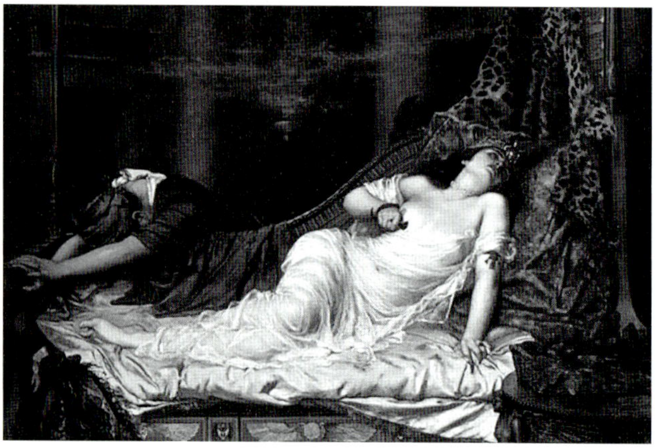

「클레오파트라의 자살」(1896)- Reginald Arthur

05 CHAPTER

청소년 자살

최근 10년간 전체 청소년의 사망원인 가운데 자살이 차지하는 비율이 두 배 이상 급증하고 있다. 특히, 국내 청소년 자살률은 지속적으로 증가하는 반면 해외 국가들은 자살 사망률이 감소 추세를 보이고 있다는 점을 감안한다면 문제의 심각성은 더욱 커진다.

청소년 자살은 여러 가지 요인이 복합적으로 발생하여 영향을 미친다. 청소년 자살은 스트레스, 우울감, 가족거주 형태, 음주 여부, 흡연 여부, 성관계 여부 등 다양한 환경적 · 신체적 요인과 상호작용에 의해 일어난다. 정묘순은 충동성, 공격성, 알코올 및 약물 남용, 무망감, 충동성의 다섯 가지 요인이 자살시도여부를 판별하는 요인으로 기술하였다(정묘순 · 서수균, 2014). 청소년 자살 여부와 가족력, 학교 적응, 심리적 · 사회적 요인들의 관계를 분석하여 가족생활 여부가 청소년 자살에 영향을 미치며, 학교 적응 및 우울증도 자살생각에 강력한 영향 요인으로 기술하였다. 우울증이 자살생각에 강력한 영향력을 미치는 요인이며, 인지적 와해는 자살생각에 영향을 주는 매개 변인으로 확인하였다.

01 어린이와 청소년의 자살

1) 어린이의 자살

(1) 어린이 자살의 위험

어린이와 청소년의 자살은 개인적 비극이며 국가적인 공공건강 문제이다. 다른 나이와 달리 어린 사람의 자살은 이해하기 힘들고 시도에 놀라울 뿐이다. 이 나이에서의 자살은 어린이와 청소년은 안전과 희망, 부모나 어른의 보호하에 있을 때라는 광범위한 믿음에 대한 도전이다. 이 나이의 자살을 비극적으로 만드는 것은 어린이의 삶이 꽃피기도 전에 끔찍하게 잘려 버린 삶을 나타내기 때문이다. 젊은 사람에게 자살이 일어나지만 대다수의 사람이 아는 것보다 높은 빈도이다. 이 나이의 자살은 절대적인 수에서는 작은 편이지만 다른 병으로 죽는 경우가 거의 없는 시기이기 때문에 사망원인 1위가 된다.

이 나이의 자살에 있어 대부분의 성인은 생각하기 너무 어렵고 고통스러운 일이기 때문에 특별히 모든 정신건강 전문가가 위험요인이나 경고 징후를 급히 알아차려야 한다는 점은 피할 수 없는 일이다. 부모나 다른 어른들은 이러한 위험의 현실을 부정하기 위해 의식적 · 무의식적으로 위험 징후를 무시하려고 한다. 따라서 이것은 전문가가 도전적인 대답에 반응하는 것처럼 어려운 질문을 물어야 하는 피할 수 없는 것이 되었다.

어린 시절의 자살에 대해서는 거의 알려져 있지 않다. 청소년 자살에 대해서는 많은 연구 논문이 있지만, 10대 전의 어린이에 대해서는 아주 적은 숫자의 경험적인 논문만이 있다. 최근까지도 어린이는 결코 자살을 시도하지 않는다고 믿었다. 대다수의 어른은 어린 시절은 행복하고 낭만적이며 즐거운 삶이라고 믿기를 원한다. 어떤 어린이의 어린 시절은 스트레스와 고통으로 꽉 차 있다고 알고 있는 성인조차 어린이는 자살처럼 삶과 죽음을 결정할 능력이 없다고 믿는다. 그러나 최근의 연구는 이러한 편견을 추방시켰다. 어린이의 자살은 증가하고 있다. 자살은 이 나이에도 다른 모든 나이군보다 낮게 보고 될 가능성이 있다. 어린이는 거의 유서를 남기지 않으며, 일반적으로 자살 도구에 접하기가 어렵기 때문이다. 이러한 이유로 어린이가 자살했을 때는 종종 공식적으로 사고사가 된다.

(2) 어린이 자살위험의 발달학적 고려

어린이의 자살위험을 이해하는 가장 중요한 측면 중 하나는 어린이가 자살과 죽음의 영구성을 이해하는지의 여부를 결정하는 것이다. 이 물음은 원래 제2차 세계대전 말경 "사람이 죽으면 어떤 일이 일어난다고 생각하느냐?"라고 어린이들을 인터뷰한 연구자들이 제기한 것이다. 미숙한 믿음체계를 가진 어린이는 죽음은 영원하고, 피할 수 없고, 일반적이라고 믿지 않는다.

초기의 연구자들은 연령에 따라서 죽음에 대해 이해하는 단계를 서술하였는데 거의 성공적이지 못했다. 1970년대 연구는 죽음에 관한 믿음은 연령에 따라 관계된 것이 아니라고 밝혔다. 연령에 따른 것보다는 인지개발에 따라 죽음의 개념을 결정한다는 것이다. 죽음에 노출된 어린이는 죽음의 개념에 대해 성숙된 이해를 하게 된다. 예를 들어, 말기 중증질환의 어린이는 비록 아주 어린 나이지만 죽음에 대해 훨씬 앞선 이해를 하게 된다.

Normand와 Mishara(1992)는 어린이가 죽음에 대해서 무엇을 알고 있으며, 언제 그것을 알게 되는지를 이해하려는 노력을 하였다. 87%의 초등학교 어린이가 죽음의 보편적인 개념을 이해하였고, 90%가 죽음의 결과를 이해하였다. 그들의 연구에서 모든 어린이는 10세가 되면 죽음에 대해 성숙된 개념을 가졌다. 자살에 대해 물었을 때 1학년 학생의 단지 10%만 자살이 뜻하는 것을 알았는데, 5학년에서는 95%가 자살의 뜻을 알았다. 1999년 Mishara는 원래 연구를 확장하였다. 그의 연구에서 1학년 학생은 죽음에 대해서 비교적 미숙한 개념을 가졌지만 대다수의 학생은 죽음의 영구성에 대해서 이해하였다. 5학년 학생은 죽음에 대해서 아주 잘 이해하고 있었다.

그들은 1992년과 1999년의 연구를 통해서 대다수의 어린이가 죽음의 영구성과 결과에 대해서 아주 어렸을 때부터 잘 이해하고 있다고 결론지었다. 나아가 Mishara(1999)는 2학년 학생의 100%가 자살의 개념이나 자살의 영구성을 포함한 "자신을 죽이는" 것에 대한 개념을 이해하였다고 보고하였다. 따라서 "어린이의 미숙한 믿음 때문에 자신을 해치는 어린이의 행동이 자살이나 자살행동으로 불려서는 안 된다."라는 주장은 부적절하게 보인다. 7~8세 이상의 대부분의 학생은 자신을 해하는 행동이 영원한 죽음으로 이끌 수 있다고 이해하고 있다.

그러나 1994년의 한 연구에서는 자살시도로 입원한 8~10세의 어린이는 그렇지 않은 어린이에 비해 죽음의 결과에 대해서 이해하는 것이 부족하였다. 따라서 죽음에 대한 미숙한 개념 역시 어린이의 자살위험요인이 되는 것 같다.

『*Suicide Across the lifespan*』(1996)라는 책에서는 어린이 자살의 위험요인을 이야기하였다. 그들은 논문이나 연구주제로서 거의 관심을 끌지 못했던 어린이의 자살 현상을 통합적으로 보아야 한다고 하였다.

(3) 어린이 자살에 대한 편견

어린이 자살에 대한 편견과 위험요인 및 경고 증상에 대해서 살펴보면 다음과 같다.

● 편견 1: 아동기는 일생 중 비교적 근심이 없는 시기이다.

어린이도 어른처럼 극심한 스트레스를 받고 어른과 비슷한 증상을 보인다. 그러나 어른과 달리 자신의 스트레스를 적절한 방법으로 해결하는 기술은 없다.

● 편견 2: 어린이는 우울해지지 않는다.

모든 어린이는 시시각각 우울감을 느끼고 힘든 날도 있다. 어떤 경우 임상적으로 우울증으로 진단받기도 한다. 대개 33명 중 1명(성인에서 5명 중 1명)이 우울증에 합당한 모습을 보인다.

● 편견 3: 어린이는 죽음의 결과에 대해서 이해하지 못한다.

어린이가 죽음에 대해서 무엇을 이해하고, 또 언제 이해하는지 아는 것은 어려운 일이다. 그러나 최근의 연구에서 초등학생이 죽음의 결과에 대해 이해하고 있다는 증거가 증가하고 있다. Mishara(1999)의 연구에 의하면 자살에 대한 개념을 "자신을 죽이는 것"이라고 2학년 어린이의 100%가 이해하였다.

● 편견 4: 어린이는 항상 신속히 회복된다.

성인은 어린이가 신속히 회복되어 일어나기를 바라고, 또 어린이의 신속한 회복을 도와주는 자원들이 있지만, 모든 어린이(혹은 어른들)가 그들의 삶에 있어 스트레스 후에 원상으로 회복되지는 않는다. 가난, 이혼, 질병 혹은 상처와 같은 힘든 일(시험)들이 신속한 회복력에 심각한 영향을 주어 추가로 일어나는 스트레스에 대응할 능력을 감퇴시킨다.

편견 5: 모든 어린이의 스트레스나 문제는 어른의 문제에 비해서는 별것 아니기 때문에 어린이를 자살의 위험에 빠지게 하기에는 심각하지 않다.

발달학적 논문에서 문제나 스트레스는 상대적이라는 주장에 동의한다. 그 말은 그들의 문제나 스트레스는 어린이에게는 매우 급하고 심각할 수 있다는 것이다. 그것은 그들이 그들의 문제를 균형 있게 보는 삶의 경험도 부족하고 인지능력도 가지지 못했기 때문이다. 어른은 자살충동을 느끼거나 감당할 수 없다고 느끼는 어린이의 스트레스를 과소평가하거나 어리석은 것으로 간주해서는 안 된다.

편견 6: 어린이는 어른처럼 상실감을 급속히 느끼지 않는다.

어린이에게 상실과 두려움은 같이 온다. 어린이는 종종 그들 삶에 있어 논리적 판단(the logistice)을 거의 통제하지 못하며, 어른이 어린이와의 관계의 정황이나 모양을 통제한다. 어른은 이주하거나, 별거나 이혼 등의 다른 일로 어린이와의 관계를 단절하게 된다. 이때 어른은 이러한 임박한 변화에 적응한 후에 어린이와의 관계가 단절된다.

어린이가 이러한 이야기를 듣게 되었을 때 작은 대응기술을 가지고 적응해야 한다. 상실이 일어났을 때 어린이는 두려움을 느끼고, 자기에게 무슨 일이 일어났는지 잘 알지 못한다. 따라서 이러한 공포가 상실과 관련된 전형적인 모든 감정을 악화시키고 복잡하게 만든다.

편견 7: 어린이는 결코 자살하지 않는다. 자살로 분류된 많은 죽음이 사실은 사고로 일어난 것이다.

어린이가 언제 자살을 이해하고, 어떻게 자살을 결정하는지를 아는 것은 힘든 일이다. 그러나 모든 가능한 연구는 이 신화의 반대가 진실이라고 믿는다. 사고로 분류된 많은 죽음이 실제로는 자살일 수 있다.

(4) 어린이 자살의 특이위험요인

❶ 생물학적 위험요인(Biological risk factors)

- Impulsivity(충동성)
- Aggression(공격성)
- Hyperactivity(과다행동)
- Brain damage(뇌손상)

어린이의 자살행동은 다른 어떤 나이군에 비해서도 어린이의 충동성과 관계가 많다. 따라서 자살한 어린이는 약을 저장하거나 가지는 것과 같은 계획을 세우는 행동이 필요한 자살보다 차 앞으로 뛰어들거나 빌딩에서 뛰어내리는 등의 충동적인 행동으로 자살을 하는 경향을 보인다.

높은 자살위험에 있는 어린이는 화가 나 있고 충동적이며, 문제해결에 공격적이며, 종종 ADHD(집중력 결핍 과잉행동 증후군)로 반사회적, 행동장애, 뇌손상을 보인다. 이러한 높은 위험군에 있는 어린이는 충동적, 과다행동, 파괴적, 적대적이다. 이러한 어린이는 부모와 비슷한 행동 양상을 보인다. 따라서 이러한 행동들이 생물학적 기반인지, 단지 학습된 대응 양상인지 결정하기가 어렵다.

❷ 정서적 위험요인(Emotional risk factors)

- Depression(particularly hopelessness)(우울증: 특히 절망감)
- Expendable child syndrome(소모적 어린이 증후군)

자살 어린이는 종종 다양한 정신과적 문제를 보이며, 그중 우울증이 가장 흔하다. 심한 우울증의 어린이는 자살에 대해 생각하고 또 우울하지 않거나 가벼운 우울증의 친구보다 자살에 대해 더 많이 생각한다. 모든 연령군에서 진실인 것처럼, 절망적인 우울 증상은 단순한 우울증보다 훨씬 강한 자살의 예고가 된다. 따라서 행복하지 않고 자존감이 낮고, 전반적으로 우울한 어린이는 자살의 위험에 있게 되고, 장래에 대한 절망감이 임상 양상으로 더해질 때 자살위험의 심각성은 훨씬 더 커진다.

어린이에 대한 또 다른 정서적인 위험요인은 소모적 어린이 증후군(expendable child syndrome)이다. 어른이 사랑과 애정이 없이 낮은 개인적 배려와 증오심을 가지고 "너는 소모품이야."라고 이야기하며 어린이를 대하면 어린이는 그들의 죽음이 누구에게도 문제가 되지 않는다고 믿게 되고 그들의 존재에 대해서 다른 사람의 짐을 덜어주는 한 방편으로 자살을 하게 된다. 이러한 현상은 Sabbath(1969)에 의해 처음 보고되었으며, 그때부터 어린이 자살의 사례연구에서 비록 이러한 현상의 유병률이 얼마인지 알려진 체계화된 연구는 없었지만 이러한 현상의 존재를 확인하였다. 따라서 정신건강 종사자는 어린이가 자신이 소모품(expendable)이 된다고 느끼면 자살위험이 증가하는 가능성을 알아야 한다.

❸ 인지적 위험요인(cognitive risk factors)

- Rigid cognitive structure(경직된 인지 구조)
- Limited problem-solving ability(제한된 문제해결능력)
- Immature views of death and suicide(죽음과 자살에 대한 미숙한 시야)
- Attraction to death and repulsion from life(죽음에 끌리고 삶을 거부)

죽음에 대한 미숙한 관점은 아주 어리거나 인지적으로 장애가 있는 어린이에게 자살행동에 부분적인 책임이 있을지 모른다. 영구적이지 않은 것으로 죽음을 보는 어린이는 자살은 일시적인 문제에 만족할 만한 해결 방법으로 생각할 것이다.

사람들은 어린이가 죽음에 대해서 성숙된 관점을 가진다고 해도 그들이 자살을 하려고 할 때부터 퇴행되고 더 미숙한 관점을 가지게 된다고 믿었다. 죽음의 결과에 대한 추상적 성질을 이해하는 어린이도 자살하려고 할 때는 그들 자신의 죽음을 유쾌하고 일시적인 것으로 보도록 하는 더 경직된(구체적) 사고에 굴복하게 될지 모른다.

자살한 어린이 연구는 구체적 사고를 하는 이러한 퇴행을 뒷받침한다. 구체적 조작사고는 죽음과 자살에 대한 믿음과 관계없이 어린이에게 있어 자살의 위험과 관련이 있다. 경직된 인지 구조를 가진 어린이는 일반적으로 자살과 파괴적 행동에 높은 위험 상태에 놓인다. 이러한 어린이는 문제에 대한 다양한 해결책을 만들지 못하고, 이분법으로 생각하는 경향(흑백, 옳고 그름, 삶과 죽음 등)이 있다. 또한, 이들 자살 어린이들은 비정신과적 문제를 가졌거나, 말기 질환을 앓고 있는 어린이보다 더 높은 경직된 사고를 보였다.

❹ 환경적 위험요인(Environmental risk factors)

- Early loss(조기 상실)
- Family dysfunction(역기능 가족문제)
- Child abuse and/or neglect(아동학대 및 방치)
- Bullying (among boys) and victimization(왕따와 피해)

가장 흔한 환경적 위험요인은 어린 시절의 상실이다. 자살한 어린이는 자살하지 않은 어린이보다 더 어린 시절에 상실을 경험하였고, 더 많은 상실을 겪었다. 자살 어린이에 있어 부모의 죽음, 별거, 이혼율은 전국 평균보다 높았다. 즉, 부모의 결손은 자살사고와 자살행동의 가장 주요한 위험요인으로 확인되었다.

두 번째 중요한 환경적 위험요인은 가족의 역기능이다. 자살 어린이는 심각한 역기능을 가진 집에서 살게 되는데 이러한 역기능은 부모의 갈등, 신체적 폭력, 부모의 물질 남용, 가족의 경직성, 변화에 저항, 불분명한 부모/자식의 경계 및 역할 등을 의미한다. 이러한 가족은 종종 신뢰체계가 경직되어 있고 문제를 다루는 새로운 방법을 고려하지 않으려고 한다.

어린이 학대와 무시 역시 어린이 자살에 있어 위험요인이다. 학대받은 어린이는 그렇지 않은 어린이보다 높은 빈도의 우울증과 절망감을 가지게 된다. 연구에 의하면 신체적인 학대를 받은 어린이의 50%와 무시 받은 어린이의 17%가 자살행동을 보였다. 그에 비해 건강한 어린이는 7%에 불과하였다. 2001년에 신체학대를 당하지 않는 어린이의 6%에 비해 신체학대를 당한 어린이의 50% 이상이 자살사고나 자살행동을 하였다. 위험유발행동(예: 주의 없이 길을 뛴다거나, 안전에 대한 생각

없이 올라가기, 먹을 수 없는 것을 삼키는 등) 역시 대조군의 9%에 비해 신체학대를 당한 75%의 어린이가 위험유발행동을 보였다. 이것은 아동학대와 무시가 위험을 증가시킨다는 것을 보여 준다.

가정 밖의 환경적 요인도 자살행동에 기여할 수 있다. 1999년의 왕따 피해자 문제 연구는 학교에서 친구들에게 더 자주 피해자가 된 어린이는 그가 문제가 있을 때(일반적으로 자살사고를 경험하는데) 다른 사람에게서 지지를 받지 못한다고 느끼고, 왕따에 가담한 어린이들 사이에서 그들 동료보다 자살사고를 더 많이 경험하는 것 같다고 보고하였다. 이들은 자살을 위해 미리 계획을 세우기보다는 기회가 주어졌을 때 충동적으로 자살시도를 하기 때문에 개입이 어렵다. 예방적인 개입도 문제해결능력의 고취, 대응기술의 훈련 등 훨씬 더 적극적인 활동이 중요하다. 다시 말해서, 많은 어린이는 계획적인 자살이 아니라 기회가 주어졌을 때(예: 총을 발견했거나, 창문에서 뛰어내리거나, 차 앞에서 뛰는 등) 자살을 하기 때문에 예측하여 자살이 임박한 것처럼 보이는 때에 개입하는 것이 무척 어렵다. 따라서 개입은 정서적 · 인지적 · 환경적 위험요인을 통해 일반적으로 위험에 있는 어린이에게 초점을 맞춰야 한다.

(5) 일반적인 경고 증상

- 지능과 관계없이 학업 수행의 저하
- 불안(등교 거부 포함)
- 수면장애
- 공격성
- 충동성
- 좌절에 취약함
- 사소한 사건에도 자극을 받아 자살행동을 하게 됨
- 자살 경향이 있거나 미숙한 대응기술을 가진 어린이는 사소한 일(예: 선생님의 고함이나 친구들의 괴롭힘)에도 자살을 시도함

2) 청소년기의 자살

(1) Erikson의 심리사회적 발달 단계

〈표 5-1〉 Erikson의 생애주기 8단계

연령	적응 대 부적응 방식	덕목	Freud의 심리, 성적 발달 단계
0~1세	신뢰감 대 불신감	희망	구강기
1~3세	자율성 대 수치심 및 회의감	의지	항문기
3~5세	주도성 대 죄의식	목적	남근기
6~11세(사춘기)	근면성 대 열등감	능력	잠복기
12~18세(청소년기)	자아정체감 대 자아정체감 혼란	성실	성숙한 생식기
18~35세(성인 초기)	친밀감 대 고립감	사랑	
35~55세(중년기)	생산성 및 침체감	배려	
55세 이상(노년기)	자아통합 대 절망감	지혜	

❶ 신뢰감 대 불신감(희망): 영아기(0~1.5세 또는 2세)

- Freud의 구강기에 해당
- 양육자와의 상호작용이 중요(양육자의 태도와 질적 양육방식 중요)
- 신뢰감: 양육자의 따스한 눈길, 웃음, 수유, 접촉 등 깊은 보살핌을 통해 형성(어머니의 일관성 있는 반응과 스킨십, 즉각적인 반응 속에서 영아는 타인에 대한 믿음, 편안함, 의존감, 신뢰감 형성)
- 불신감: 기본적인 양육에서 어머니가 보살핌이 적절치 못하거나 일관성이 없고 거부적인 경우 형성

❷ 자율성 대 수치심 및 회의감(의지): 유아기(1.5 또는 2~3세 또는 4세)

- Freud의 항문기에 해당
- 아동은 스스로 외부세계를 탐색하기 시작하고 자율성을 획득하게 되며, 부모와 아동 간 통제를 둘러싼 갈등이 치열
- 자율성: 부모가 아동의 의사를 묵살하지 않고 사회적으로 기대되는 행동을

배우게 하면 아동은 자율성 형성과 사회적 규제에 잘 적응

- 수치심: 아동은 자신의 통제능력이 미약하고 외부 압력자를 통제할 수 없다는 무력감으로 수치심과 회의를 느낌
- 의지와 의심: 위기를 성공적으로 극복하면 의지력이 생기며, 실패한 아동은 자신의 의지력을 불신할 뿐만 아니라 다른 사람도 자기를 지배하고 이용하려 한다고 불신함으로써 의심에 빠지게 됨

❸ 주도성 대 죄의식(목적): 학령 전기(4~6세)

- Freud의 남근기(오이디푸스 콤플렉스)에 해당
- 놀이를 통해 자신이 궁극적으로 완전한 인간이 되어야 한다는 목적을 깨닫는 시기(신체적으로 더 자유롭고 격렬하게 움직이는 것을 배워 무제한의 목표를 수립. 언어능력의 발달로 이해의 폭이 증가하고 언어와 운동능력의 인지적 활동(사고) 확대)
- 주도성: 유아의 놀이, 탐구, 시도 및 실패, 장난감 사용 연습 등을 유아 스스로 탐색하고 독립적으로 행동하도록 격려할 때 형성
- 죄의식: 반대로 기회를 부여하지 않고, 과도하게 꾸지람을 하거나 무시하면 자신감을 잃고 죄의식이 형성

❹ 근면성 대 열등감(능력): 학령기(6~12세)

- Freud의 잠복기에 해당(오이디푸스 콤플렉스를 잘 넘긴 시기)
- 영역 확장: 공식적인 공교육을 통해 문화에 대한 기초 기능을 배우고 중요한 과업과 사회적 기술을 학습
- 근면성: 이 시기의 또래와 협동하고 어울리는 능력뿐만 아니라 연역적 추리, 자기통제 등의 능력을 발휘하며, 일을 성취하기 위해 열정적으로 참여하고 그 과업을 완수하게 될 경우 발달
- 열등감: 아동이 자신의 능력이나 지위가 또래에 비하여 부족하다고 느끼면 학습추구에 대한 용기 상실

❺ 자아정체감 대 자아정체감 혼란(성실): 청소년기(12~20세 또는 25세)

- Freud의 성숙한 생식기에 해당(질풍노도의 시기)
- 급격한 신체 성장과 생식기의 성숙(내적 통일성과 일관성에 대한 확신 중요)
- 심리사회적 유예기간: 성인의 역할과 책임을 연기하고 사회적·직업적 역할을 탐색하는 시기
- 자아정체감: 내적 충동, 재능, 기회, 아동기에 획득한 자기가치가 통합형성. 청소년은 사회적 역할을 강화하려고 시도, 직면하는 과제를 통해 확립
- 자아정체감 혼란: 급격한 신체 성장이나 거대한 사회질서가 가하는 요구의 부담

❻ 친밀감 대 고립감(사랑): 성인 초기(20~35세 또는 25~39세)

- 일과 사랑의 끊임없는 탐색과 도전을 통해 자아발달
- 자아탐색: 이성에 매혹되고 사랑에 빠지기도 하며, 이성과 사귀는 동안에 자신의 이성에 대한 감정과 미래와 희망, 도전을 통해 가능(자아탐색의 몰입은 합리적인 자아정체감 형성 때 가능)
- 친밀감: 합리적인 자아정체감 확립 때 가능. 성적 친밀감 이상의 사회적 의미 → 타인과의 심리적 친밀감 형성 강화
- 사랑과 난잡함: 갈등을 성공적으로 해결하면 사랑의 능력이 생김. 실패한 사람은 친밀감을 가질 수 없어 고립에 빠지거나, 진지한 관계가 못 되는 난잡하고 일시적인 관계를 통해 거짓된 친밀관계를 만들어 냄

❼ 생산성 대 침체감(배려): 중·장년기(35~60세 또는 40~65세)

- 이 시기에는 다음 세대를 양육하는 것(타인 보호)이 가장 중요한 과업
- 직업이나 여가활동을 통해 창조성을 키워나감(생산적 결과물)
- 배려와 이기주의: 성공적으로 극복할 경우 타인을 배려하고 보호할 수 있는 능력이 형성
- 다음 세대를 양육하고 가르치며 지도 감독 활동을 할 수 있으나, 실패할 경우

개인의 욕구나 안위를 주된 관심으로 자기도취, 타인 거부, 권위주의, 이기주의를 낳으며, 중년의 위기, 인생무상과 절망감을 느낌

❽ 자아통합 대 절망감(지혜): 노년기(60세 또는 65세 이후)

- 수용, 절망의 시기, 신체적 · 사회적 상실을 직면하는 시기
- 노년기에 어느 정도 자아통합성을 유지할 수 있는가 하는 문제와 관련
- 자아통합: 후회가 별로 없고 생산적인 인생을 살았고 성공뿐만 아니라 실패에도 잘 대처한 개인이 성취할 수 있음
- 지혜와 무의미(절망): 성공적으로 갈등을 해결한 개인은 보람과 지혜, 즉 죽음에 직면하여 삶에 대한 적극적 관심을 갖게 되지만, 실패할 경우 궁극적으로 절망에 빠지게 되어 죽음을 두려워하고, 인생이 너무 짧고 존재에 대한 의미를 느끼지 못하며 자신과 타인에 대한 신념을 상실하게 됨

〈표 5-2〉 청소년 자살시도율

년도 학교 급별	2010	2012	2014
중학교	5.6	4.6	3.4
고등학교	4.4	3.5	2.4
일반계고	3.9	3.2	2.3
특성화고	5.7	4.6	2.9

출처: 보건복지부(2014). 청소년건강행태 온라인조사.

(2) 청소년기 자살의 실태

청소년기는 자살위험에 대해 가장 많이 연구된 인구군으로 모든 연령군에서 가장 높은 자살 순위를 가진다. 우리나라에서도 청소년 자살이 1위를 기록하고 있다. 그러나 자살자보다 더 주의를 가져야 할 것은 자살사고와 자살행동의 숫자이다. 약 60%의 청소년이 지금까지 살아오면서 자살사고를 가져보았으며, 1년간 자살시도를 한 청소년은 8~9%에 이른다. 20세기 후반부터 50년 동안 청소년의 자살은 3배 정도 증가하였다. 청소년 자살률은 다른 어떤 연령군보다 매우 가파르게 상승하고 있다. 더 우려되는 현실은 자살시도자의 숫자이다. 한 명의 자살자에 해당하는 자살시도자는 50~200명에 이르며, 자살시도의 심각성도 매우 다양하다.

청소년의 자살사고(자살에 대한 생각), 자살행동(자신을 해하는 행동), 자살시도는 중학생보다 고등학생 사이에 흔한 일이다. 청소년을 대상으로 한 연구에서 12개월 동안 5명 중 1명이 자살계획을 세웠고, 13명 중 1명이 자살을 시도하였다. 청소년의 자살사고나 자살행동이 이렇게 높다는 것은 결국 자살의 위험이 크다는 것을 의미한다. 청소년은 자살시도와 자살에 다양한 방법을 사용한다. 15~19세 사이의 자살한 남학생의 경우 반 이상이 총기류를 사용한다. 34%는 목메 자살하고, 5%가 약물 중독, 6%가 기타의 방법으로 자살한다. 여학생의 경우는 36%만 총기류를 사용하고, 가장 높은 빈도인 37%가 목메 자살한다. 19%는 약물 중독에 의해 죽는다. 일반적으로 목메어 자살하는 경우가 남녀 모두에서 증가하고 있다.

〈표 5-3〉 청소년 자살 이유

구분	남자	여자
학교 성적	42.9	31.0
가족 간의 갈등	27.6	25.3
선후배나 또래와의 갈등	6.7	11.5
경제적인 어려움	1.9	2.0
기타	17.5	22.5

출처: 한국청소년정책연구원(2013). 아동청소년 인권실태조사.

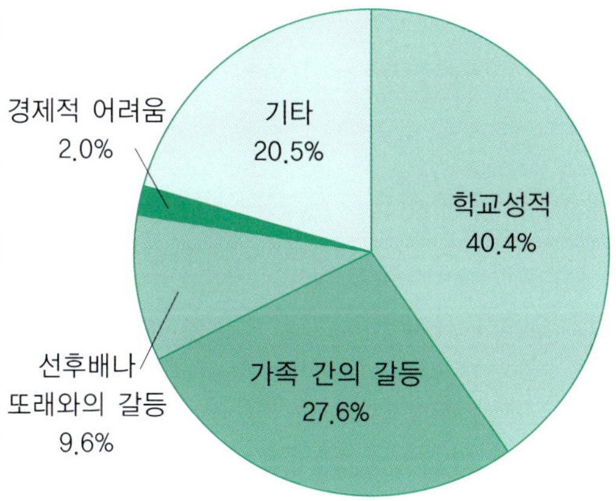

➜ 우리나라 청소년의 자살은 과도한 입시 압박과 생활 스트레스에서 오는 우울증과 충동성이 그 원인임

➜ 교육부 조사 결과

- 2012년 전국 초중고생 648만명 중 지속적인 관심이 필요한 학생이 105만 4,000명(16.3%)로 청소년 10명 중 4명이 자살충동을 느낀 적이 있다고 대답
- 2013년 서울시 초중고생 11,714명 조사 결과 역시 39.8%가 자살을 생각해 왔다고 대답

[그림 5-1] 청소년 자살 이유

(3) 발달학적 고려

청소년기는 소용돌이치는 전환의 시기이다. 이 시기의 삶은 정체감의 발달로 특정 지어지며, 내가 누구인지, 내가 무엇이 되고 싶은지를 결정하는 데 갈등을 가진다. 청소년은 부모나 어른, 동료나 언론을 포함해서 그들의 갈등을 도우려는 다른 사람에게 향한다. 이 발달 단계에서 성공적으로 안내를 받지 못한 청소년은 그들의 정체성에 혼란이 오며, 다음 단계의 발달과제(친밀감)를 극복하는 데 혼란스러워진다. 청소년은 더 이상 어린이가 아니지만 그렇다고 완전한 성인도 되지 않은 세상에서 살고 있다.

청소년 발달에 관한 책 『*In over our Heads*』(1994)의 저자 Kegan은 청소년의 모순에 대해서 토론하였다. 그는 청소년은 흑백의 이분화된 세계에서 회색의 그림자가 있는 세상을 생각하거나 보는 다양한 방법으로 옮겨간다고 하였다. 청소년은 이러한 새로운 세계에 대한 의미를 만드는 데 갈등을 하며, 이제 세상은 더 이상 부모나 규칙으로 된 절대적인 세상이 아니라고 생각한다. Kegan은 오늘날 훨씬 더 복잡하고 기술적인 세계에서 10대는 정보를 쉽게 접하고, 전의 어떤 세대들의 10대 때보다 그들의 생각이 더 세련되고 복잡한 것처럼 보인다고 말한다. 따라서 그들에게 성인 수준의 책임감이 주어지고 더 적은 방향 제시와 적은 규칙으로 안내하는 어른에 의해 더 많은 결정이 주어진다. 그러나 이러한 세련됨(복잡함)의 출현은 내용의 복잡성일 뿐이지 사고 과정은 그렇지 않다. 따라서 청소년은 그들의 앞선 세대들보다 복잡한 의사결정을 하기 위해 더 많이 준비되지 않지만 여전히 그들은 종종 어른 수준의 복잡하고, 애매한 상황에 많이 직면하고 있다.

오늘날의 10대는 그들의 앞선 세대들보다 더 어린 나이에 신체적으로 성숙되지만, 이러한 신체적인 성숙은 정신적 · 정서적으로 미숙한 것과는 모순될지 모른다. Kegan은 청소년은 오늘날의 복잡한 세계에 외견상으로는 감당하는 것처럼 보이지만 여전히 방향과 안내가 필요하다는 것을 우리에게 상기시키고 있다고 말한다.

(4) 청소년 자살에 대한 편견

편견 1: 청소년에게 자살에 대해 이야기하는 것은 자살의 위험을 높이게 한다.

자살교육이 신중하고 적절한 내용으로 가르쳐진다면, 자살교육이 자살시도나 자살을 유도하는 원인이 되지 않는다. 실제로 자살에 관해 학생을 교육하는 것도 중요하지만, 연구에 의하면 청소년은 자살에 관한 생각을 성인에게 이야기하기보다는 또래들에게 더 잘 이야기한다. 따라서 또래 돕기 프로그램은 청소년 자살예방의 중요한 요소가 된다.

편견 2: 부유하고 잘 교육된 집안의 청소년은 자살을 하지 않는다.

자살은 어떠한 사회경제학적 경계도 알 수 없다. 살아가는 모든 사람은 자살위험이 있다. 역설적으로 다른 편견도 존재한다. 자살한 청소년은 대개 상류층이거나 교육을 잘 받은 집안 출신이라는 것이다.

편견 3: 청소년은 자살이라는 단어를 오직 관심을 끌기 위해 사용한다.

자살에 관해 이야기하는 청소년은 실제로는 결코 자살을 시도하지 않는다. 사실 자살에 관해 이야기하는 것은 가장 불길한 경고 증상 중의 하나이기 때문에 신중하게 취급되어져야 한다. 자살하겠다고 위협하는 청소년은 도움을 주어야 한다. 자살한 청소년의 10명 중 9명은 자살을 시도하기 전에 단서를 준다(언어적 경고나 다른 경고 증상들).

- **편견 4: 모든 청소년은 우울, 걱정, 불안의 증상을 보인다. 따라서 어느 것이 자살의 가장 위험한 요인인지 결정하는 것은 불가능하다.**

많은 청소년이 슬프고, 스트레스를 받고, 불안을 경험하며, 5명 중 1명은 임상적으로 우울증 증상을 보인다. 우울증은 자살위험에 기여하는 심각한 문제이다. 그리고 우울증을 보이는 청소년은 즉각적이고 적절한 치료가 필요하다.

- **편견 5: 자살한 모든 청소년은 우울하다.**

대다수의 청소년은 그들 삶에서 한 번쯤 자살에 대해 생각한다. 그리고 정신과적 질환이 많은 자살에 기여하는 요소인지 모른다. 그러나 자살행동을 보이는 모든 청소년이 정신질환으로 고통받는 것은 아니다.

- **편견 6: 자살을 시도한 대다수의 청소년은 완전히 죽기를 의도한 것이다.**

많은 자살자가 진심으로 죽기를 원하는 것은 아니다. 그들이 원하는 것은 단지 고통이 끝나는 것이다. 따라서 그들은 스스로 자살에 대해 양가 감정을 가진 것을 안다. 그들은 정신적인 통증을 없애기 위해 죽기를 원하는 것이지 좀 더 희망적인 환경에서는 살기를 원한다. 다행히도 이러한 양가 감정이 우리가 개입할 수 있는 효과적인 공간이 된다.

(5) 청소년 자살의 특이 위험인자

청소년 자살에 대한 많은 특이 위험인자가 확인되어 왔었다. 사실 그들의 대다수는 모든 청소년의 생각, 감정, 행동으로 불리는 것으로 거의 도움이 되지 못했다. 따라서 지금 연구를 통해 가장 지지를 받고 있는 인구통계학적, 심리학적, 인지적, 환경적 위험요인들이 가장 일반적으로 널리 알려진 것이다.

❶ 인구통계학적 위험요인

청소년기 자살은 주로 남자 청소년에게 일어나지만(여자 청소년에 비해 4~5배 더 많이 자살), 자살시도는 여자 청소년에서 더 많이 일어난다. 청소년을 대상으로 한 연구에서 1/3 이상의 여자 청소년은 지난 1년 동안 자신을 심각하게 우울하거나 거의 매일 절망적인 것으로 보고 있었다(남자 청소년은 22%). 여자 청소년(24%)이 남자 청소년(14%)에 비해 자살사고가 높았으며, 여자 청소년(18%)이 남자 청소년(12%)에 비해 자살계획을 더 많이 세웠다.

❷ 정서적 위험요인

청소년 자살자나 자살시도자는 자살하지 않는 또래들에 비해서 높은 정신적인 압박을 보였다. 주요 정신질환에서 위기에 있는 청소년이 높은 유병률을 보였으며, 자살자의 90%는 적어도 한 가지 이상의 주요 정신장애를 가졌다. 심리적 부검에서 자살한 청소년 중 가장 흔한 주요 정신질환은 다음과 같다.

- 정동장애: 35~76%, 청소년 자살 중 우울증, 양극성 정동장애
- 조현병: 0~17%, 30~40대에서는 자살의 가장 높은 위험인자
- 약물 남용: 청소년 자살의 1/3~2/3, 동반된 정동장애가 있을 때 약물 남용의 위험이 더 커진다.
- 기타
  - 정체감의 위기(성적 정체감 포함)
  - 정서가 불안정하고 요동칠 때
  - 절망감
  - 분노와 충동성
  - 반사회적 인격장애(행동장애)
  - 불안(특히 우울과 동반될 때)

모든 나이에서 절망적인 우울감 또는 일반적인 우울증이 자살의 위험군으로 바뀌는 데 가장 중요한 역할을 한 것으로 보이며, 특히 도심부의 저소득층 청소년이

가장 위험하다. 충동성의 심리적인 경향은 특별히 방해가 되었고, 최근에 와서야 논문에서 관심을 받고 있다. 2001년 연구에서 젊은이(13~34세)의 치명적인 자살 시도는 거의 1/4인 24%에서 자살을 시도하겠다는 마음의 결정과 실제로 자살을 시도할 때까지 채 5분도 걸리지 않았다. 약물 남용도 청소년 자살위험을 높인다. 과거에는 알코올이나 불법적인 약물을 복용한 청소년이 자살위험이 컸다. 알코올을 복용하면 두 배 이상의 위험요인이 생기고, 불법 약물 사용 시 세 배 이상의 위험요인이 생긴다.

치료 전의 약물 중독 청소년의 자살위험은 36%로 26%의 성인보다 높다. 정동장애 다음으로 자살을 결정하는 요인으로는 '약물 남용이나 중독'이 나타난다. 이 말은 우울하면서 약물을 사용하는 청소년은 우울하거나 약물만 사용하는 한 가지의 경우보다 훨씬 더 위험하다는 것을 의미한다.

❸ 인지적 위험요인

어린아이와 마찬가지로 청소년의 주요 인지적 위험요인은 빈약한 대응기술을 가진 경직된 인지 구조이다. 일반적으로 문제해결능력이 부족한 청소년은 자신의 문제를 해결하기 위해 오직 유일하게 가능한 방법으로 자살에 고정되기 쉽다. 청소년은 삶의 경험이 어른보다 적다. 그래서 선택을 통해 문제해결을 하기보다는 특별히 중요한 것처럼 보이는 생각에 의한 과거의 경험에 더 의존한다.

청소년은 종종 인지 왜곡(예: 지나친 일반화, 하나의 생각에 집착, 흑백논리 등)을 보인다. 청소년의 유서 연구를 통해 사고의 경직성, 초점의 축소, 굳어진 사고 등의 인지적 억압이 있었음을 알 수 있다. 이것은 청소년이 하나의 외상(예: 이성 친구에게 거절당함, 부모와의 갈등 등)에 집착하는 것처럼 나타낸다. 유서에 '항상', '아무도', '모두', '결코' 등으로 표현된 말은 청소년이 선택 가능성의 부족으로 인해 자살을 선택하는 것처럼 보인다.

다른 인지 위험요인은 학습장애이다. 학습장애를 가진 청소년은 높은 빈도의 정서 · 행동상의 문제를 보이며, 일반적으로 자신을 동료에 비해 사회적인 능력이 부족한 것으로 받아들인다. 최근의 연구에서는 학습장애 자체가 위험요인인지 아니면 학습장애로 인한 정서적 · 행동상 · 사회적 · 인지적 긴장으로 인해서 자살과 관련이 있는지 구별하기는 불가능하다고 말한다. 그럼에도 불구하고 학습장애를 가진 청소년이 특별히 심리적인 억압이나 대응기술의 부족함이 동반될 때 특별히 위험한 상태가 된다.

또 다른 인지적 위험요인으로 외부에서 청소년을 조절하는 것과 미래에 대한 시각의 결여를 들 수 있다. 외부에서 조절하는 청소년은 자신에게 한계가 있고 혹은 그들의 삶에서 자신이 결과를 결정할 수 없다고 믿는다. 외적 사건, 사람, 환경이 청소년의 행동을 지시하고, 청소년은 전향적이고 적극적으로 반응하기보다 단지 단순히 반응한다. 따라서 외부에서 조절하는 것을 가진 청소년은 그들의 자살로 이끌려가고 다른 선택으로 살 수 없다고 믿을지 모른다.

마지막 인지적 위험요인은 완벽주의이다. 아이러니하게 학문적으로 높은 성취와 사회적으로 성공적이고 매우 장래가 유망해 보이는 청소년이 완벽주의자라면 자살의 위험이 크다. 완벽주의는 목표 지향적으로 적절히 사용될 때 잘 적응될 수 있지만, 지극히 부적응이 될 수도 있다. 완벽주의는 '사람이 너무 높은 개인의 기대나 기준에 미치지 못할 때' 부적응 상태가 된다. 높은 정도의 완벽주의를 가진 개인은 실패나 실패가 예견될 때 우울과 불안으로 반응한다. 전형적으로 이러한 사람은 자신이나 다른 사람으로부터 오는 실망을 두려워하고 그들의 대응기제로 자살이나 자살행동을 사용한다. 자살행동으로 이끄는 완벽주의는 청소년에게 가장 흔하며, 성인에게 의미 있는 자살위험요인은 아니다. 이것은 청소년기 발달 단계에서 완벽주의에 대한 초기 성격과 인지 경향이 훨씬 견고해지고 소수의 대안만 남아 이루어지는 것으로 보인다. 변화에 적응하지 못하는 것이 완벽주의의 성질이다. 이것이 경직된 인지 스타일과 결합되면 위험요인이 된다. 동일시를 갈망하는 청소년은 완벽, 거의 완벽한 사람으로 동일시를 추구한다. 따라서 모든 것을 가진 것처럼 보이는 청소년은 특별히 위험하다. 그러나 그들은 정신건강에 대한 도움은 거의 받지 않는다. 부모, 교사, 학교상담사, 다른 어른들은 성공과 행복의 모델로 이러한 학생을 생각하는데, 그들의 정신건강 문제는 종종 감지되지 않는다.

❹ 환경적 위험요인

자살 청소년은 가족들의 역기능 장애가 자살하지 않은 동료보다 더 높았다. 청소년 자살의 흔한 가족 위험요인은 청소년의 필요에 반응하지 않는 높은 가족 간의 갈등과 부모의 알코올 의존이나 약물 남용, 신체적 · 성적 학대를 하는 가족에서 나타났다. 또한, 자살 청소년은 심한 신체적 · 정신적 문제를 보였으며, 가족 중 자살한 경우 다른 가족에서 자살의 높은 위험 원인이 되었다.

사회적 고립과 친구관계의 어려움은 청소년기에 있어 또 다른 환경적 위험요인이다. 자살자는 가족 내에서나 또래들 사이에서 소외된 느낌을 가졌으며, 그들은 사회기술이 더 부족한 것처럼 보이고 비효율적인 친구관계를 맺으며 어울리지 못하고 친구들 사이에서 알려져 있지 않은 것이 특징이다.

(6) 청소년 자살의 경고 징후

❶ 청소년이 자살하려고 할 때

- 종종 학교수행능력이 떨어지고 무단결석과 나태한 모습을 보인다(이 모든 모습은 일반적으로 심리적인 압박감이 있을 때 보이는 증상이지만 이것이 자살과 연관이 있다).
- 자신의 행복에 대해서 관심이 떨어진다.
- 죽음과 공격적인 주제에 집착한다.
- 집중력이 떨어진다.
- 식사습관이나 수면습관의 변화 등을 보인다.
- 어른처럼 오랜 기간의 우울증 후 갑자기 호전되는 경우 임박한 자살의 징후일 수 있다. 이러한 경우는 그들이 고통을 끝내고 죽기로 결정할 때 그들이 느끼는 평온함에 대한 반응이다.

❷ 청소년의 독특한 자살 징후

- 성인과 달리 그들의 행동에 극적인 변화를 더 많이 보인다(예: 좋아하는 활동을 중단하거나, 충동적인 모습, 난잡한 성행위 등).
- 칼로 문신을 만드는 등의 자해 행위를 한다.
- 일이나 물건을 정리한다. 논문이나 잡지를 재현하거나 방을 치운다.
- 청소년의 자살 시 어떤 다른 나이군보다 죽기 전에 그들의 자랑스러운 소장품을 거저 주어 버린다.
- 자살 청소년은 그들의 자살 결정과 관련하여 언어적인 힌트를 준다. 예를 들면, "그들이 더 이상 나를 방치하지 못 할 것이다.", "그녀가 미안해할 것이다.", "내가 얼마나 심각했는지 보여 주겠다." 등이 있다. 어떤 경우는 "죽으려고 한다.", "죽고 싶다." 등 직접적으로 이야기하기도 한다. 반면에 다른 청소년은 좀 더 추상적이고 개인적인 언어를 사용할지 모른다. 간접적이든 직접적이든 이러한 메시지는 도움을 요청하는 것일 수 있고 궁극적으로 다른 사람이 개입하기를 바라는 희망일 수도 있다.

(7) 유발 조건(Triggring condition)

자살의 위험에 있는 청소년은 하나 혹은 여러 가지의 개인적 스트레스에 반응할지 모른다.

❶ 상황적 조건

- 가족 구성원이나 가까운 친구의 죽음
- 부모나 사랑하는 사람의 죽음과 같은 힘든 생활 사건의 기념일
- 거친 전환기 시기(예: 부모의 이혼, 사귀는 사람과의 결별, 졸업에 따른 심각하게 두려운 '현실 세계', 전학 등과 같은 친한 친구와의 관계 상실)
- 사회적 고립(가까운 사람과의 관계 결여)
- 종종 심한 갈등을 빚는 혼합된 가족 관계(의붓부모, 의붓형제)

- 만성적이고 심각한 부모, 고용주, 교사, 또래와의 갈등
- 오랫동안 지속되는 병적인 가족의 상태(부모의 물질 남용, 가정 폭력)
- 자신이나 가족 구성원의 희망이 보이지 않는 심각한 질환이나 장애의 시작
- 장애나 심각한 질환의 경우 장애나 통증의 악화(혹은 점차적으로 진행되는 것에 대한 두려움), 특별히 의료인에 의한 낙담이나 치료의 철퇴, 지지 서비스의 철회 등이 합쳐졌을 때)
- 큰 실수나 당황함에 대한 경험(얘기 경험)(예: 낙제, 다른 사람들 앞에서 따돌림 당하는 것)
- 직업의 상실이나 다른 가치 있는 역할의 상실
- 구금이나 법에 따른 다른 의미 있는 문제
- 심각한 알코올 중독, 다른 약물 남용(이것은 우울의 증상이거나 우울을 일으키는 상태일지 모른다.)
- 원치 않은 임신의 확인(특히 부모나 친구가 알기 전)
- 정서적으로 준비도 되어 있지 않고 기술도 없는데 심각한 책임감을 져야만 한다고 압력을 받을 때
- 그들의 성취에 대해 다른 사람(특히 부모)에 의한 심하고 가차 없는 강조, 성취하지 못한 것에 대한 실망의 두려움과 같이 중첩될 때
- 자신에게 나타나는 성적 정체감과 선호에 대한 갈등
- 동료나 유명 인사의 자살

❷ 개인적 조건

- 심한 행동상의 변화
  - 수면 습관의 변화
  - 섭식장애의 시작(체중의 급속한 증감)
  - 지나친 성적 문란
  - 극적인 정서적 표출

  - 전형적인 반항 행동
  - 학습수행능력의 극적인 저하
- 친구로부터 자발적인 격리 및 정상적인 사교적 활동으로부터의 철회
- 술이나 약물 사용의 의미 있는 증가
- 개인적 외모의 무시
- 위험을 자초하고 개인의 행복에 대해 명백히 관심이 없어짐
- 건강에 대한 불만 증가, 정신 · 신체질환의 증가
- 과제에 집중하기 무척 힘들어 함(특히 정서적인 변화가 심할 때)
- 죽음과 병적인 생각, 파괴적인 생각에 집착
- 심각하고 계속되는 슬픔을 표현, 부적절한 감정의 표현(상황에 맞지 않게 웃음을 터트리거나 우는 것 등)
- 현실 지각의 심각한 왜곡
- 아주 작은 결정도 하지 못함
- 아주 낮은 자존감
- 환상으로 피하는 것에 집착
- 실제 혹은 상상의 적에 대한 강한 분노 및 복수의 욕구
- 삶을 정리하려고 하는 특징적인 행동(소유물을 나누어 주고 계산할 것을 청산하기)
- 부적절한 행동으로 관심을 계속 추구함
- 자살위협이나 자살하려는 시도

❸ 동반자살

두 가지 최종적인 유발 조건은 자살전염과 모방자살로서 동반자살에 들어가는 것이다. 모방자살은 청소년이 실제적이든 허구적이든 다른 사람의 자살행동에 노출되었을 때 젊은 사람에게서 독특하게 나타나는 자살 현상이다. 이들은 죽은 사람의 자살을 모방하려고 한다. 다른 사람의 자살(예를 들어, 어떤 사람은 언론, 어떤

사람은 학교에서 잘 알려진 유명인)은 모델로 작용한다. 예방적인 요인이 없다면 그 자살을 아는 다른 사람들은 위험해질 것이다. 이러한 모방자살이 학교나 지역 사회를 통해 퍼져나가기도 하므로 자살 후 모방자살의 위험을 최소화하기 위한 즉각적이고 철저한 예방 활동의 필요성이 대두된다. 어떤 경우에는 자살행동에 대한 청소년의 감수성과 충동성이 다른 사람의 자살에 노출되었을 때 더 커지는 것처럼 보인다. 이러한 이유로 정신건강 전문가는 언론에서 유명인의 자살 보도를 자제해 줄 것을 요구하는데, 특별히 자살과 관련한 돋보이는(매력적인, 아름다운) 보도를 제한해 달라는 것이다.

청소년의 동반자살(남자친구나 여자친구, 동료 사이 등)은 매우 위험하고 잘 이해되지 않는 현상이다. 비교적 드문 경우이지만 그들은 자살 기능이 매우 높은 아주 치명적인 방법을 사용한다. 비록 청소년기에 동반자살이 있어도 동반자살은 전형적으로 중년기나 노년기 부부에게서 더 흔하다. 동반자살은 종종 자살시도를 한 우울한 사람이 부추긴다. 다른 사람은 좀 더 수동-의존적이 된다. 청소년 동반자살의 주된 동기는 주도적인 사람의 자살로 인해 수동-의존적인 사람에게 다가올 상실에 대한 두려움과 고통에 의한 것으로 보인다. 가족의 갈등과 상실은 일반적인 청소년 자살에 비해 동반자살한 경우의 사례가 높다. 또한, 동반자살에 참가한 청소년은 집단으로 다른 사람들로부터 사회적으로 고립되는 것처럼 보이며, 동반자살의 다른 구성원에게 그들의 모든 관계와 지지를 전적으로 하게 된다.

또한, 이것을 '동반자살단(eucapsulated unit)'라고 불렀으며, 동반자살은 외부 힘(예: 한 가족이 이사를 가거나 구성원 중 한 명이 소년원에 가는 등)에 의해 동반자살단이 위협을 받을 때 일어나는 것으로 보인다고 제시하였다. 일반적으로 실제적인 동반자살시도는 비록 동반자살이 상당기간 동안 압력에 놓여 있다고 하더라도 비교적 충동적으로 일어났다.

어린이나 청소년기의 자살률이 증가하고 있다. 비록 10만 명당 자살 숫자는 적지만, 다른 요인으로 죽는 경우가 비교적 적은 이 시기의 자살은 사망원인의 1위가 된다. 어린이는 생물학적 · 정서적 · 인지적 · 환경적 이유로 인해 위험에 놓이

게 되지만, 여전히 어린이가 자살에 관해서 알려진 선택을 할 수 있고, 자살의 최종 결과에 대해 이해하는 나이가 언제인지의 의견은 상당 부분 불명확하다. 충동성은 어린이 자살예방에서 특히 문제가 되는데 사회기술 훈련과 문제해결 훈련 등과 같은 전향적인 활동이 이 나이에서 가장 효과적인 예방 방법일 것이다. 청소년 자살에 관해 가장 많은 연구가 이루어졌으며, 15~19세 사이에 자살사고와 자살시도를 가장 많이 한다는 것은 명확해졌다. 여자 청소년은 더 많은 자살사고와 자살시도를 하고, 남자 청소년은 자살성공을 많이 한다. 청소년 자살의 위험요인은 많고도 다양한데 이 많은 위험요인을 각 개인의 위험을 결정하기 위해 사용하는 데 어려움이 있다. 따라서 위험 징후와 유발 조건은 개인의 위험을 결정하는 데 도울 수 있을 것으로 보인다.

02 청소년 자살의 특성

청소년기는 성인기에 비해 치명적인 자살률은 낮지만 다른 연령대와 비교했을 때, 자살을 시도하는 비율이 가장 높다. 특히, 이 시기는 또래들과의 관계 형성이 중요하여 사회적 기술을 학습하고 부모로부터 독립을 준비하며, 자신의 정체성을 탐색하는 일을 주요 발달과업으로 갖고 있다.

또한, 청소년기는 신체적 · 정신적으로 급격한 변화가 이루어지는 동시에 환경적으로 다양한 위험상황에 노출이 증가하여 스트레스가 증가하는 시기이다. 그러나 인지 · 정서 · 행동적인 대처기술이 미흡하여 문제나 스트레스에 직면했을 때,

적절히 대처하지 못하여 불안정한 상태가 된다. 더군다나 어느 시기보다 에너지가 많아 자살과 같은 위험한 행동을 할 가능성이 크다. 청소년기 자살행동은 성인기의 자살행동과는 다른 특징을 보이므로 자살생각과 자살시도, 자살까지 포괄하여 이해할 필요가 있다. 특히, 자살을 시도하는 청소년 대부분은 자신이 죽고자 하는 의도성보다는 단지 고통이나 괴로움에서 벗어나기 위한 방법으로 생각하는 경향이 있다.

청소년기 자살행동의 특성을 살펴보면 다음과 같다.

첫째, 청소년기 자살행동은 대부분 계획된 것이 아니라 충동성에 의한 경우가 많다. 이 시기의 인지적·정서적으로 미성숙하고 충동적인 성향으로 인해 절망적이거나 우울하지 않아도 어떤 상황에 처하면 충동적으로 자살행동을 할 가능성이 크다. 청소년기는 불안정한 시기라 작은 자극에도 충동적으로 자살과 같은 극단적인 행위를 통해 문제를 해결하려는 특징이 있다고 보고했다. 또한, 청소년을 대상으로 한 연구에서도 자살을 암시하는 단문의 글을 남긴 경우는 3건이며, 혼자 있을 때 음독을 한 경우가 6건에 불과할 정도로 사전에 계획이 없거나 자신의 행동 결과에 대하여 예측하지 못한 상황에서 하는 경향이 있다(한상철·임영식, 2000). 이러한 특징은 자아의식이 발달과정에 있고, 억압된 환경으로부터 회피하려는 심리적 특성과 불안정하고 충동성이 높아 스트레스 상황에 노출되었을 때 충동적으로 자살행동을 하는 것과 연관된다. 이와 같은 청소년의 충동성은 성인의 자살과 비교했을 때 행동화 가능성이 크다는 것을 알 수 있다.

둘째, 청소년 자살은 급성 스트레스로 인한 것으로 성인의 우울증과 같은 정신질환인 경우와는 다르다. 청소년의 경우 대인관계에서 오는 어려움이나 성적 하락, 심리사회적 어려움에 놓였을 때 느끼는 좌절과 분노, 불안 등의 고통으로 인해 자살행동을 할 수 있다. 또한, 자신의 욕구에 대한 좌절이나 남을 조정하려는 의도성, 가족이나 친구로부터 부당한 대접을 받았다고 생각하여 보복하려는 것이 자살의 중요한 변인이 되기도 한다. 아동을 대상으로 한 연구에서 우울 증상이 나타난 경우는 18%였으나 우울증 진단은 1.9%였다(김은경 · 양재원 · 정유숙 · 홍성도 · 김지혜, 2005). 이는 청소년기에 가변적 우울증이 많다는 것을 보여 주는 것으로 성인의 우울증과 다르다는 것을 알 수 있다.

셋째, 청소년 자살은 자신이 좋아하거나 유대관계에 있는 대상이나 또래와 동반자살을 시도하는 경향이 있다. 이 시기에는 다른 연령층과 비교했을 때 또래와의 관계를 중시하고 외적 동기가 자기 자신의 내적 동기보다는 큰 영향을 받는다. 그래서 자신에게 중요한 타자나 의미 있는 대상을 모방하거나 동반자살을 시도하는 경향이 성인보다 크다. 이러한 특징은 유명 연예인의 자살 소식에 민감하고 미디어를 통해 자살과 관련된 정보에 쉽게 접근할 수 있어서 청소년에게 자살전염성을 부추기는 요인이 되기도 한다.

넷째, 청소년기 특징인 '자기중심적 사고', 즉 '개인적 우화'로 인해 자살을 시도하는 경향이 있다. 청소년의 경우 자신은 특별한 존재라서 자살행위를 하더라도 안 죽을 것이라고 믿는 불가침성(invulnerability)이 있는데, 이로 인해 많은 청소년이 자살행동을 한다는 것이다.

다섯째, 청소년 자살은 판타지 소설이나 인터넷 게임을 통해 사후 세계에 대한 환상을 가지는 경향이 높다.

이와 같이 청소년은 현실에서의 어려움, 즉 학교 부적응이나 대인관계의 어려움, 학업 스트레스 등에 직면했을 때 자살을 하나의 도피수단으로 인식하여 당면한 문제를 해결하려고 한다.

03 청소년 자살의 심리적 부검

청소년 자살이 성인에 비해 전체 가족, 친구, 교사, 건강 관련 전문가들을 면담할 기회가 더 용이하다는 점에서 청소년 대상의 심리적 부검이 유용하다고 제안한 바 있다. 그러나 우리나라의 경우 청소년 자살에 대한 심리적 부검 연구사례가 매우 드물어 외국의 심리적 부검 결과를 통해 청소년의 자살위험요인을 기술하였다.

청소년 자살에 대한 심리적 부검 연구들은 성인과 유사하게 정신장애와 관련이 있음을 보고하고 있다. 주로 서구권 국가의 결과를 바탕으로 한 리뷰에 의하면 정신질환은 청소년 자살의 약 90%에서 나타난다고 보고된다. 그러나 아시아 국가 중 대규모로 청소년 자살에 대한 심리적 부검을 실시한 중국의 연구 결과에서는 정신장애가 45~48%로 상대적으로 낮은 빈도로 보고된 바 있다.

정신질환 중에서 기분장애의 유병률은 약 51~76%, 약물 남용은 26~62%, 두 장애가 공존하는 경우도 빈번하게 보고된다. 품행장애 및 반사회적 행동 역시 청소년 자살의 위험성을 3~6배 정도 높이며, 약물 남용 문제가 동반되는 경우 자살률이 증가하는 것으로 나타난다.

심리사회적 위험요인에 대한 연구는 정신장애에 비해 상대적으로 부족한 실정이지만 생활 사건 및 가족의 정신 병리와의 연관성도 보고되고 있다. 호주에서 청소년 187명을 대상으로 시행한 심리적 부검 결과에 따르면, 대다수(66%)가 가정과 학교에서 어려움이 있었으며, 스트레스 사건은 약 14%의 자살 사망을 설명하였다.

생활 사건 중, 특히 대인관계 문제는 성인보다 청소년 자살에서 더욱 빈번하게 선행하는 것으로 보고되었다. 대인관계에서 분리와 거절을 경험할 때 자살위험도가 증가한다. 특히, 청소년 자살 사망자는 대인관계의 어려움을 경험했을 가능성이 크며, 연애 관계의 이별을 경험한 경우가 빈번했다고 보고된 바 있다. 그리고 가족 구성원의 상실 또한 위험요인으로 보고된다. 자살로 사망한 청소년의 약 50%는 해체 가족(이혼 또는 한 부모 가정)인 것으로 추정된다는 연구 결과가 있으며, 가족 구성원의 상실, 특히 가족해체가 자살과 관련 있는 변인이라는 연구도 일관되게 보고되고 있다.

심리적 부검 연구에 따르면, 자살로 사망한 15~24세 청소년 중 60%가 자살 전 자해 행동을 한 적이 있다고 보고되었다. 또한, 자살로 사망한 청소년 중 많은 수가 이전에 자살시도를 한 적이 있다고 보고하는 등, 과거 자해 행동 및 자살시도 여부도 자살로 인한 사망의 위험요인으로 연구되고 있다(아주대학교, 2013). 자살행동에 대한 대인관계이론에 따르면, 죽으려는 의도와 함께 의도를 실행할 능력이 결합될 때만이 심각한 자살시도가 발생한다. 반복적인 자해는 고통의 내성 증가와 더불어 죽음에 대한 공포 감소를 통해 자살능력을 증가시킨다고 할 수 있다. 또한, 자살로 사망한 청소년은 가족의 자살행동에 더 빈번하게 노출되었다고 보고된 바 있는데, 이 역시 대인관계이론의 자살능력의 증가 요인으로 간주될 수 있다(한국자살예방협회, 2009).

아동, 청소년과 청년에서 자살의 심리사회적 위험요인을 세 가지 영역으로 구분하고, 각각의 요인이 자살에 미치는 영향을 만성배경 요인(chronic background factors) 70%, 급성 요인(acute factors) 62%, 자살의 직접적 예측 요인(predictive factors)은 30%로 확인하였다(조홍식, 2015). 이 중 만성배경 요인에는 가족해체 등 가족구조 혼란, 가까운 친척의 정신질환, 학대, 가족 내 자살행동, 사회적 고립, 약물, 알코올 및 정신질환이 포함되며, 급성 요인에는 가족 갈등, 학교에서의 어려움, 또래 그룹 내에서의 문제, 연인 관계의 다툼 및 기타 사항이 포함된다. 자살의 직접적 예측 요인으로는 자살생각, 이전의 자살경고, 과거의 자살시도, 현재의 자살경고가 있다.

최근에 우리나라에서 해마다 스스로 자기 생명을 끊는 사람이 늘고 있다. 지난 한 해 자살한 초 · 중 · 고등학생이 전년보다 47% 늘어 무려 202명이나 된다는 통계는 우리 사회에 적지 않은 충격을 준다(한국프레스센터, 1010). 특히, 우리나라의 사춘기 또는 청년기에 있는 젊은 사람이 자살하는 수는 세계적으로도 높은 비율에 속한다. 한국은 OECD 회원국 중 자살률이 가장 높아 '자살 공화국'이라는 불명예를 갖고 있는 상황이다. 미래를 이끌 청소년의 자살이 급증하는 데에 우려가 커지고 있다. 청소년의 자살은 개인, 가정의 문제로만 돌릴 수 없는 상황이다. 이제는 가정과 학교, 사회 구성원이 머리를 맞대고 근본적이고 총체적인 대책을 세워야 할 때이다.

최근에 일어난 청소년 자살의 많은 원인을 학교, 또는 학급에서 야기된 집단 따돌림에서 찾을 수 있다. 그러므로 학교 당국뿐만 아니라 부모는 자녀의 학교생활에 주의를 가져야 한다. 실제로 학교에서 일어나는 따돌림은 빨리 대책을 강구하지 않으면 안 되는 문제임에는 틀림이 없다. 그러나 '따돌림은 곧 자살'이라는 너무나 단순화된 도식에서는 사춘기 자살의 본질을 오해할 수 있는 소지가 많다. 여기에서는 중학생, 고등학생과 같은 사춘기 자살의 위험을 정확하게 파악하는 것에 초점을 맞추고자 한다. 특히, 일반 사람이 청소년 자살에 대해 생각해 보아야 할 점을 논의하고자 한다.

04 자살에 대한 일반적인 오해

자살에 대해서는 많은 오해가 있는데 그중 전형적인 예를 아래에서 몇 가지 들고자 한다.

"자살한다."라고 하는 사람은 정말로 자살을 하지 않는다.

이것은 매우 널리 믿고 있는 오해이다. 그러나 자살자의 80~90%는 실제로 행동으로 옮기기 전에 타인에게 어떤 사인을 보내거나, 명확하게 자살을 입으로 표현한다. 따라서 자살을 입에 담는 사람은 실제로 자살하는 가능성이 크다고 생각해야 한다.

◎ 자살의 위험이 큰 사람은 죽을 각오가 확고하다.

자살의 위험이 큰 사람은 생과 죽음 사이에서 격렬한 마음이 동요하고 있는 것이 사실이다. 이것은 특히 사춘기에 해당한다. 자살을 생각하는 사람은 최후까지 죽고 싶다는 마음과 동시에 고통에서 벗어나 살고 싶다는 마음이 강하다. 자살위험이 큰 사람은 절망감에서 죽고 싶다고 하는 마음이 강할 뿐만 아니라 살고 싶은 마음도 동시에 강한 것이 사실이다.

◎ 자살에 대해서 이야기하는 것은 위험하다. 자살을 화제로 삼으면 그 위험이 없는 사람까지도 자살하고 싶은 마음을 느끼게 된다.

'자고 있는 아이를 깨운다.'는 것이 되지 않을까 하는 걱정을 가끔 듣는다. 그러나 이것은 정말 기우에 지나지 않는다. 자살을 화제로 삼았다고 해서 자살의 생각을 심어 주는 것은 아니다. 진지하게 화제로 삼는다면 자살에 대해서 솔직하게 이야기를 나누는 기회를 얻는 것 이외에도 오히려 자살의 위험에 빠지지 않게 된다. 다만 발달상 특징에서 볼 때, 반드시 언어로 자신의 기분을 충분하게 표현할 수 있는 사춘기 아이만이 있는 것이 아니라는 사실을 염두에 두고 비언어적인 면에 나타난 변화도 충분히 주의해야 한다.

◎ 자살의 위험이 큰 사람은 유별나게 전형적인 유형(타입)을 보인다.

어떠한 인간이라도 자살의 위험이 클 가능성이 있다. 또 자살에 이르기까지 긴 과정이 있다. 자살위험이 큰 사람으로 절대적인 유형 같은 것은 존재하지 않을 뿐 아니라 단 한 가지 원인만으로 모든 것을 설명할 수 있을 정도로 단순하지 않다.

◎ 자살은 돌연히 일어나고 예측 불가능한 것이다.

최근에 일어난 일이 돌연히 자살을 일으키게 한 것처럼 보이는 경우가 분명히 있다. 그러나 실제로는 자살에 이르기까지 긴 과정이 있는 것이 보통이다. 예를 들어, 실연이 계기가 되어 자살을 기도한 것처럼 보이는 사람의 경우에도 본래 낮은 자존심이나 절망감 등이 있었지만, 연인과의 관계가 잘 안되었거나, 실연으로 인한 절망감이 깊어 자살기도에 이른 것으로 해석하는 경우가 있다. 얼핏 보기에는 최근의 사건이 원인인 것처럼 보이지만 그것은 계기에 지나지 않고 일반적으로 문제는 그 사람의 일생에 관련되는 뿌리 깊은 것인지도 모른다. 자살의 동기는 심각한 것으로 장기간에 걸쳐서 이루어진 것으로 보아야 하는 경우가 많다.

이상과 같은 오해가 일반적으로 퍼져 있다. 우선 자살을 정확하게 이해하기 위해서는 양가성 감정(兩價性, ambivalence)이란 개념을 이해하는 것이 중요하다. 자살하려는 사람일수록 자살의 결심이 확고한 것처럼 보여도 오히려 죽고 싶은 마음과 동시에 구원의 손을 내밀어 무엇인가 살고 싶어 하는 마음이 강하게 작용한다. 자살을 생각하고 있는 청소년도 죽고 싶은 기분과 살고 싶은 기분 사이에 격렬하게 동요하고 있는 것이다.

성인의 눈으로 본다면 아주 시시한 문제를 어린이는 매우 심각하게 받아들여 고민하고 있는 경우가 흔히 있다. 이처럼 어린이는 시야가 매우 좁아 넓은 시점에서 문제를 볼 수 없다는 것을 우선 이해하지 않으면 안 된다. 그들은 자신이 품고 있는 고민이 영원히 계속되어 합리적인 해결법을 생각하지 못하고 유일한 해결이 자살이라고 굳게 믿는 것이다.

그러므로 자살의 위험이 큰 사춘기의 젊은이에 대해서 다음과 같은 일관된 자세로 대응하는 것이 기본임을 주의할 필요가 있다.

- 우선 열심히 호소에 귀를 열고 진지하게 고민을 이해하려고 하는 자세를 가진다.
- 자살의 화제를 피하거나 다른 화제로 바꾸려고 해서는 안 된다.
- 성급하게 사회적인 가치관을 주입하려고 하거나 비판적인 태도를 취하지 않는다.
- 충분한 신뢰관계가 이루진 후에 (자살 이외의 다른) 해결수단을 제시한다.
- 필요하다면 전문가의 조언이나 치료를 요청하도록 조언한다.

05 자살의 위험요인

"어떠한 아이에게 자살의 위험이 있는가?", "자살의 전형적인 예를 들어 보세요." 라는 질문이 많다. 그러나 모든 예에 딱 들어맞는 유일한 모델은 당연히 존재하지 않는다. 그러나 다음과 같은 요인을 수많이 인정할 수 있는 경우에는 일반적으로 자살의 위험이 크다고 판단할 수 있다.

1) 자살미수경험

자살을 시도한 적이 있는 경우에는 앞으로도 같은 행동을 반복하여 실제로 생명을 잃어버릴 위험이 크다고 판단할 필요가 있다. 수면제와 같은 약을 복용하거나, 동맥을 자르는 등의 죽는 것에 곧바로 직결되지는 않더라도 자해 행위(自害行爲)에 대해서는 엄중한 주의가 필요하다.

특히, 자살시도를 해 봤거나 하려는 대상을 특별관리하는 일이 필요하다. 자살을 구체적으로 시도해 보았다는 것은 일반교사나 상담교사의 통제권을 벗어났다는 뜻이다. 따라서 한 번이라도 자살을 시도해 본 학생은 병원으로 인계할 수 있도록 시스템화하고, 이들이 학교로 돌아왔을 때는 이들을 도와줄 수 있는 위기지원팀을 구성해야 할 것이다.

2) 정신질환병력

우울병(불면증, 식욕 부진, 체중 감소, 능률의 저하, 불안, 초조감 등), 정신분열병, 적응장애 등의 정신질환 병력은 자살의 위험요인이라 할 수 있다.

3) 약물 남용

신나, 알코올, 각성제, 수면제 등의 약물 남용은 없는지 잘 살펴야 한다. 약물남용은 자살의 위험요인이라 할 수 있다.

4) 신체적인 핸디캡

적응에 지장을 초래하는 신체적 핸디캡은 없는가? 그리고 어린이 자신이 그것을 어떻게 생각하고 있는가? 이처럼 청소년의 신체적인 핸디캡은 자살의 위험요인이라 할 수 있다.

5) 성격적인 면의 특징

자존심이 극단적으로 낮거나 절망감이 높은 경우 당연히 자살의 위험이 큰 것에 주의할 필요가 있다. 그러나 '백 점을 받지 못하면 영점과 같다.', '검은 것인가 흰 것인가?'와 같이 극단적으로 이분법적인 사고를 하는 사춘기 청소년도 스트레스에 휩싸일 때는 자살에 몰릴 위험이 있다. 또한, 반사회적인 경향을 나타내고 문제아로 취급받는 아이 가운데 실로 그 배경에 마음의 문제를 품고 있는 아이가 있는 경우가 있다. 이런 아이도 자살의 위험성이 크다. 존중받는 아이가 자신을 아낄 줄 안다.

6) 정신적 외상(外傷)체험, 상실체험

실제로 해결하기 힘든 어려운 문제를 품고 있는 경우뿐만 아니라 그 체험을 각자가 어떻게 주관적으로 받아들이고 있는가 하는 점도 문제가 된다. 이와 같은 체험은 어린이마다 받아들이는 의미가 다르다. 그러므로 한 사람 한 사람이 그러한 체험을 어떻게 받아들이고 있는가를 이해할 필요가 있다. 부모나 형제, 친한 친구를 잃은 경우, 청소년은 죽고 싶을 정도의 마음의 상처를 입는다. 죽음의 경우뿐 아니라 이별, 부모의 이혼이나 별거도 이러한 자살에 중요한 촉발 요인이 된다. 따라서 상실과 이별을 경험하는 청소년을 잘 지켜보아야 한다.

7) 사회적 고립

주위로부터 충분한 원조를 얻을 수 없는 상황에 놓여 자살만이 유일한 해결수단이라고 어린이가 받아들이고 있는 것이 아닌가? 라는 사회적 고립을 느낄 때 이 또한 자살의 위험요인이라 할 수 있다.

8) 가정 내의 문제

부부 갈등이나 경제적 어려움으로 인해 부모로부터 잘 보살핌을 받지 못하거나, 반대로 지나친 기대와 엄격한 기준으로 인해 부담과 스트레스를 받는 경우가 많다. 부모의 이혼, 질병, 범죄 행위, 성적 · 육체적 학대, 훈육에 대한 부모의 태도가 극단적으로 불일치하는 경우 등이 그 예이다. 어린이의 문제가 실은 가족 전체가 품고 있는 문제를 반영하고 있는 경우가 흔히 있다. “자살의 위험이 큰 아이의 배후에는 자살의 위험이 큰 부모가 있다.”라는 말의 의미를 생각해 볼 필요가 있다. 그 반대로 “자살의 위험이 큰 부모의 배후에는 자살의 위험이 큰 아이가 있다.”라고 임상장면에서는 때때로 지적한다.

9) 가족이나 친구의 죽음(특히 사고사(事故死)나 자살)

사춘기에는 중요한 관계가 있었던 사람의 자살이나 사고사가 청소년의 자살을 일으키는 큰 위험요인이 된다.

10) 사고경향(accident proneness)

어린이는 성장해 감과 동시에 자신의 몸에 부딪히는 위험을 회피하는 능력을 획득해 간다. 따라서 본래는 막을 수 있을 사고를 반복하거나, 의학적인 조언을 무시하거나, 감히 위험한 행위에 이르는 특징을 갖고 있다. 이러한 특징을 주의한다면 잠재적인 자살의 위험이 모습을 바꾸어가면서 나타날 가능성이 언제나 있음을 주의해야 할 필요가 있다.

06 자살경계의 징후

자살에 앞서 다음과 같은 징후가 가끔 보인다. 앞서 언급한 자살의 위험요소가 많이 나타나고 잠재적으로 자살 경향이 높은 것으로 판단된 어린이와 청소년에게서는 다음과 같은 경계 징후로서 나타나는 언동의 변화에 주의해야 한다. 특히, 어린아이의 경우에는 언어로 설명하는 것이 반드시 좋다고만 할 수 없기 때문에 태도에 나타나는 미묘한 신호를 주의 깊게 살펴보아야 할 필요가 있다.

1) 오랫동안 우울증을 동반하는 경우

평소에도 여러 가지 원인으로 우울증을 보인 청소년에 대해서는 지속적으로 관심을 가지고 관찰할 필요가 있다.

(1) 자살을 표현한다.

많은 청소년은 직접적 혹은 간접적으로 자살계획을 알린다. 예를 들어, "어딘가 멀리 가고 싶다.", "알고 있는 사람이 없는 곳에 가고 싶다.", "밤에 자면 그대로 잠에 빠져 아침이 되어도 깨지 않으면 좋겠다.", "나 다음 주 월요일이면 이미 죽어 있을 거야." 등의 말로 자살을 의미하는 마음을 나타내는 수가 있다. 간접적인 경우에는 "이 세상은 내가 없어지면 더 좋아질 거야.", "때로 나는 다 끝났으면 좋겠다는 생각을 해." 등으로 표현하기도 한다. 물론 분명하게 말로 "죽고 싶다."라고 하는 경우는 매우 위험하다. 또한, 자살하는 장소를 미리 살펴보러 가기도 한다.

(2) 실제로 자해 행위를 한다.

약을 복용한다거나, 칼로 손목을 긋는다거나, 실제로 죽을 위험이 없는 것으로 생각되는 자해 행위도 무시하지 않고, 진지하게 받아들인다. 여기까지 오게 되면 자살의 위험은 한층 긴급한 것으로 판단하여야 한다.

(3) 결별을 준비한다.

중요한 물건을 친구에게 보내거나 일기 또는 편지, 사진을 처분하거나 빌린 물건을 되돌려 주는 등의 행동은 자살 직전의 행위인 것으로 보아야 한다.

(4) 과도하게 위험한 행위를 한다.

최근에 중대한 사고로 연결되는 것 같은 행동을 반복하고 있지 않은지 살펴야 한다. 잠재적인 자살의 원망을 본인도 자각하고 있지 않는 경우가 가끔 있기 때문에 본인이 자살을 부정했다고 해서 자살의 위험이 없다고 판단해서는 안 된다.

(5) 알코올이나 약물의 남용이 눈에 띈다.

갑자기 음주의 양과 빈도가 늘어나거나, 약물에 의존하는 일이 자주 일어난다면 자살의 징후로 의심을 가질 필요가 있다.

(6) 갑작스러운 태도의 변화

최근과 다른 변화들이 미묘하게 등장하는 경우인데, 특히 다음과 같은 모양으로 태도의 변화가 눈에 띄는 경우가 있다.

- 지금까지 관심이 있었던 것에 흥미를 상실한다. 자신의 물건을 나누어 주는 등 평상시와 다른 행동을 보인다.
- 친구들과 사귐을 그만두고 혼자 있게 된다. 관계의 고립이다. 또래에 의한 고립(왕따)이 되기도 하지만, 스스로 또래로부터 고립을 자처하기도 한다. 왜냐하면, 자살을 하려는 청소년은 자살의 직접적인 시도 이전에 자해를 하게 되는데 이를 은폐하기 위해 고립을 자처하는 것이다.
- 주의를 집중할 수 없다.
- 과제를 달성할 수 없다.

- 학교의 성적이 갑자기 떨어진다. 학습의욕이 현저히 떨어지기도 한다. 무기력에 빠져 수업시간에 많이 졸게 된다. 이는 곧 학업성적의 하락을 불러오고 자살로 이어지는 경우가 많다.
- 학교에 가지 않는다(학교에 잘 다니던 아이가 결석을 하거나 낙제를 하는 경우, 학교에 가지 않으려고 하는 경우).
- 불안이나 초조감이 증대되고 안정감을 잃는다.
- 기분이 쉽게 변한다.
- 무엇인가 그만두려는 태도가 눈에 띈다.
- 자기보다 어린아이나 동물을 학대한다.
- 자살에 사로잡힌다. 자살에 대한 문장을 쓰거나 자살자를 그림으로 그린다.
- 불면, 식욕 부진, 갑작스러운 체중 변화가 일어난다(잘 먹는 사람이 안 먹거나, 안 먹던 사람이 폭식을 하는 경우).
- 주변의 물건을 정리하지 않는다.
- 두통, 복통, 미열, 변비, 설사, 권태감, 불면 등의 다양한 신체의 불편을 호소한다.

이상으로 언급한 신호를 하나로 정리하면 사춘기에 흔히 나타나는 행동일 수 있다. 그러나 어디까지나 종합적으로 판단하는 것이 중요하며, 그 위에 자살의 위험이 많은 것으로 판단되면 곧 전문가의 의견을 구하도록 한다. 자살의 위험에 관해 과소평가하는 것은 과대평가하는 것 이상으로 심각한 사태를 초래할 수 있음을 결코 잊어서는 안 된다.

07 어떻게 도와줄 것인가?

그러면 실제로 자살의 위험이 큰 것으로 판단된 경우에 어떻게 도움을 줄 수 있을 것인가? 몇 가지 원칙을 다음과 같이 제시할 수 있다.

1) 일방적인 비판이나 격려를 하지 않고 호소를 진지하게 듣는다.

청소년은 '어른들은 자신이 하고 싶은 말을 들으려 하지 않는다.'는 불만을 가지고 있다. 어린이가 죽음을 나타내면 어른들은 불안해진다. 그리고 어른들은 곧 문제에 대한 조언을 하려고 하거나, 일반적인 가치관('생명을 귀중히 여겨야 한다.', '강하게 살지 않으면 안 된다.' 등)을 주입하려고 하거나, 해결 방법을 제시하려 들고, 열심히 격려하기도 하고 또는 곧 자살에서 화제를 바꾸려고 하기 쉽다.

그러나 이러한 것이 오히려 어린이와 청소년의 마음을 닫게 만든다. 도움을 주려는 성인은 우선 허심탄회하게 청소년의 호소를 들으려고 하는 태도를 보여주도록 한다. 정말로 걱정하고 있는 태도를 보이고 호소에 귀를 기울이는 것이 무엇보다 먼저 해야 할 일이다. 그리고 언어로는 표현하지 않았던 배후에 있는 감정에 초점을 맞추고 "죽는 것이 낫다.", "더 이상 참을 수 없다.", "나 같은 것은 없는 것이 모든 사람에게 행복이다.", "살아서는 무엇 하나 좋은 것이 없다."와 같은 말에는 특히 주의해야 할 필요가 있다.

2) 자살의 위험을 평가한다.

자살에 대해서 이야기를 시작한다면 다음과 같은 점에 주의하여 자살이 실제로 일어날 위험이 어느 정도인가를 판정한다.

① 자살을 준비하고 있는 방법이 어느 정도로 실제로 위험한가? 예를 들어, 약을 준비하고 있는가, 또는 어떤 방법을 생각하고 있는가?

② 그 방법은 간단하게 입수할 수 있는 것인가? 가정에서 쉽게 구할 수 있는 것인가? 혹은 특별한 방법으로만 구할 수 있는 것인가?

③ 언제 실행하려고 하는가? 지금 당장에라도 실행할 것을 생각하고 있는가? 아니면 무엇인가의 기념일에 자살할 것을 생각하고 있는가?

④ 자살행위가 누군가에게로 향한 메시지를 담고 있는 것인가? 특별한 관계가 있었던 사람으로 이미 죽은 사람과의 재회를 생각하고 있는가? 아니면 주위의 사람들에 대한 복수인가?

3) 가정 기능을 회복하도록 한다.

사회가 각박하고 경쟁이 치열해질수록 가정이 갖는 안식처의 기능이 더욱 중요하고 부모로부터 받는 정서적 · 교육적 · 실천적 지원이 필요하다. 하지만 현실은 다르다. 부모는 고작 교육비를 대고 진학을 위한 매니저 역할에 치중하고 있다. 아이의 어려움과 고통을 어루만지고 기운을 북돋워 다시 사회로 내보내는 쉼터의 역할을 충분히 감당하지 못하고 있다는 문제가 있다.

부모는 아이가 부족함을 보이더라도 화를 내기보다는 같이 이해하고 기뻐해 주는 정서적 지원자로서의 역할을 잘해야 한다. 또한, 평소에 말이나 행동 면에서 아이가 스스로 존중받고 있다고 느끼도록 키우는 것이 중요하다. 자살에 대한 이야기를 진지하게 나누는 것이 자살을 실행으로 옮기게 하는 계기가 되지 않는다. 오히려 자살에 대해 이야기하는 것조차 피하거나, 어른의 가치관을 억지로 주입하려고 하는 것이 위험한 것이다.

4) 학교 상담실이 활성화될 필요가 있다.

대부분의 학교는 학생이 수업시간에 상담실을 이용하는 것을 허용하기 꺼리는 경향이 있다. 하지만 자살하려는 학생이 누군가에게 도움을 요청하는 것은 무엇보다 긴급한 일이다. 그러므로 수업시간에도 도움이 필요한 학생이 상담실을 자유롭게 활용할 수 있도록 하는 일이 필요하다.

5) 구체적으로 도움을 요청한다.

당연한 일이지만 누군가가 죽으려고 생각하는 것을 비밀로 해서는 안 된다. 자살의 위험이 크다고 판단되면 적절한 원조를 요청할 필요가 있다. 결코, 어린이를 홀로 두지 않아야 한다. 절절한 원조를 받기에 이르기까지는 반드시 함께 있도록 해야 한다. 그리고 다음과 같은 곳에 원조를 구하도록 한다.

- 부모, 가족, 친구
- 교사, 양호교사, 아동상담소
- 전화상담
- 경찰
- 병원

단순한 적응장해의 상태에서 자살행동에 이를 뿐만 아니라 아동기 후반부터 사춘기에 이르면서 성인과 같은 우울병 증상을 나타내는 어린이도 있다. 이러한 경우, 자살의 위험을 줄이기 위해서는 정신의학의 전문적인 치료가 필요하다. 그런데 이때 어린이만을 치료한다면 별다른 효과를 보지 못하는 경우도 흔히 있다. 가족 전체를 치료대상으로 할 때 비로소 어린이의 자살의 문제의 배후에 있는 가족의 병리가 분명하게 드러나는 경우도 적지 않다. 이와 같이 사춘기 청소년의 자살을 예방하기 위해서는 그들의 주위에 있는 성인들이 민감하게 '구원을 요청하는 부르짖음'에 귀를 기울일 필요가 있다.

6) 자살예방교육이 필요하다.

최근 여러 나라의 많은 중 · 고등학교에서 학생, 부모, 교사를 대상으로 한 자살예방교육을 시작하고 있다. 미국에서는 지역에서 자살자가 나온 경우, 연쇄적인 자살을 방지하기 위한 안내서를 방역센터(The Center for Disease Control)에 준비해 두고 있는 실정이다.

앞서 논의한 바와 같이 학교에서의 따돌림 문제에 대해서 긴급하게 대책을 세우는 것에 대한 이론은 없으나, 청소년의 자살이 따돌림만으로 설명할 수 있는 현상은 아니라는 것을 잊지 말아야 할 것이다. 이렇게도 심각한 문제를 복합적인 관점에서 다루어 대처법(對處法)을 생각하지 않으면 또 이와 같은 문제가 반복될 가능성은 얼마든지 크다는 사실을 명심해야 한다.

자살의 원인은 수많은 요인으로 이루어져 있기 때문에 단 한 두 가지의 원인으로 모두를 설명하려고 하면 본질을 벗어나는 위험이 있을 수 있다. 여기에서는 특히 사춘기에 있는 청소년의 자살에 초점을 맞추어 자살에 대한 일반적인 오해, 자살의 위험요인, 자살 직전의 경계 징후, 개입의 원칙 등을 중심으로 살펴보았다.

08 자살문제와 인간적인 만남

1) 공허한 가치관에 의한 설득

어느 날 '생명의 전화'에 자살을 원하는 한 젊은이가 아주 격한 감정으로 "생명의 전화, 좋아하네. 무슨 설교하는 거야? 도대체 생명이란 뭐요?"라며 희롱조의 전화를 걸어왔다. "생명의 의미란 무엇이며, 삶의 가치, 그 가치란 것이 있다면 보여 달라."는 것이다. 자살문제가 아니라도 이러한 종류의 전화는 흔히 있다.

이러한 경우, 상담원이 자기 자신의 삶의 의미나 가치를 흔히 하듯이 생명론 등을 들어 말한다면 "당신은 관계없어!"라고 대답할 것이고, 주요한 의미가 없다는 식으로 말한다면 "상담원이란 사람이 그렇게 말해?"라고 쏘아붙일 것이다. 전화해 온 사람이 비관론자가 아니라고 해도 자기 나름으로는 인생관을 갖고 있을 것이 틀림없다. 이 경우, 상담원은 별로 대응하지 않고 상대의 이야기를 듣는 것이 무난할 것이다. 그러면 상대는 신이 나서 그 나름의 생명철학을 이야기하는 수가 있다. 자살방지는 설득력이 없고 우선 상대의 이야기를 듣는 것으로부터 시작하지 않으면 안 된다.

자살을 원하고 있는 사람이라도 자기가 좋아서 자살의 길을 선택하려고 한 것은 아니다. '역시 죽지 않으면 안 된다.'와 동시에 '죽어서 어쩌자는 것인가?' 하는 소리가 들리고, 마음이 흔들리는 것은 사실이다. 그러나 그들은 자살 이외에는 다른 방법이 없다고 생각한 것이다. 그러므로 자살의 금지를 단지 도덕론으로 설교를 한다는 것은 공허한 것이다.

1970년대까지 영국의 잉글랜드에서는 자살에 대한 법적 처벌이 있었다. 그러나 그러한 법률이 없는 스코틀랜드에 비해 두 배 이상의 자살률을 갖고 있었다. 법률로 처벌한다면 확실하게 죽는 방법을 선택할 뿐, 자살문제는 단순한 금지령으로 해결되는 것이 아니다.

오늘의 자살론은 사변적인 철학이나 도덕론을 피하고 자살방지의 방법도 과학적이고 실증적인 연구에 의해 논의된다고 하지만 자살문제가 모든 것을 논하는 것은 아니기 때문에 '죽어서는 안 된다.'라는 금지의 배후에 있는 자살자의 양면적인 심리(ambivalence)에 대해 잠시 고찰하고자 한다.

흔히 말하듯이 나이가 많은 사람의 자살수단은 치명도가 높은 것이 선택되는 경향이 있지만, 젊은이의 자살수단은 수면제 또는 물에 뛰어드는 것과 같은 약간 망설이는 방법을 택하여 미수에 그치는 경우가 많다. 물론 요즈음 아동이나 청소년이 옥상에서 투신하는 것과 같은 극히 충동적인 자살이 많은 것도 사실이다. 그러나 대개 젊은이의 자살은 헤매는 것으로 양면적인 심리가 작용하고 있다. 그러한 심리적 결과로 '생명의 전화'로 발걸음을 돌리게 되는 경우도 많다. 여기에 젊은이의 자살방지의 가능성이 있는 것이다.

그러면 '살아야 하는가, 죽어야 하는가?'하는 마음이 흔들리는 사람의 질문에 어떻게 대응하면 좋을까? 상식이나 기성의 가치관에 의한 설득으로는 곤란하다고 모든 사람이 말한다면 카운슬링이나 치료로는 어찌할 수도 없는 것이다.

자살의 위기를 눈앞에 둘 때, 가치관에 의한 설득이나 권면이 얼마나 공허한 것인가를 조금이라도 자살문제를 가져 본 사람은 누구나 체험한 바가 있을 것이다.

자살문제로 고민하는 사람은 신이라든가 인생의 의미와 같은 자신을 초월하는 가치관을 무시하고 부정하려고 한다. 비록 부정하지 않는다고 하더라도 위기에 임해서는 가치관이 기능을 발휘하지 못하는 것이다.

그런데 제아무리 면밀한 카운슬링이나 정신치료가 행해지거나, 의사나 카운슬러가 양심적이고 성실했다고 하더라도 자살문제를 완전히 방지할 수 있는 것이 아니다. 여기에 자살문제의 어려움이 있는 것이다.

2) 병든 마음을 구하는 인간과의 만남

다음은 언제인가 생명의 전화에 "죽고 싶다."라는 전화를 한 젊은 여성의 이야기이다. 그녀는 자살하고 싶은 생각이 많고 매우 위중한 정서적 문제가 있는 사람이었다. 특히, 정신장해가 있는 것으로 생각되지는 않았지만, 그 전화를 받은 상담원은 이 분야에서는 비전문가라고 하는 무력감을 항상 느끼고 있으면서 끝까지 이 전화를 받았다.

상담원의 대응이 그녀에게 특정한 가치관을 주입시키려는 것은 물론 아니었지만, 처음으로 부딪친 경험이었기 때문에 처음에는 카운슬링적인 대응을 하려고 하였다. 그러나 도중에 상담원 자신의 경험이나 다양한 인생훈계를 동원하고 마침내는 죽으면 가족이 슬퍼한다고 감정에 호소를 하였다. 그 후, 생명의 전화 권면으로 정신과의 치료를 받게 되었고 마침내 퇴원하게 되었을 때 다음과 같은 편지를 보내왔다.

> 전화 저쪽에 있는 분은 열심히 살지 않으면 안 된다, 자살은 결코 허용할 수 없는 것이라고 말했지만 내 마음에는 조금도 절실하게 닿지 않았습니다. 오히려 열심히 나의 일을 이해하려고 한 그분의 인간성, 그러한 사람이 한 사람이라도 이 세상에 있다고 하는 생각이 나에게 감동을 가져다주었습니다. 나의 마음이 빛을 발견한 것은 그때였습니다.

물론 이것으로 자살의 위기가 극복된 것은 아니다. 전문가에 의한 치료가 필요할 것이고 그녀의 대학 카운슬러나 친구들의 정신적인 지원이 없었다면 홀로 설 수가 없을 것이다. 그러나 그녀가 마음의 위기 속에서 이를 극복할 수 있는 계기가 된 것은 도대체 무엇이었을까? 그것은 단순한 치료기술이 아니었으며, 그렇다고 해서 그때의 가치관도 아니었다. 감히 말한다면 위기의 시기에 마음의 지원이 있었다는 것이었다.

자살방지란 치료와 병행하여 살아가는 것에 대한 질문을 던지는 것이며, 살아간다는 것은 때로 말도 되지 않는 지극히 불합리한 것이다. 그러므로 자살을 방지한다는 것은 종교로 접근하든 정신치료로 접근하든 위기에 있는 사람의 불합리로 생각되는 가치관이라든가, 살아있는 상대를 중요하게 여기는 마음가짐에서 시작하지 않으면 안 된다. 종교적으로 자살행위를 단죄하더라도 자살을 막을 수는 없다.

또한, 치료자는 위기에 있는 사람의 종교 또는 가치관을 비록 그것이 병적인 것이라고 할지언정 존중하지 않으면 자살을 방지할 수 없다. 병든 마음은 자신을 방어하기 위해 무기로써 그것을 거창하게 위장하는 것이기 때문에 자살을 희망하는 자에게서 그의 가치관 그 자체를 내어버린다면 그 자신 본래의 모습이 없어질 것이다.

그렇다고 해도 역시 자살문제를 가진 젊은이의 양면적 심리나 행동은 주위에 있는 사람을 당혹스럽게 하고 피곤하게 한다. 그러다가 그 사람을 상대하지 않게 된다. 그렇기 때문에 그들도 그 안절부절못하는 고립무원 속에서 생명의 전화 등에 호소해 오는 것이리라. 앞에서 소개한 것처럼 공격적인 음성이 되는 것도 그러한 특징적인 심리의 한 단면이다.

자살문제를 가진 사람에 있어서 죽고 싶다는 감정이 진실이지만, 다른 한편으로 살고 싶다고 하는 기분 역시 사실이다. 즉, 이것이냐 저것이냐고 헤매는 양면적인 감정은 그야말로 '구원을 요청하는 절규'인 셈이다. 양면적으로 흔들리는 감정은 하찮은 것으로도 상처를 받고 자살충동에 휘말리기 쉽다. '자살을 해서는 안 된다, 살지 않으면 안 된다.'고 하는 계명은 전달하는 방식에 따라 자살지원자를 더욱더 절망시키는 것이 된다.

자살지원자에게 중요하게 작용하는 것은 위기를 도와주는 사람과 자신의 건강한 사생관(死生觀)이며, 살아가는 자세 그것이라고 말할 수 있다. 삶의 의미는 설명해서 알 수 있는 것이 아니라 인간의 만남을 통해 느끼는 것이기 때문이다.

06 CHAPTER

중년의 자살

중년에 이르는 사람은 청소년기와 유사한 사회적 역할의 변화를 경험하게 된다. 이러한 변화는 적응이라는 과정에서 다양한 스트레스를 유발한다. 가정에서는 결혼, 별거, 이혼과 함께 성장하는 자녀와의 문제를 비롯하여 고령의 부모 문제에도 직면하게 된다. 사회적으로는 취직, 전근, 승진, 실업과 같은 문제와 신체적 · 정신적 질병의 문제도 큰 스트레스로 작용한다. 이 연령에서는 자신의 감정과 의사 표현 역시 억압당하고, 문제가 발생할 경우에도 내부귀인을 하는 경우가 많다(高橋祥友, 1997).

성인기는 20세부터 64세의 사람을 일컫는 폭넓은 기간이다. 성인기의 넓은 범위를 다음과 같이 젊은 성인기(20~34세), 중년의 성인기(35~54세), 중장년 성인기(55~65세) 3단계로 나누고 각 연령군의 위험요인을 개괄해 보고자 한다.

성인기는 많은 사람에게 있어 자살의 중요한 위험의 시기를 보여 준다. 한국 청소년의 사망원인 1위가 자살이며, 이러한 경향은 젊은 성인기까지 계속되어 34세가 지나도록 여전히 사망원인 1위가 된다.

34세가 되는 성인기는 전체적으로 높은 사망률을 보이지 않는다(어린 시절 흔한 위험요인은 사라지고 다른 많은 사망원인은 아직 치명적이 되지 않는다). 젊은 성인기와 중년의 성인기는 자살 관련 논문에서 중요하게 연구되어 오지 않았고, 더 젊은 인구나 노년 인구와 비교해서 이 나이군의 자살에 대해서 거의 알지 못하고 있다. 일반적으로 이 시기는 정착의 시기이고, 결혼하여 짝을 맺으며, 경력을 쌓고, 자녀를 가지며, 일반적인 성인의 책임감을 더해가는 시기이다. 비록 이러한 발달상의 많은 이정표(milestones)는 즐거운 시간으로 나타나지만, 추가된 스트레스 요인에 짓눌린다. 대응기제가 잘 발달하지 못한 사람은 성인 수준의 책임감을 잘 준비하지 못하고 그들 자신이 특별한 위험에 있음을 알게 된다.

01 성인의 자살 특징

1) 성인의 발달상 특징과 자살

(1) 젊은 성인기(20~34세)

젊은 성인의 자살률은 10만 명당 약 17.7명이 된다. 젊은 남자 성인은 젊은 여자 성인에 비해 약 4~5배 정도 높은 자살을 한다. 이 나이군의 25% 정도만 자살시도 후 의학적인 치료를 받고 있다.

이러한 추적 치료가 적다는 것은 젊은 성인은 의학적으로 가장 심각하고 강력하고 치명적인 자살을 시도한다는 것에 대한 중요한 증거가 된다. 발달학적으로 젊은 성인(20~34세)은 청소년기에 자아정체감을 성취하였고 삶의 과제에 큰 도전과 역동적인 의미로 마주친다. 이러한 것 중 가장 중요한 것은 친밀감을 형성하고 경력이나 직업을 찾는 것이다. Havighurst(1972)는 젊은 성인이 이루어야 할 몇 가지 중요한 과제를 다음과 같이 이야기하였다.

- 잘 맞는 파트너와 정서적 · 신체적으로 친밀감 형성하기
- 배우자와 행복하게 사는 법 배우기
- 일과 경력을 통해 경제적으로 자족하는 것을 만들기
- 부모로서 자녀 양육에 관한 이슈에 집중하기
- 집안 관리에 관한 책임감 느끼기
- 시민으로서의 책임감을 느끼고 사회에 참여하기
- 삶의 목표를 세우고 자신의 일과 경력에 열정 가지기

젊은 성인기에 반드시 성취해야 할 주어진 삶의 과제를 다 숙달하기에 많은 사람이 어려움에 봉착한다는 것은 놀라운 일이 아니다. 그들은 자신을 좀 더 성공한 동료나, 아니면 이 나이에 자신이 '어디에 있어야 하는지'에 대한 자신의 내적 기대

와 비교하면서 큰 스트레스를 경험한다. 30세 전후로 젊은 성인은 자신의 삶을 재평가하고 자신의 처음 선택이 자신과 잘 맞지 않는다고 결정한다. 아마도 이것은 많은 수의 삶의 과제와 전환, 그에 뒤따르는 스트레스 때문일 것이다. 그들은 이혼하고, 학교로 돌아가고, 경력을 바꿀 것이다. 이러한 이유로 젊은 성인의 자살률은 청소년기보다 높고 전체 인구의 자살률보다 조금 높게 나온다. 결혼의 어려움, 이혼, 자녀가 있는 것 등은 젊은 성인남녀 모두에게 자살에 영향을 주는 중요한 요인이다. 남자에게 있어 결혼은 자살위험을 감소시키며, 이혼이나 별거는 자살위험을 의미 있게 증가시킨다. 우울증은 모든 성인에게 중요한 위험요인이지만, 특별히 젊은 성인에게서 만연하다. 젊은 여자 성인은 어느 나이군보다 우울증의 높은 빈도를 보인다.

(2) 중년의 성인기(35~54세)

중년 성인기의 발달과제를 요약하는 것은 어렵다. 이 나이의 아주 다양한 사람, 이 나이 범위에서 일어나는 다양한 일, 그리고 20세부터 죽을 때까지 넓은 범위 속에 '성인기'로 포함되어 발달학 논문에서 철저히 외면된 주제이기 때문이다. 그러나 일반적으로 중년의 성인기는 의미를 찾고, Erikson에 따르면 생산적이 된다는 것(자녀, 경력, 봉사를 통해서)과 반대로 정체가 되는 것으로 나타난다. 더 나아가 이 나이는 그들 자신의 신체적으로 장애가 늘어나는 것에 대해서 적응을 해야 한다. 자존감이 줄고 우울증이 증가하는데, 이것은 한때 자신이 할 수 있었던 일을 이제는 더 이상 이룰 수 없다는 현실을 알게 되기 때문이다. 그리고 유연성(신체적, 심리적, 정신활동 등)에 대한 새로운 요구는 경직된 인지기능과 정서적인 구조로서는 자신의 삶의 도전에 준비되지 않은 채로 남을지 모른다는 것을 의미한다.

Robert Peck은 중년 성인기의 4가지 주요 과제를 다음과 같이 제시하였다.

- 육체적 가치로부터 지혜의 가치로 이동(예전에 할 수 있었던 모든 것을 이제는 더 이상 다 할 수는 없다는 것을 알게 됨)
- 인간관계에 있어서 성적인 관계에서 사회적인 관계로 전환
- 사회적 관계에서 높은 적응력과 극단의 빈곤감
- 정신적인 유연성 대 정신적인 경직성의 갈등('우리의 방식'을 고집하지 않고 일을 함. 35~54세의 성인은 75세 이상의 남자를 제외하고는 가장 높은 자살률을 보임)

베이비 붐(Baby-Boom) 세대인 중장년기 성인은 최근에 매체의 이목을 끌고 있다. 앞의 발달학 연구에서 이 시기를 광의의 '생산성 대 정체기'로 불렀는데, 더 이상 보편적으로 적용되지 않는다.

이 나이의 사람은 젊은 자녀나 손주를 돌보고 있다. 그들은 학교로 돌아가고, 이성과 데이트하고, 새로운 사업을 시작하려고 한다. 베이비 붐 세대는 그 전 세대보다 큰 물질적인 성공을 이루었으며, 그 전 세대보다 더 높은 우울증을 보인다.

어떤 전문가들은 높은 성취는 높은 스트레스를 유발하고 이 스트레스가 우울증과 연관이 있다고 지적한다. 그러나 다른 전문가들은 일하는 곳에서 신체적인 건강이나 중요한 것을 생각하는 것의 감퇴가 우울증의 원인이 된다고 지적한다. 앞서 있었던 하나의 결론적인 생각은 이미 위험에 있는 사람을 포함한다. 이 개념은 'off-time'의 역할 전환에 초점을 맞추는데, 이것은 특별히 많은 사회적 관습이 나이군에 변화할 때 관계가 있다. 그 개념은 어떤 일이 발달학적으로 과정을 벗어났을 때(늦게 결혼을 한다든지, 배우자가 젊어서 죽었을 때, 일찍 은퇴하거나, 자녀가 먼저 죽었을 때 등) 정상적인 삶의 과정에서 동조되지 않아 고통스러워한다.

몇 개의 이러한 'off-time' 사건이 삶에서 발생할 때 그 사람의 삶의 역할은 혼란스럽게 되고, 결국 잘 적응하지 못하고 낮은 삶의 의욕 상태가 되어 이것이 자살의 위험요인이 된다. 이러한 'off-time' 전환이 중장년층 혹은 다른 연령군의 자살률에

어느 정도 영향을 주었는지 명확하지 않지만, 성인기의 사람과 일을 할 때 고려해야만 하는 발달상의 위험요인으로 가설이 되어 왔다.

2) 젊은 성인기와 중년기 자살의 위험

2001, 2005, 2011년에는 다음과 같은 자살률을 보였다.

〈표 6-1〉 자살률

	2001	2005	2011
20~24세	9.8	16.0	17.7
25~34세	13.3	20.2	30.3
35~44세	16.9	24.1	31.7
45~54세	21.6	32.2	38.0
55~64세	26.7	41.6	44.4

출처: 통계청(2001, 2005, 2011).

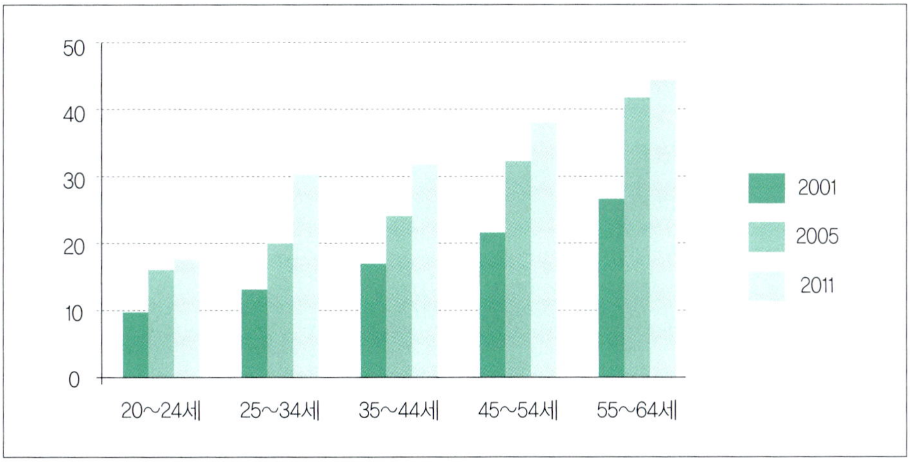

[그림 6-1] 자살률

출처: 통계청(2001, 2005, 2011).

- 성인 자살에 있어 여성이 시도를 많이 하고 남성이 자살을 많이 한다는 점은 일관되게 보고되고 있다.
- 자살시도 환자의 입원 경력이 자살의 가장 좋은 예시가 된다.
  - 자살시도 경력의 여성 환자는 21배의 자살위험
  - 자살시도 경력의 남성 환자는 25배의 자살위험
- 저학력(12년 이하 학력)자는 남녀 모두 자살시도 시 입원의 중요한 예측인자(predictor)가 된다.
- 내과 질환은 남자에게 있어 자살시도의 중요한 예측인자(predictor)가 된다.
- 직업적인 문제는 남자에게 있어 자살시도의 중요한 위험인자가 되지만 여자에게서는 그렇지 않다.
- 대단위 연구조사는 몇 가지 점에서 우리에게 중요한 이해를 남긴다.
  - 남녀 차이가 뚜렷하다. 어떤 연구, 나이, 민족 간에도 남자가 자살을 많이 하고 여자는 자살시도를 많이 한다.
  - 배우자가 없을 때 자살시도가 증가한다.
  - 과거 자살시도자나 중요한 생활 스트레스가 높은 위험요인이 된다.

성인의 자살위험요인은 생물학적 · 인지적 · 정서적 · 환경적인 영역에서 확인되었다. 정신건강 전문가를 돕기 위한 이 모든 연구는 위험에 있는 사람을 확인하고 예방률에 초점을 맞추고 효과적인 치료를 위한 것이다. 성인에게서 확인된 많은 위험요인은 특정 정신과적 진단과 관련이 있으며, 진단 가능한 정신건강질환이 있다는 것은 성인 자살에 가장 큰 하나의 예측 위험요소가 된다. 실제로 자살자의 90%가 진단이 가능한 정신과 질환을 가지고 있다. 조현병, 주요 우울병, 양극성 정동장애, 술과 약물 중독, 어떤 인격장애 등의 질환이 자살위험 증가와 연관되어 왔었다. 그러나 진단 가능한 정신질환의 아주 작은 숫자만 실제로 자살을 하며, 정신과 질환 그 자체가 자살의 예측인자로 충분하지는 않다. 덧붙여 사람을 자살하게 만들고 진단된 질환과 상관없이 존재하는 여러 가지 심리적인 취약성이 있다.

절망감은 아주 중요한 위험요소로 인정되어 왔다. 심리적인 취약성의 하나인 절망감은 주요 우울증의 증상으로 나타나지만, 어떤 정신과적 진단기준에도 맞지 않는 사람에게서 인지-정서상의 상태로 나타나기도 한다. 자살의 위험요소 목록은 생물학적 · 사회적 · 심리적 연구에서 광범위하게 발달되어 왔지만, 오늘날까지 자살위험을 항상 예측할 수 있는 명확한 목록은 없다. 성인의 자살은 몇 개의 영역(정서적 · 인지적 · 환경성)에서 수많은 변수가 화려하게 수놓는 것 같은 복잡한 행동이다. 나아가 사살위험요인의 이러한 무리를 조사하고 새로운 요인뿐만 아니라 이러한 요인들이 서로 어떤 영향을 주는가를 결정하는 많은 연구가 필요하다. 또한, 한 개인의 심리적인 특징이 개인의 생물학적 · 사회학적 상황과 어떻게 상호작용하여 그 자신이 자살을 선택하게 되는가 등과 같은 복잡한 질문이 조사되어야 한다.

3) 성인 자살의 위험요인

(1) 생물학적 위험요인

젊은 성인은 일반적으로 생물학적으로 가장 건강한 시기이다. 이 나이의 성인은 다른 나이에 비해서 전형적으로 질병이 없다. 이러한 이유로 자살이 젊은 성인 사이에서 높은 순위가 된다. 이 나이의 성인은 단지 죽음에 대한 큰 생물학적 위험요인이 없다(이 나이의 죽음의 원인은 사고와 불의의 손상이다). 그러나 몇 가지의 생물학적 위험요인이 성인에게서 확인되었다. 이러한 위험요인과 관련된 생물학적 요인으로 성과 건강 행동을 들 수 있다.

❶ 성

자살행동에 대해 남성과 여성의 의미 있는 차이점에 대해서 자주 언급하였다. 남성은 여성에 비해 자살행동이 의미 있게 적었으며, 자살은 남성이 여성에 비해 유의하게 많았다. 여성은 남성보다 자해 행위(deliberate self-harm: DSH)를 많이 하였고, 남성보다 자살사고도 많이 하였으며, 남성보다 전문가의 도움도 더 많이 받았다. 여성에게서 DSH(자해 행위)는 대화하려고 하거나, 억압을 해소하거나, 다른 사람의 행동을 조정하려고 하는 것으로 생각되며, 남성의 DSH(자해 행위)는 실패한 자살시도와 밀접한 연관이 있다.

몇 개의 이론이 이러한 남녀의 양상을 설명하기 위해 제시되었다.

첫째, 자살방법의 치명적인 면에 있어 차이가 있다. 자살방법의 차이는 분노와 공격성에 있어 남녀 성에 따른 차이에 기인한다. 여성은 삶을 끝내기 위해 남성보다 덜 공격적인 방법을 사용한다.

둘째, 자살과 자살시도의 차이는 우울과 알코올 남용의 빈도와 관련이 있다. 일반적으로 여성은 많은 경우 우울증을 치료하지만, 남자는 우울할 때 더 자주 술을 남용한다. 우울증이 자살시도와 관련이 있기 때문에 약물 남용 시 나타나는 충동성은 치명적인 방법을 선호하고 남자에게 있어 높은 자살성공률과 관계가 있다.

셋째, 편견과 관계가 있다. 일반적으로 여성이 남성보다 건강 행동의 더 좋은 보고자이다. 따라서 자살사고, 감정, 자살시도에 대해서 더 높은 빈도의 보고는 자기보고 조사에서 자살행동에 대해 여성이 더 정확한 보고를 한 결과이다.

넷째, 남녀 차이는 성에 따른 사회화와 관련이 있다. 사회 기술자는 모든 삶의 측면에서 성에 부합하는 행동을 정의하였는데, 자살을 둘러싼 행동과 자살행동은 차이가 없다. 어떤 방법 혹은 행동이 좀 더 여성적이거나 남성적으로 보일지도 모른다. 따라서 성에 따른 한 가지 방법이 더 자주 일어난다.

이러한 역설적인 성에 따른 양태는 중국을 제외한 모든 나라를 통틀어 매우 일관된 모습을 보인다. 중국에서는 시골 여성의 자살률이 매우 높다. 사실 일반적으로 지난 10년 간 여성 자살은 남성의 자살률 증가에 비해 안정되거나 약간 감소하였다.

성에 따른 자살의 차이는 월경과 출산에서도 나타난다. 어떤 전문가는 여성이 생리전증후군(premenstrual syndrome) 시 전형적인 호르몬 불균형과 이에 따른 정서가 여성에게 영향을 주어 이미 위험한 여성이 자살과 자살행동에 좀 더 취약하게 된다고 하였다. 다른 연구에서는 월경 시 자살시도가 1.7배 더 높았다고 보고하였다.

출산 후 우울증 시에도 자살에 대해 이미 취약성을 가진 여성에서 자살위험을 올린다. 그러나 다른 연구자들은 임신하거나 조그만 어린이가 있을 때 자살률이 떨어진다고 보고하였다. 이러한 결과에 의해 결혼한 상태가 아니라도 어린이가 있으면 여성의 자살위험을 낮춘다. 여성이 어린이가 있을 때(혹은 임신 시)는 제외되지만, 결혼했다는 것은 자살의 예방적인 요인이 되지 않는다. 따라서 결혼의 여부보다 자녀를 가졌다는 것이 여성에서 자살의 예방 요인이 되는 반면, 남성에게는 결혼 그 자체가 예방적인 요인이 된다.

❷ 건강 행동(Health behavior)

흡연은 백인 남성의 자살위험과 관련이 되어 왔다. 담배를 많이 피울수록 위험은 더 커진다. 한 연구에서 비흡연자에 비해 전에 담배를 피웠던 사람은 1.4배, 가벼운 흡연자는 2.6배, 심한 흡연자에게서 4.6배의 자살의 위험이 컸다. 남성 흡연자에서 자살의 위험이 커지고, 자살의 위험이 커진 이유를 안다는 것은 매우 어려운 일이다. 증가된 위험인자는 결혼, 정착의 정도, 음주량, 암의 발생 등을 보정한 후에 결정되어졌다.

비만한 여성과 체중 미달의 남성도 자살위험과 연관이 있다. 40,000명 이상을 대상으로 한 연구에서 높은 체질량 지수(BMI)의 여성이 우울과 자살사고의 빈도도 높았다고 보고하였다. 반대로 남성의 경우 낮은 체질량 지수가 주요 우울증, 자살행동, 자살사고와 관련이 있었다. 인종 간의 차이는 없었다. 다른 연구자들은 비만과 심한 저체중과 자살위험과의 관계에 대해 연구하였는데, 이러한 사람에게 우울증과 절망감이 같이 존재할 때 자살위험이 올라가고, 단지 체질량 지수(BMI) 때문은 아니라고 결론 내렸다.

(2) 인지적 · 정서적 위험요인

Conner는 2001년에 1966~2000년까지 발표된 성인 자살에 관한 가능한 모든 논문을 종합적으로 검토하였다. 엄격한 선발기준을 사용하며(예를 들면, 8명 이상의 자살자를 가진 논문만 포함, 표준화된 도구를 사용한 논문만 포함하는 등), 46편의 논문만 포함하여 검토하였다. 이러한 논문들을 각각 세밀하게 분석한 후 Conner는 완전한 자살과 항상 관련이 있는 여섯 가지 인지적 및 정서적 면을 결정하였다.

❶ 충동성/공격성

청소년처럼 성인에서 충동성과 공격성은 자살위험을 증가시킨다. 충동성은 신중하거나 의식적 판단 없이 순간적인 행동을 하게 한다. 연구자들은 충동성의 세 가지 요소를 확인하였다.

- 갑작스럽게 행동(운동 활성화)
- 직무에 초점이 없음(주의력 결핍)
- 사려 깊게 계획하거나 생각하지 못함(계획의 부족-충동성으로 판단력에 장애가 있는 사람이 물질을 사용하였든 충동적인 기질이든)
- 즉각적인 스트레스에 즉각적인 반응으로 자살시도나 자살을 더 많이 한다. 충동성은 몇 개의 정신질환(행동장애, 인격장애 중 몇 가지, 물질남용질환, 양극성 정동장애 등)에 있어 (진단 가능한 정신질환의 상황에서 발생하든 혹은 정신건강진단의 어떤 범위에도 속하지 않는 성격적인 경향에 의해 발생하던) 자살위험을 의미 있게 상승시킨다. 몇 가지 모습의 충동성이 자살위험과 관련이 있었다.

첫째, 충동성은 충동성 기질을 가진 사람에게서 자살의 위험을 상승시킨다. 다른 말로 하면, 충동성은 행동의 양상이지 한 번의 행동은 아니다.

둘째, 충동성이 신속하고 계획성 없는 행동을 포함할 때 자살의 위험이 커진다. 이러한 사람에게 충동성은 판단력의 부족 때문이 아니라 판단하기 전에 행동이 일어나기 때문이다.

셋째, 충동성이 위의 결과를 고려하지 않고 행동이 일어날 때 자살위험을 증가시킨다.

이러한 세 가지 경우에서 충동성은 자살위험을 매우 증가시킬 수 있으며, 우울한 사람의 자살위험을 평가하는 예측인자가 될 수 있다. 충동성의 성격 경향은 우울한 자살시도자나 자살자에게서 나타난다는 증거가 있다. 다른 말로 하면 충동성의 성격적인 경향과 우울증의 임상적 진단이 결합하면 특별히 위험해진다. 우울하거나 절망적이며, 결과를 고려하지 않고 빠르고 계획 없이 결정하는 성격적인 경향을 가진 사람은 특별히 위험하다. 공격적이고 폭력적인 것도 자살위험과 연관이 있다. 충동성과 비슷하게 공격적이고 폭력적인 것도 자살시도와 연관이 있는데, 자살자의 자기보고 형태의 공격과 증오심과의 관련성이 있는 연구가 있다.

충동성과 마찬가지로 공격성과 충동성의 높은 빈도는 물질사용장애의 개인에게서 발견되었다. 공격성/폭력성을 가지고 물질사용장애를 가진 사람은 특별히 자살의 위험이 크다. 남성에게서 이러한 공격적인 기질과 물질의 사용이 복합되면, 공격적이거나 난폭하지 않고 물질을 사용하지 않는 남성과 비교해서 자살위험이 7배나 커진다. 여성의 공격성/폭력성과 물질 사용은 그렇지 않은 여성보다 8배의 자살위험을 야기한다. 심지어 물질 남용의 개인력이 없어도 폭력과 공격성은 자살위험과 관련이 있다. 폭력적이고 공격적인 기질을 가졌지만 물질 사용의 경력은 없는 사람은 폭력적이지 않은 사람에 비해 4.6배로 자살위험이 증가하였다.

❷ 절망감

절망감은 완벽한 자살과 연관이 있다. Beck Hopelessness Scale(Beck의 무망감 척도)에서 절망감은 자살의 예측에서 41%의 특이도 보였다. 즉, 자살한 사람의 41%에서 이전에 높은 정도의 절망감을 나타내었다는 것이다. 절망감은 역시 의학적으로 심각한 자살시도와 관련이 있었고 자살시도 시 심각성을 증가시키는 것과도 관련이 있다. 절망감은 부정적인 감정의 높은 수준이기보다는 긍정적인 감정이 부족한 것과 더 연관이 있다. 다른 말로 하면, 희망이 없는 사람은 장래에 대해서 특별한 부정적인 생각이나 믿음을 가졌다기 보다는 미래에 대해 긍정적인 결과가 연상이 되지 않는다는 것이다.

「자살한 남자」(1877)- Edouard Manet

절망감은 자살사고, 자살시도, 자살성공의 핵심적인 심리적 요인으로 확인되어 왔었다. 어떤 사람이 '그들의 문제를 해결하는 어떠한 희망이 있는가'를 믿는 여부를 평가하는 것은 자살사고 평가 시 지극히 중요한 측면이다. 마찬가지로 사람이 희망을 찾도록 도와주는 것도 자살예방의 핵심적인 요소이다. 정신적인 고통으로부터 벗어나 일시적인 휴식을 위한 아주 작은 한 가닥의 희망은 어떤 사람이 응급의 자살위기에서 벗어나는 데 충분할지 모른다. 절망적인 사람은 그들의 고통이나 문제를 해결하기 위한 어떤 다른 대안도 찾지 못하고 자살처럼 자포자기하는 행동에 빠지게 된다.

❸ 우울증

17%의 사람이 일생 중 우울증에 빠진다. 우울함에 빠진 사람은 자살위험이 증가한다는 것은 명확하다. 비록 많은 연구자 사이에 차이는 있지만, 주요 우울증으로 진단받은 사람이 평생 동안 자살할 확률은 3~4%가 된다고 하며, 가장 경험적인 보고에 의하면 일반인 자살의 60~70배가 된다. 우울증은 여성보다 남성에게서 훨씬 더 많은 완전한 자살과 연관이 있다. 사실 남녀의 주요 우울증에서 자살 비율은 성인에서 5.6:1로 나타난다. 따라서 주요 우울증 시 여성의 자살 빈도도 높아지지만, 주요 우울증에서 완전한 자살은 주로 남성에게 있는 현상임을 알 수 있다. 주요 우울증 여성 역시 자살시도의 위험이 매우 증가되어 있다. 남성은 자신의 우울증 시 정신과 의사나 의료적 도움을 잘 받지 않기 때문에 자살위험에 있는 우울한 남성을 확인하는 것은 어렵다. 따라서 우울한 남성이 도움을 구하는 행동을 증가시키는 것에 취약한 인구군에 있어 자살의 위험을 감소시키기 위한 최우선 순위가 되어야 한다. 우울한 사람의 자살률은 민족에 따라서도 변한다.

❹ 불안

Conner and colleagues는 2001년도에 1960년부터 2000년 사이의 모든 경험적 조사를 검토하여 자살의 의미 있는 위험인자로 '불안'을 확인하였다. 그러나 이 위험인자에 대해서(절망감, 충동성, 우울증이 동반될 때처럼) 보편적인 합의는 없었다. 또한, 불안장애를 가진 사람의 연구에서 일관되지 않은 결과를 보였는데 이것은 우선적으로 자료수집상의 문제와 무엇이 불안인가에 대한 대부분의 조사에서 명확한 정의가 부족하였기 때문이었다. 최근 몇 개의 대규모 연구에서 다른 정신과적 문제가 없는 불안장애 환자에게서 자살시도와 자살성공이 의미 있는 위험한 상태라는 것이 알려졌다. 일반적으로 불안장애로 진단된 사람의 자살위험은 일반인의 10배가 되었다. 이러한 결과에 따라 자살위험은 불안장애의 유형과 상관없이 높고 다른 정동장애와 동반될 때 자살위험은 더 커진다.

❺ 사회적 철수(Social Disengagement)

이 요인에 대해서 많은 연구가 이루어지지는 않았지만 어떤 점이 자살과의 관계를 지지하는가? 사회적 계약은 긍정적인 감정을 경험하는 경향뿐만 아니라 사회적 상호작용(외향성)을 더 선호한다. 낮은 외향성(지극히 내성적)은 절망감과 관련이 있고, 비합리적이고 사회적으로 회피하는 문제해결 방식의 사용뿐 아니라 자살에 대한 위험을 증가시킨다. 외향성의 낮은 정도는 개인의 도움을 추구하는 능력을 버리게 되고 그들의 사회지지를 제한한다. 극심한 내성적인 사람이 절망감과 무력감이 높은 빈도가 있는 경우 친구나 가족 관계에서 마지못해 도움을 받거나 정서적으로 유익함을 보충하거나 혹은 그것도 할 수 없는 경우가 있다. 배우자가 없는 사람은(결혼한 적이 없거나, 이혼했거나, 사별 후) 높은 자살위험을 보인다. 이것은 자살에 대한 Durkheim의 이론과도 부합한다. 그는 사회적으로 더 많이 이완된 개인은 자살하기가 더 쉬워진다고 믿었다.

1897년에 Durkheim은 자살은 "개인에 있어 사회성의 결여" 때문이라고 했다. Durkheim이 처음으로 그의 생각을 적은 후 100년이 지나도록 가장 최근의 연구도 여전히 그의 이론의 주요 내용을 지지한다는 것이 흥미롭다. 사회적 철수의 개념과 관련된 것은 위험을 줄이기 위해 자신을 드러내는 역할이다. 문제점과 관심에 대해서 다른 사람들과 이야기하는 능력은 성인의 자살위험을 줄이기 위한 대응 방식이 될 수 있다. 자신을 표현하는 능력은 자살사고자와 경미한 시도자로부터 심각한 자살시도자를 의미 있게 구별한다는 것을 발견하였다. 다른 말로 표현하면, 자신의 자살사고를 표현하거나 자신의 문제를 이야기할 수 있는 능력이 있는 사람은 자살시도 시 높은 치명도를 좀 더 적게 가진다.

나아가 자신을 표현하는 능력은 외로움과 사회적 고립 모두에게 부정적인 관계가 있으며, 사회 계약과 자기개방(Self-disclose)이 연관되어 있다. '개방성'의 성격 경향은 자살과 관련하여 Duberstein과 동료들(2001)에 의해 연구되었다. '개방성'은 그 자신의 내적 · 외적 경험의 다양성에 관심을 두는 것으로 정의되는 성격적 특징이다. Duberstein과 그의 동료들은 낮은 정도의 '개방성'을 가진 개인은 그들의 자살사고를 잘 이야기하지 않고 자살을 할 가능성이 커진다고 하였다. 그들은 전형적으로 자살사고에 대해 더 많이 표현하는 개방된 사람은 가족과 치료적 자원의 동원으로 지지를 받고, 반면에 개방하지 않는 사람은 이러한 유익을 얻지 못한다고 가설을 세웠다.

❻ 수치심과 죄책감

혹자는 다음과 같은 방법으로 '수치심'과 '죄책감'을 분리하고 정의하였다. '죄책감'은 나쁘고 틀린 어떤 일을 하는 데 인지(지각)를 포함한 특별한 행동에 초점을 가진 정서적인 상태이고, 반면에 '수치심'은 훨씬 더 고통스럽고 포괄적인 것으로, 자신 전체를 부정적으로 평가하는 것이다. Lester(1997)는 덧붙여 '죄책감'이 정신적 갈등을 포함하는 반면 '수치심'은 부족을 포함하며 어떤 것이 사라지고 부족하다면 그 사람은 자신이 금이 가는 것을 본다고 하였다.

이 분야를 기록하는 대다수의 저자는 '수치심'은 자살과 관련해서 더 중요한 감정이라고 주장한다. 그것은 행동과 관련한 갈등에 반대하는 것으로 자신을 거부하는 것으로 표현된다. 그러나 자살에 있어 '수치심'과 '죄책감'의 역할에 대한 체계적으로 보고된 연구는 없다.

(3) 환경적 위험요인

❶ 사회적 고립

자살은 직접적으로 사회적 고립과 관계가 있다. 손상된 사회지지는 혼자 살거나 외로운 사람을 높은 자살위험에 빠지게 하는 요인이 된다. 이러한 이유로 사회적 접촉의 상실을 일으키는 일반적인 요인들(직업 상실, 이혼, 새로운 도시로 이주, 과부가 되는 것 등)이 자살위험을 높인다. 기존 사회지지망의 와해는 사회지지체계 형성을 불가능하게 하고, 사회관계에서 제공할 수 있는 예방적인 요인이 부족하기 때문에 빈약한 사회지지는 증가된 자살위험으로 이론화되어 왔다.

전통적으로 결혼의 예방적인 요인은 남성에게서 특별히 부각되었다. 혼자 사는 남성은(이혼이든 별거이든) 자살의 위험요인이 된다. 최근에는 외로움은 남녀 구별 없이 자살사고와 자살에 준하는 행동 모두와 유의한 상관관계가 있다고 보고하였다. 따라서 배우자가 있든 없든 자살의 주요 요인이 되지 않고, 외로움과 고립이 결혼 여부나 배우자 유무에 상관없이 자살위험을 올린다.

❷ 지리적 이주(Geographic Mobility)

외로움과 고립과 관련해서 지리적 이동이 위험요인이 된다. 지난 12개월 내 이주는 우울증과 알코올 의존증을 배제하더라도 거의 치명적으로 자살과 양성적인 관계가 있다고 밝혔다. 나아가 이주의 성격(빈도, 거리, 최근의 일, 지난번 사회적 지지자와의 접촉의 유지가 어려움 등)이 의미 있는 위험요인이었다고 보고하였다. 지리적 이동은 젊은 성인이나 군인, 단체에 의해 움직이는 사람, 이주 노동자 등 많이 이동하는 인구군에서 고려해야 할 중요한 위험요인이 된다. 다시 말하면 외로움과 고립감은 이러한 위험요인의 중요한 요소가 되는 것으로 보인다.

❸ 스트레스 받는 삶의 사건/유발 사건(Stressful life events/Triggering Events)

자살시도를 한 사람이 경험한 스트레스 받는 삶의 사건 연구에서 유발 사건들이 높은 유병률을 보였다. 유발 사건들은 다음의 〈표 6-2〉와 같다.

〈표 6-2〉 자살 스트레스 지수

자살시도에서의 삶의 스트레스			
삶의 스트레스	표본의 %	삶의 스트레스	표본의 %
1. 경제적 문제	71%	9. 이혼 혹은 별거	15%
2. 미취업	63%	10. 신체적 확대	15%
3. 신체질환	49%	11. 훈련 문제	11%
4. 이사	49%	12. 부모 간의 갈등	10%
5. 정신과 치료	41%	13. 성적 학대	10%
6. 기타 스트레스	38%	14. 학습 문제	4%
7. 폭력 목격	32%	15. 임신 및 아버지 역할	3%
8. 법적 문제	27%		

스트레스를 받는 유발 사건의 77%의 표본에서 급성 대인관계의 갈등(당사자와 중요한 사람 간의 갈등)이 7일 전에 있었다고 보고하였다. 이러한 경향은 자살자가 진단 가능한 정신과적 질환의 유무나 성별과 상관없이 일어났다. 더 나아가 96%의 표본에서 대인관계의 갈등뿐만 아니라 위의 목록의 스트레스 중 1개 이상을 경험하였다. 22%가 1~2개, 33%가 3~4개, 37%에서는 5개 이상이었다. 따라서 대인관계의 갈등이 의미 있는 스트레스와 같이 있을 때 위험요인이 높아진다. 이 연구에서 확인된 스트레스는 다른 위험요인들(예: 사랑하는 사람의 죽음, 구금 기간, 직업적 갈등)과 합치면 스트레스를 받았을 때 충분한 예방적인 기제가 없다면 모든 것이 자살위험이 된다. 스트레스 상황의 속도뿐만 아니라 그 개수도 개인이 압도당하는 느낌을 받고 대응하는 능력이 없다고 느끼면 자살위험이 커진다.

❹ 학대 및 폭행

어린이 학대(정서적 · 신체적 · 성적)와 다른 성인의 신체적 · 성적 폭행이 자살의 위험인자로 연구되어 왔다. 이 연구의 양상은 남성에게 초점을 맞춘 다른 많은 연구와 달리 거의 예외 없이 여성에게 초점을 맞추고 있다. 어린 시절이나 성인 때 성적 폭행을 받은 여성은 평생 동안 높은 자살시도를 보였다고 보고되었다.

나아가 학대의 종류(정서적 · 신체적 · 성적)를 자주 경험한 여성이 더 자살위험이 컸다. 이 연구 결과들은 640명의 여대생 조사와도 비슷하였는데, 한 가지 종류 이상의 학대를 당한 경험이 있는 젊은 여성에서 자살사고가 증가하였다. 이 모든 결과는 살아가는 동안 폭력으로 보이는 부정적인 삶의 경험이 개인의 삶과 죽음에 대해서 오랫동안 영향을 미친다는 것을 지지한다.

❺ 가족 경향

자살위험은 가족 내에서 전해지는 경향이 있다. 이 말은 자살의 가족력은 중요한 위험인자가 될 수 있다는 의미이다. 자살자를 둔 4,000가족 이상의 대단위 연구에서 자살의 가족력은 의미 있고 독립적으로 자살위험을 증가시키며, 심지어 정신과적으로 진단받은 것과 같은 다른 위험인자를 고려하더라도 그렇다. 광범위하게 소개되고 있는 하나의 이론은 가족 내에서 한 번 자살이 일어나면 그 가족 내에 자살의 낙인에 대한 어떤 것을 치우게 되고 자살 개념을 삶의 문제에 선택 가능한 것으로 허용한다. 예를 들면, 어떤 전문가가 40세 생일이 다가오는 사람을 만났다. 그의 할아버지와 그의 아버지가 그들의 40세 생일에 자살하였다. 그리고 이 사람은 이러한 가족 역사와 부딪히며 나의 운명도 똑같은지 방황하면서 성인기의 많은 시간을 보냈다. 그는 의식적으로는 이것이 불가피한 것이 아니라고 알면서도 그는 완수해야 할 유산이 있다고 믿었다. 그는 전형적인 중년의 문제와 스트레스를 가졌지만 그의 가족사에서 보면 자살은 그들의 문제에 대한 해답으로 두 세대를 걸쳐 남자에게서 일어난 일이었다. 그를 돕기 위해 다른 해결책을 찾아보고 가족의 패턴을 중단하기 위한 많은 일이 일어났다. 치료적인 관계 측면에서 가족의 전통을 따르지 않는 것에 대해 그가 느낀 죄책감을 완화시키기 위한 도움을 필요로 하였다. 명확하게 가족 내에서 앞선 자살의 역할은 남은 가족이 건강한 선택을 하는 것을 허용하기 위해 정신건강 정황에 언급되어야 한다.

02 동반자살

1) 상대적 빈곤으로 인한 가족동반자살 – 심리(정서)적 이유

Marx의 주관적 무력감(Subjective Powerlessness)에 기초하여 Lystad는 현대사회에서 실업자와 그 밖에 경제적으로 빈곤한 사람은 삶에 대한 무력감에 빠져 사회적으로 소외되고 종국에는 자신으로부터도 소외되는 계층을 구성하게 된다고 말한다(Lystad, 1972). 여기서 주관적 무력감이란 전체 경제적 빈곤층 중 일부만이 자살에 이르는 극도의 사회적 소외와 고립을 경험하게 되는 사실을 설명한다. 이는 객관적으로 낮은 수입 그 자체보다는 스스로 지각하는 수입의 불균형이 더욱 중요하게 작용하며, 특히 생활 수준이 급락할 때 자살의 위험이 더 커질 수 있다고 보는 것이다. 이와 유사한 논지로 자신의 삶에 대한 지배력을 상실하게 되면 그것이 스스로 원하는 삶이 아니라는 점에서 만성 스트레스로 이어져 건강이나 수명에 대한 위험을 증가시킬 수 있다고 말한다.

비교기준은 가족동반자살의 심리적 기제에 대한 주관적 무력감의 설명력을 보완하는 개념으로 고려될 수 있다. 객관적인 수입 자체보다는 주관적인 판단이 중요하게 작용한다. 그런데 주관적 만족감에 대한 연구의 이론에 의하면 개인의 주관적 판단은 임의적으로 이루어지는 것이 아니라 일정한 비교기준에 근거한다. 비교기준이란 자신의 과거 경험과 주위 사람과의 비교에 의해 형성된다. 이를 자살의 심리에 적용해 보면, 과거에 비해 급작스러운 생활 수준의 급락을 경험하거나, 주위 사람에 비해 자신이 더욱 궁핍하다고 느낄수록 스스로 무력감에 빠지고 궁극에 가서 자살과 같은 극단적인 행동을 할 위험성이 높아질 수 있다는 것이다. 이러한 논지는 다른 사람과 비슷해야 한다는 획일주의 성향이 강한 우리나라의 문화적인 맥락 속에서 하위 계층, 특히 계층의 하락을 경험하는 집단에서 자살의 위험성이 높고, 이러한 상황에서 극단적인 가족주의가 작용하게 된다면 가족 단위의 자살의 위험성도 상대적으로 높아질 수 있음을 설명한다.

자아미분화 또는 자아혼돈을 고려해 볼 수도 있다. 자아혼돈은 개인의 자아가 독립적으로 분리되지 못하고 타인의 자아와 통합되는 현상을 말한다. 극단적인 가족주의가 지배하는 가족에서는 가족 구성원의 개인성이 위협을 받게 되고, 특히 부모가 자녀를 독립된 인격체로 대하기보다는 부모의 종속물로서 무한책임을 져야 한다는 자아혼돈의 위험성이 높다. 이러한 부모-자녀 간 자아혼돈현상은 가족이 극단적인 무력감에 빠지게 될 때 동반자살로 이어질 수 있다.

이상을 정리하면 개인이 지각하는 주관적인 무력감, 타인과의 비교에 의한 상대적 박탈감, 부모-자녀 간의 자아혼돈은 획일주의적이고 가족주의적인 문화적 배경과 경제위기와 사회 양극화가 심화되는 한국사회의 구조를 배경으로 가족 단위의 극단적인 소외현상인 동반자살이 발생할 위험을 설명하는 심리적 기제로 고려될 수 있다.

2) 지원 및 개입 방향

동반자살의 위험성을 높이는 극단적인 가족주의나 비생산적인 획일주의에 대한 경계가 필요하다. 생명의 권리는 가족을 포함한 그 어떤 가치보다 우선한다는 생명존중의 문화가 확산되는 한편, 생명의 가치가 물질적 결핍에서 오는 상대적 박탈감을 극복할 수 있다는 가치관의 교육도 시급하다.

일가족의 동반자살도 이 연령대의 우울증 남성에게 자주 발생하며, 부모-자녀 동반자살의 약 80%는 모자 동반자살로 보고된다. 정신질환 병력과 자살시도 경험이 있는 사람이 육아의 부담과 가정불화 및 경제적 어려움이 계기가 되어 나타나는 것이다. 또한, 이러한 상황에서 사회적 자원의 부재와 결핍은 우울증과 함께 동반자살의 위험성을 높이게 된다.

3) 동반자살 실패 및 후유증(PTSD)

동반자살은 실패하여 살아남은 사람, 또는 동반되지 못하고 남은 생존자 등에게 심각한 후유증을 경험하게 하는 것으로 알려져 있다. 따라서 자살의 생존자에 대한 개입은 물론 자살까지 가기 전 이들을 상담하는 전문가의 개입이 절실히 필요하다. 이때의 개입은 정서적이고 물질적인 지지여야 하며, 이를 공식적으로 지원하는 제도여야 한다. 사회보장제도를 통한 사회적 안전망의 확보와 가족 기능 향상과 정신건강을 위한 사회복지 서비스로 사회적 지지망의 체계 확보를 가능하게 하여 잠재적인 동반자살 계층에 대한 예방 정책이 시급하다고 볼 수 있다.

[동반자살의 사례]

〈사례 1〉 대구 도심 한 여관방에서 20~30대 남녀 3명이 숨진 채 발견되었다. 이들은 집단자살로 보이며, 숙박업소 주인은 "하루 숙박비만 낸 뒤 나머지를 내지 않아 객실에 들어가 보니 남녀 3명이 침대 위에 반듯이 누운 채 숨져 있었다."라고 말했으며, 방 안에서 극약이 발견되고 주소지가 각각 다른 점 등으로 미루어 이들은 이 여관에서 만나 동반 자살한 것으로 볼 수 있으며, 경찰 관계자는 "현장 상황 등을 감안할 때 이들이 인터넷 자살사이트에서 만나 극약을 마시고 집단 자살한 것으로 추정된다"라고 밝혔다(세계일보, 2014. 3. 23.).

〈사례 2〉 서울 송파구 석촌동의 한 단독주택 지하 1층에 살던 박모 씨(61)와 큰딸 김모 씨(35), 작은딸(32)이 집 안에서 숨진 채 발견됐다. 동반자살의 현장인 지하 1층 방 창문은 청테이프로 막혀 있었고, 방문은 침대로 막아 놓았다. 그릇에는 번개탄을 피운 재가 남아있었다(스포츠조선, 2014. 2. 27.).

03 사회적 역할의 과몰입

이 연령대의 직장인은 자신을 직업의 역할과 과도하게 동일시한 나머지 역할자기애에 의한 자살이 나타난다. 조직에서의 역할과 과도한 동일시로 중년 남성이 업무 갈등이나 업무 부담에 압도되어 갑자기 자살하는 사례가 보고되고 있다. 정치 · 사회석 문제 또는 일반적인 직장 문제에서 사건의 중심인물보다 중견 관리직 및 비서와 같은 사람의 자살이 많다. 중년의 자살은 가족과 사회적으로 심각한 문제를 유발한다. 가정에서는 가장을 잃어 경제적 문제가 발생하며, 가장의 자살은 남은 가족에게 심리적인 충격을 준다. 그러나 이러한 연령대에서 심리적 · 정신적 문제가 의심되어도 정신과치료와 심리치료를 받고 있는 빈도는 매우 낮다.

04 탈진 증후군

일에 대한 부담이 최고조에 이르면 어느 날 갑자기 모든 에너지가 다 타버린 것 같은 우울감, 무기력, 불안, 초조, 불면과 같은 증상이 나타난다. Freudenberger (1974)는 이러한 증상을 탈진 증후군(burn-out syndrome)이라고 기술하였다. 높은 목표와 이상을 계획하고 일하는 사람은 업무에서 과도한 부담을 받게 되었을 때 탈진 증후군 상태에 빠질 위험이 있다. Freudenberger는 필요 이상으로 일에 집착하거나 적절한 부분에서 일을 마무리 짓지 못하고, 언제나 회사에 남아 일을 하거나 집에 갈 때도 일감을 가지고 가서 일을 하며, 심지어 휴일에도 출근하여 일을 하는 상태가 지속되면 탈진 증후군 상태가 된다고 기술하고 있다. 이러한 상태가 지속되면서 업무 능률이 낮아지고, 스트레스로 인해 대인관계와 가정생활에서 문제가 발생하게 되면서 알코올로 인한 문제가 발생한다.

05 빈 둥지 증후군

1960년대 미국에서 등장한 빈 둥지 증후군(empty net syndrome)은 중년 여성의 적응장애 또는 반응성 우울증으로 기술되고 있다. 빈 둥지 증후군이란, 가정에서 자신을 돌보거나 가꾸는 일은 거의 없이 자식을 키우는 것만을 유일한 역할로 인식하다가 자식이 성장하여 결혼, 취업, 전근 등으로 자립하게 되면 집 안이 텅 빈 둥지가 된 상황에서 느끼는 일시적 심리 상태를 말한다.

빈 둥지 증후군은 자신의 성장이나 가능성을 억압하고 자식을 키우는 것이 어머니의 절대적인 가치라는 신념을 가진 여성에게 많이 발생하며, 막연한 허무함, 불안감으로 이유 없이 눈물이 나고, 가족을 위해 살아온 자신에게 죄책감을 느끼고, 인생을 후회하는 가벼운 증상과 심각할 경우 우울증으로 발전되기도 한다. 이러한 빈 둥지 증후군은 생애 주기의 변화와 함께 역할 상실에 적응하지 못하는 것에서 비롯되면 부부갈등, 이혼, 알코올 중독 등과도 관련이 있다.

07

CHAPTER

노인의 자살

다른 연령대보다 노인의 자살률이 높은 것은 여러 나라에서 공통적으로 나타나는 현상이다. 노인은 다른 연령대에 비해 죽으려는 결심이 매우 확고하기 때문에 자살시도가 자살로 이어질 위험이 크다. 자살자 모집단을 대상으로 한 자살시도자와 자살자의 비율은 10대 1이지만 노인의 경우 자살시도자와 자살의 비율은 4대 1로 나타나고 있다. 노인은 신체의 저항력이 약하기 때문에 동일한 자살수단으로도 사망에 이를 확률이 높다. 또한, 청소년의 자살 직전의 신호와 비교할 때 노인의 자살 전 신호는 그다지 확실하지 않은 경우가 많다. 노인을 대상으로 한 심리적 부검에 연구에 의하면 고령 자살자는 생전 우울증이 있었을 큰 가능성에도 치료를 받은 적이 거의 없으며, 치료를 받아도 제대로 받지 못한 것으로 나타났다(高橋祥友, 1997).

01 노인의 자살과 위험요인

1) 위험요인

65세 이상의 노인은 자살위험과 관련하여 연구되어 왔었다. 이 나이에서 성과 인종에 따른 자살위험의 차이는 매우 크다. 65세 이상 노인은 어떤 연령보다 자살위험과 자살률이 높다. 노인은 좀 더 치명적인 방법을 사용하기 때문이다. 청소년은 자살자의 50~200배가 자살을 시도하지만, 노인은 자살자의 2~4배가 자살을 시도한다. 이 나이의 자살은 잘 계획하고 심사숙고한 것으로, 많은 젊은 자살자처럼 충동적이지 않다. 노인의 자살은 젊은 사람처럼 '도움을 요청하는 것'이 아니라 구조를 허용하지 않는 '신중하고 한마음으로 결정'한 것으로 보인다. 젊은 사람은 자살의 동기가 다양하지만(고통을 중단하거나, 관심을 촉구하거나, 다른 사람에게 영향을 주려는 시도, 죄책감을 덜어내는 방편으로 불안, 복수, 분노, 우울 등) 노인

자살은 그들의 우울과 절망에서 자신을 해방시키려는 노력에 훨씬 더 초점이 있는 것 같다.

노인의 자살은 대개의 경우 진실로 죽기를 원하는 것이다. 젊은 사람의 자살은 단지 일시적인 고통을 완화하려는 것인 반면, 노인은 자살시도 시 개입의 가능성이 적은 총기나 목매는 것 등의 치명적인 방법을 선택한다. 젊은 사람에 비해 노인은 자살위기 시 가능한 정신적인 도움을 받지 않는다. 그들은 자살응급전화나 심리적 서비스를 받지 않으려고 하고 젊은 사람보다 자살의 편견이나 사실, 가능한 지원이나 도움에 대해 얄팍하게 알고 있다. 우울증을 가진 10%의 노인만 어떤 종류의 치료나 개입을 받는다. 따라서 노인이 자살할 때 죽음에 대한 그들의 의도를 분명히 하는 것처럼 보이고 아주 구체적인 계획을 세우고 매우 높은 치명적인 방법을 사용한다.

일차 돌보미(Primary care provider)는 종종 노인의 자살 소원, 절망감, 무력감, 무익감, 무가치감 등을 포함한 자살의 경고 신호를 알아차리지 못한다. 의사나 노인의 가족들은 우울증은 나이가 들면 피할 수 없는 측면이라고 믿으려 하고 노인이 자신의 삶을 거두어들이는 것을 심각하게 고려할 수 있다는 것을 믿지 않으려고 한다.

사람들은 정말 진심으로 사랑하는 어머니나 아버지, 할머니나 할아버지가 자살시도에 대해 생각할 수 있다는 것을 믿기에는 매우 힘들고, 경고 징후를 무시하거나 최소화할지 모른다. 노인에게 자살은 길고도 생산적인 삶을 의도적으로 끝내는 선택으로서 사회적으로 더 잘 수용한다. 이것은 비록 젊은이에게서 훨씬 적은 자살임에도 불구하고 많은 사람이 10대나 청소년의 자살이 더 흔하다고 말하는 이유가 된다.

자살을 생각하는 사람이 자살사고나 자살행동으로부터 왜 벗어나게 되는지 알려진 것은 거의 없다. 자살사고를 가졌지만 시도하지 않는 노인은 그 이유가 젊은 사람보다 자녀와 관련된 관심과 도덕적/종교적 이유 때문이다. 노인은 자살을 시도하지 않은 이유에 대해 일반적으로 '가족에 대한 의무감' 때문이라고 말한다. 따라서 자살을 하려는 노인은 아주 강한 도덕적 규범과 강력한 가족에 대한 책임감으로 결코 행동으로 움직이지 않는다. 예전에 이러한 도덕적 금지 명령에서 자살 행동으로 움직일 수 있었던 노인은 치명적인 방법으로 자살을 시도한다. 모든 연령군에서와같이 노인 인구의 자살은 낮게 보고된다. 노인이 자주 사용하는 자살의 방법은 사망원인을 결정하는 데 어렵게 만든다. 예를 들면, 노인은 처방된 약물을 과량복용하거나, 약을 섞거나, 약을 안 먹거나, 굶기도 한다. 이러한 경우 가족은 공식적으로 사고로 사망한 것이라고 이야기한다. 비록 노인 인구군에서 가장 높은 자살률을 보이지만, 이 연령군 안에서도 자살위험에 있어 넓은 범주의 다양성을 보인다. 노인의 가장 일관된 인구통계학적인 요인으로 성별과 인종, 나이를 들 수 있다. 다른 연령군에서처럼 남성이 유의하게 높은 자살률을 보였으며, 나이가 증가할수록 자살률이 높았다.

Erikson(1968)에 의하면 노인은 발달상 절망감보다는 자아통합이 이루어져야만 한다. 자아통합은 Maslow의 자아-실현의 개념과 비슷한 것으로, 자신의 삶에서 성취감을 느끼고 살아오는 동안 큰 대가가 없었다고 느끼는 것이다.

2) 노인 자살의 편견

- **편견 1: 노인은 자살하지 않고 발달 단계를 성공적으로 지나왔기 때문에 마지막 발달 단계를 잘 지낼 수 있는 대응기술을 가지고 있다.**

노인의 자살위험은 우울증, 외로움, 사회적 고립에 의해 매우 증가된다. 사별하였거나, 이혼한 노인은 그렇지 않은 경우에 비해 3배 높은 자살률을 가진다.

- **편견 2: 노인에게 우울증은 거의 불가피하다. 따라서 우울증이나 이로 말미암은 자살을 예방하기 위해 할 수 있는 일은 거의 없다.**

65세 이상 노인의 18%가 임상적으로 우울증 진단을 받는데, 이것에 대해서 매우 효과적인 치료법이 있다. 약물, 상담, 전기충격요법을 통해서 임상적 우울증 환자의 80%가 효과적으로 치료할 수 있다.

- **편견 3: 은퇴는 이완과 만족의 시기이다. 은퇴한 노인은 일하는 사람의 스트레스를 가지지 않는다.**

노인의 일반적인 스트레스는 다음과 같다. 생활 스타일이 바뀌고, 경제적인 상태가 바뀌고, 손자를 돌보고, 아픈 배우자를 돌보고, 친척이나 가까운 친구의 사망, 건강의 악화, 신체적 장애나 만성질환, 독립적으로 살아갈 능력에 대한 걱정, 시설에 입소하는 것에 대한 걱정 등이다.

- **편견 4: 노인에게 흔한 내과적인 질환은 자살을 증가시키는 원인이 된다.**

신체질환(HIV/AIDS, 어떤 종류의 암, 헌팅톤씨 병, 다발성 경화증)은 자살위험이 큰 것으로 알려져 있다. 그러나 대다수의 신체질환은 그렇지 않다. 그것은 그 사람이 그 병을 어떻게 다루느냐에 달려있다. 우울증이나 불안장애가 같이 있을 경우 이것이 자살위험을 높이지만, 신체질환 자체로는 그렇지 않다.

- **편견 5: 노인의 자살은 전형적으로 합리적인 결정이며, 정신건강과 관련이 없다.**

자살은 정신적 · 신체적으로 황폐해지기 전에 삶을 끝내겠다는 이성적인 믿음에 바탕을 두고 있다. 노년, 그 자체는 많은 사람이 자살의 이유가 되는 것으로 고려하지 않는다. 노인성 우울증, 이것이 종종 '합리적 결정'과 같은 원인이 되는데, 이것은 잘 치료가 된다.

3) 노인의 특이 자살 요인

행동 과학자들은 우울증과 다른 정신건강 문제가 노인 자살의 주된 요인이라고 한다. 반면에 사회학자들은 의존성, 시설 입소, 원하지 않는 침습적 치료 증가에 대한 두려움에 초점을 맞춘다. 다른 사람들은 자기 존중감의 저하, 노인들이 자살위험요인에 가장 기여를 많이 했다는 사회적 압력 등이 있지만, 반면 여전히 노인이 가장 많은 자살방법으로 사용하는 총기류 접근의 용이성 등을 이야기한다. 모든 연령에서의 자살위험처럼 자살위험에 기여하는 많은 요인의 복잡한 결합체가 있다는 것은 의심의 여지가 없다. 결론적으로 노년까지 살아온 사람은 삶을 통해 쌓인 대응 방법, 사회적 지지망, 자살경험이 적은 사람을 이끌었던 방법 등을 포함해서 많은 위기를 극복했던 방법을 가지고 있다.

노인에게는 환경이나 정신건강 문제가 극복할 수 없을 만큼 넘쳤을 때 자살위기가 온다. 실패, 축적한 자원들의 고갈 등이 비교적 정신적으로 건강하게 살아왔던 노인에게 파국에 이를 때까지 다소 동시 다발적으로 일어나며, 결국 자살을 생각하게 된다. 노인에게 자살위험은 다른 연령군에서처럼 남성에게서 높게 나타난다. 여성에게 위험인자를 완화시키는 어떤 방어 요인이 있는 것은 확실하다. 그렇지만 어떤 것이 있는지, 위험요인들이 어떻게 서로 작용하는지는 명확하지 않다. 따라서 모든 연령군의 모든 위험요인처럼, 다음에 설명하는 위험요인들은 위험에 대한 생각을 자극하는 것을 뜻하며, 결정적인 목록은 아니라는 것을 의미한다.

(1) 생물학적 위험요인

수면장애가 있는 노인은 숙면을 취하는 노인들에 비해 자살위험성이 크다고 미국의 연구진이 발표했다. Rebecca Bernet 교수가 이끄는 스탠포드 의대 연구진은 미국의학협회저널(JAMA)에 실린 연구 결과에서 다른 요인들보다 자살위험이 낮은지에 대한 논란이 있는 수면장애는 치료율이 높은 질병이라며 연구의 배경에 대해 설명했다. Bernet 박사에 의하면 수면장애를 겪고 있는 노인은 같은 질환을 앓고 있는 다른 연령대에 비해 자살위험이 큰 것으로 나타났다. 이러한 연구 결과는 결국 수면장애가 있는 노인은 숙면을 취하는 노인에 비해 자살의 위험이 1.4배 높은 것으로 알 수 있다. 따라서 노인의 수면습관을 관찰하다 보면, 잠을 청하기 어려운 것과 비회복수면(아침에 일어나도 개운하지 않은 현상)은 자살위험을 높이는 두 가지 요소임을 확인할 수 있다(뉴시스, 2014.8.14.).

우리나라 사람들은 전체적으로 수면부족에 시달리고 있다. 그중 수면장애를 갖고 있는 사람도 상당히 많은데, 잠이 부족하면 머리가 아프고 짜증도 나고 매사에 의욕이 없는 것이 현실적 증상이다. 따라서 잠을 충분히 잔다는 건 정말 중요한 일이라는 것을 알 수 있다.

(2) 정서적 위험요인

심리적 부검에서 노인의 자살과 정신질환 사이의 강한 연관성을 보여 주었다. 자살한 노인의 90%는 자살 당시 진단 가능한 정신건강 질병이 있었다(Conwell, 2001). 가장 흔한 것이 우울증과 알코올과 약물의 의존 증후군이었다. 정신병, 인격장애, 불안장애도 약간의 역할이 있었고, 치매나 섬망의 영향은 불분명하였다. 자살 노인은 다른 연령군에 비해 우울증(특히 절망적인 우울증)으로 많이 고통을 받았다. 비록 우울증/절망감이 모든 연령군에서 자살의 중요한 요인이지만, 충동성은 역시 젊은 사람에게 중요한 역할을 한다. 노인은 충동적인 자살과 연관이 없어 보이며, 자살 노인의 많은 경우가 우울증과 연관이 있다. 자살과 우울증에 관한 연관이 검사마다 조금씩 다른 결과를 보이지만(63~90%), 우울증이 궁극적으로 자살위험을 높인다는 것으로 나타났다.

불행하게도 자살로 진단받은 노인 중 25% 미만만 심리학자나 정신과 치료를 받고, 대다수는 진단받지 않은 채로 지나간다. 양극성 정동장애, 최근 우울증 삽화, 단극성 우울증 사이에 차이는 없었다. 그러나 우울증 삽화의 빈도는 양극성이든 단극성이든 자살시도와 관련이 있었는데, 우울증 삽화가 많을수록 자살위험이 높았다.

노인이 가진 우울증의 종류에 따라 자살 결과와 관련이 있어 보인다고 보고하였다(국제조울병학회, 2016). 늦게 발병한 우울증(병 전 기능은 건강했던, 늦은 나이에 발생한 우울증)은 모두 약물에 잘 반응하며, 만약 적절한 치료가 있으면, 일찍 우울증이 오고 평생 계속된 우울증에 비해 자살 가능성이 작다. 그러나 만약 늦게 발병한 개인이 진단을 받지도 못하고, 어떠한 정신과 치료도 받지 않았다면, 일찍 시작한 우울증을 가진 사람보다 자살의 위험이 커진다. 그것은 늦게 발병한 우울증 환자는 일찍 발병하여 전 생애를 우울증과 전쟁을 치른 사람에 비해 대응기술이 부족하기 때문인 것으로 보인다. 알코올과 약물남용장애는 노인, 특히 남성에게서 비교적 흔하다.

(3) 인지적 위험요인

다른 연령군과 마찬가지로 자살 노인에게서도 다른 가능성을 개발하거나 고려하는 능력에 제한이 오는 것 같다. 제한된 문제해결기술과 감소된 대응기술이 자살에 있어 항상 위험요인이 된다. 이러한 제한된 선택은 일생을 통한 미숙한 대응기술의 결과이지만, 더 흔한 이유는 노인에게 생긴 경직된 인지 기능 때문이다.

(4) 환경적 위험요인

사별한 사람은 그렇지 않은 사람보다 2~3배 더 자살시도가 높다. 어떤 연구자는 누구와 같이 사는 것과 혼자 사는 것이 자살위험의 결정적인 요인이 아니며, 오히려 외로움과 소외가 나이에 상관없이 사람을 자살위험에 빠지게 한다고 보고하였다. 이것은 결혼한 사람이 사별한 사람보다 덜 외로울 것이라고 단순히 보는 경향 때문이다. 혼자 사는 노인은 매우 위험한 상태에 있게 된다. 자살위험을 고려할 때 노인의 '외로움'은 젊은 사람의 경제적 문제, 악화된 건강, 우울증, 알코올 문제, 무가치감, 소외감 등처럼 중요한 이유가 된다.

축적된 상실의 의미 역시 노인에게서 자살의 환경적 위험요인으로 제시되어져 왔었다. 하나의 중요한 상실의 증폭만큼은 아니지만 외면상 상실이 빠르게 연속되면(은퇴, 친구나 사랑하는 사람의 죽음, 수입의 감소, 특권의 감소, 이동의 어려움, 건강의 악화 등) 각각의 상실에 슬퍼할 충분한 시간이 없어 축적된 효과가 절망적인 우울증으로 이끌게 된다(Stillion & McDowell, 1996).

많은 생활 상황이 노인의 자살위험과 관련된다는 가설이 있어 왔다는 것은 중요 언급 사항이다. 종종 아직도 걱정 없는 휴양의 시간이 되는 은퇴를 하지 않은 그들에 의해 예측되는 은퇴는 지극히 힘든 일이며, 특히 그들의 경력으로 긍정적인 평가와 정체감을 받은 사람에게 그렇다. 종종 은퇴와 같이 오는 경제적인 자유로움을 잃어버리면 노인 역시 자살위기로 간주된다. 특히, 노인이 빈곤층에 가까울 때 그렇다.

자살을 원하는 노인은 전형적으로 치명적인 방법을 사용하며, 마지막 순간의 개입을 허락하지 않는다. 자살한 대다수는 다른 사람이 자살위험이 커졌다는 것을 알지 못하도록 '도움을 요청하는' 움직임이나 경고 징후 등을 보이지 않는다. 우울증(절망감)과 자살위험의 연관성 때문에 우울증이 가장 중요한 경고 징후가 되며, 이때 술을 많이 마시게 된다. 그러나 경고 징후가 거의 없더라도 몇 개의 유발 조건이 있다. 위에서 언급한 은퇴, 수입의 감소, 신체질환, 상실, 독립성의 저하 등의 모든 생활 환경이 노인 자살의 유발 조건이 된다. 우울하고 패배적인 태도로 이러한 환경에 처할 때마다 개입은 필수적이다. 노인에게 있어 하나의 결정적인 자살 유발 조건은 동반자살에 들어가는 것이다. 동반자살은 비교적 드문 것이지만, 미국에서는 노인 동반자살이 다른 연령군에 비해 가장 많다. 배우자가 가장 많이 동반자살을 하며, 특별히 한 배우자가 기능상실이 매우 클 때 나타난다. 청소년의 동반자살처럼 주도적인 사람과 피동적인 사람이 있는 것으로 보이며, 그들은 서로에게 매우 의존적이다. 동반자살은 거의 모두 치명적이다.

〈표 7-1〉 노인(65세 이상)의 자살생각 및 자살시도율

구분		자살생각율	자살시도율
성별	남	9.9	12.7
	여	12.2	10.4
연령	65~69세	11.1	14.8
	70~74세	12.1	9
	75~79세	11.5	11
	80~84세	10.3	11
	85세 이상	7.3	6.7

출처: 보건복지부(2014). 노인실태조사.

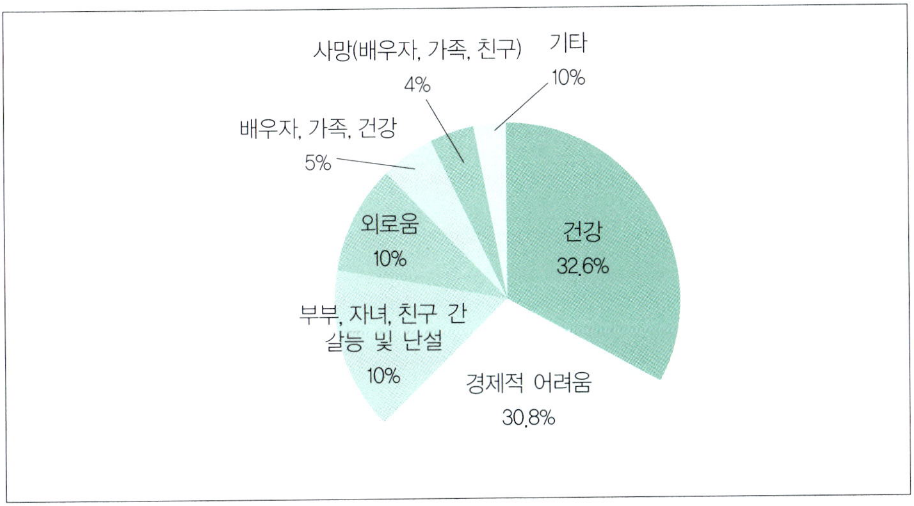

[그림 7-1] 노인 자살생각율

출처: 보건복지부(2014). 노인실태조사.

02 노인의 신체화증상군

고령 자살자의 가장 높은 동기는 '질병으로 인한 괴로움'으로 나타난다. 그러나 질병으로 인한 괴로움이 반드시 신체적 질환 및 통증으로 비롯되는 것은 아니다. 우울증은 노인의 자살과도 관련이 깊다. 그러나 노인은 정신성 운동지체, 우울감, 불안 · 초조와 같은 전형적인 우울증 증상이 확실하게 나타나지 않는 경우가 많다.

노인은 우울증의 증상을 신체적 불편함으로 표현하는 경향이 있다. 노인의 경우 신체적 증상이 더 크게 부각되기에 우울감의 정도가 상대적으로 낮게 평가된다. 노인은 머리가 무거운 느낌, 두통, 현기증, 흐릿한 시야, 이명, 목의 통증, 두근거림, 호흡 곤란, 복부 팽만감, 변비, 설사, 관절통, 성욕 감퇴, 불감증, 잔뇨감, 빈뇨감, 미열, 피로감 같은 모든 신체적 불편함을 호소할 가능성이 크다. 노인의 경우 의학적으로 신체적 질병을 찾지 못하는 경우도 많고, 고령이기 때문에 신체적인 이상을 발견하는 경우도 있다. 그러나 노인의 경우 객관적인 질병의 유무보다 주관적인 고통과 불편함이 심하다. 이러한 고령 환자는 의사의 진단과 처치에 만족하지 못하며, 증상 또한 개선되지 않아 여러 의료기관을 찾거나 검증되지 않은 치료 및 약품을 사용하기도 한다.

03 심리적 상처

노인의 신체적 통증은 다양하기 때문에 한 부분이 나으면 곧이어 다른 부위의 통증을 호소한다. 이렇게 신체화증상군은 상황에 따라 변화하는 특성을 가진다. 이러한 노인의 호소는 자신에게 중요한 사람에게 도움을 요청하는 신호로 이해할 수 있다. 신체화증상군은 우울증에 대한 신체 망상, 우울증에 동반하는 신체 증상, 실제 존재하는 신체 증상이 과장되어 통증을 호소하기도 한다.

Alarcon은 신체화증상군이 있는 노인 가운데 자살시도자가 많으며, 증상을 보이지 않는 사람에 비해 자살위험도 3배 높다고 보고하였다. 연구에 의하면 노인의 자살 동기가 질병에 의한 고통이라는 점을 분석하면 암과 같은 질병을 제외하면 고혈압, 류머티즘, 신경통 같은 것으로 죽을 듯한 고통이나 고뇌가 따르는 질병이 아닌 것으로 나타났다. 따라서 노인의 자살은 충분히 치료 가능한 질병에 대한 고통이 아니라 노인을 대하는 가족의 냉담하고 무관심한 태도가 자살의 위험요인으로 보고되었다.

04 노인의 사회 심리적 문제

노인의 경우에는 전형적인 우울증 증상이 나타나지 않은 경우가 많기 때문에 진단이 어려워 자살로 이어질 위험이 있다. 그러나 이러한 정신의학적 문제뿐만 아니라 사회 심리적인 문제도 노인의 자살과 관련하여 고려되어야 한다.

1) 정신과 진료의 거부

정신과 및 상담에 대한 거부감을 가진 사람이 적지 않다. 이러한 경향은 모든 연령대에서 나타나지만, 특히 노인에게 더욱 두드러지게 나타난다. 정신과에서 진료를 받는 것 자체를 '자신을 미친 사람으로 취급한다.'고 생각해 화를 내거나 불안감을 느낀다. 앞서 살펴본 자살실태에서도 노인의 자살률이 높지만 자살미수가 아니고서야 직접 의료기관과 상담기관을 통해 처치 받은 경우는 매우 드물다.

2) 고령의 환자를 대하는 치료자의 태도

고령의 환자라는 선입견으로 증상을 정확히 파악하지 못하는 사례가 있다. Butler는 고령이기 때문에 치료 효과가 낮다고 판단하는 태도가 치료자들에게 있어 적절한 처치만으로 나을 수 있는 증상도 방치되는 경우가 있다는 것이다. 두 용지에 같은 증상을 기록하고 환자의 연령만 다르게 표시했을 경우 젊은 환자에 비해 고령의 환자는 일반적인 치료뿐만 아니라 정신과 치료 역시 중요하게 생각하지 않는다는 치료진이 많은 것으로 보고되었다.

3) 간접적인 자기파괴 행동

Patterson은 노인은 분명한 자살수단이 아닌 천천히 죽음에 이르게 하는 간접적인 수단을 사용한다고 보고하였다. 지나친 음주와 흡연, 소홀한 건강 관리, 과도한 심리적 스트레스, 적절한 체중 유지를 하지 않으며, 정기적 건강검진을 받지 않고, 처방받은 약을 복용하지 않으며, 치료를 거부하거나 자기진단을 과신하고, 의사의 지시에 따르지 않고 자기 방식대로 나으려고 하는 태도가 수명을 단축시키는 자기 파괴적 수단이라고 기술하였다.

4) 노인의 지원 네트워크의 부족

자살의 위험이 큰 고령 환자에 대한 지역적 자원이 부족하다는 것이다. 이전에는 노인을 보살피는 것을 전적으로 가족에게 의존하였으나 가족제도 등의 변화로 인해 보살핌의 주체가 가족에게 국한될 수 없는 상황이다. 따라서 가족에게만 의존했던 방식에서 벗어나 적절한 사회적 자원을 제공할 수 있는 다양한 지원 네트워크가 필요하다.

08 CHAPTER

군인의 자살

군자살보고서에 의하면 유서를 남기고 자살한 병사 124건의 유서와 사건기록, 유가족 면담 기록, 친구 · 동료의 인터뷰 기록, 군의관 및 상담 전문가의 자료를 분석하였다. 군인의 자살률은 일반인, 미군과 비교했을 때 상당히 낮은 수준이지만 군 내 전체 사망자 중 자살자가 가장 높은 비중을 차지하고 있다는 점에서 군인의 자살은 간과할 수 없는 문제이다.

01 군 사망사고의 실태

군 사고는 안전사고와 군기사고로 구분할 수 있다. 안전사고는 고의성이 없는 개인적 행동과 물리적 환경 및 상태, 조건이 원인으로 사망을 초래한 사고를 의미하며, 군기사고는 군인복무규율 및 국군 병영생활규정을 고의 또는 과실로 인해 발생한 사건 · 사고로 징계 또는 형사처벌의 대상이 되는 사고를 의미한다.

2004년부터 2012년까지 군 사망사고[4]를 분석하면, 2012년 전체 사망사고는 111명으로 2004년의 135명에 비해 24명이 줄어 17.8% 감소하였다. 이중 안전사고에 의한 사망자는 2012년에 38명으로 2004년 65명인 것에 비해 41.5% 감소하였고, 군기사고에 의한 사망자는 2004년 70명에서 2012년 73명으로 3명 증가하였다. 자살자는 2004년 67명에서 2012년 72명으로 7.5% 증가하였다. 주목할 점은 2012년 자살자가 전체 사망사고 111명 중 72명으로 64.9%나 차지하며, 이는 2004년 자살자가 전체 사망사고 135명 중 67명, 64.9%에 비해 15.3% 증가한 것이다. 지난 9년간 군내 사망사고 중 자살 추세를 살펴보면 29.6%에서 71.7%의 범위로 나타나며, 평균적으로 1,138명 중 695명으로 61.1%로 나타난다.

4) 본 통계지표는 사고 예방을 위한 군의 노력(부대 지휘관리, 각종 제도, 교육, 시설물 안전관리 및 안전수칙 준수 등)을 통하여 예방 또는 감소가 가능한 군기 · 안전사고에 의한 사망자에 국한된 자료이다. 군의 각종 예방활동과 무관한 사망자(개인 질병, 민간인에 의한 피살, 의로운 죽음, 전사처리 등)는 제외되었다(e-나라지표: www.index.go.kr).

〈표 8-1〉 군 사망사고 실태(2004~2012)

구분		2004	2005	2006	2007	2008	2009	2010	2011	2012	계
계		135	124	128	121	131	113	129	143	111	1,138
안전사고	차량	27	21	25	22	25	13	9	18	17	177
	항공/함정	6	4	3	3	8	0	13	5	1	43
	익사	13	11	7	5	7	7	4	2	2	58
	폭발	3	1	0	0	1	0	0	1	0	6
	추락/충격	4	6	2	2	9	8	8	5	5	49
	화재	1	0	0	0	0	0	0	0	3	4
	기타	11	7	13	7	8	4	12	11	10	83
	계	65	50	50	39	58	32	46	42	38	420
군기사고	자살	67	64	77	80	75	81	82	97	72	695
	총기	0	8	1	2	0	0	0	4	0	15
	폭행	1	1	0	0	0	0	1	0	1	4
	기타	2	1	0	0	1	0	0	0	0	4
	계	70	74	78	82	76	81	83	103	73	720

출처: 국정통계정보시스템(e-나라지표) 군 사망사고 현황.

2004년부터 2012년까지 신분별 군 자살자는 일반 병사가 450명으로 전체 자살자 중 64.8%로 가장 높았고, 부사관 158명(22.7%), 장교 68명(9.8%), 군무원 19명(2.7%)으로 나타났다.

〈표 8-2〉 군인 신분별 자살자 현황

구분	2004	2005	2006	2007	2008	2009	2010	2011	2012	계(%)
장교	6	7	6	9	4	9	11	8	8	68(9.8)
부사관	10	12	16	16	18	14	18	29	25	158(22.7)
병	49	41	54	53	52	54	52	57	38	450(64.8)
군무원	2	4	1	2	1	4	1	3	1	19(2.7)
계	67	64	77	80	75	81	82	97	72	695(100.0)

출처: 국정통계정보시스템(e-나라지표) 군 사망사고 현황.

02 군 자살사고 발생요인

육군본부(2010)의 자살사고 예방 지침서에 의하면 병사의 자살원인을 개인적 요인, 사회 환경적 요인, 부대 환경적 요인으로 구분하여 설명하고 있다.

〈표 8-3〉 군 자살사고 발생요인

자살 요인		내용
개인적 요인	성격 결함	• 내성적 성격으로 자신의 의사를 말하지 못하고 사회생활 부적응 비관 (대인관계의 결여, 의사표현능력의 부족)
	지병	• 지병, 허약 체질자가 교육훈련, 업무 과중 등을 견디지 못함
	정신질환	• 우울증, 조울증, 정신분열증 등
사회 환경적 요인	가정 환경 비관	• 불안정한 가정 환경: 부모이혼, 편부모, 계부모, 부모 사망/위독 • 경제적 곤란: 생계가 어렵거나 부모의 무능 비관
	진로 비관	• 대학 불합격, 저학력 등 무능함을 비관 • 입대로 학업이나 직업 중단에 대한 비관
	애인 관계	• 애인의 변심이나 부모가 반대하는 것을 비관
	삶의 비관	• 삶을 부정하는 염세 비관 • 다른 원인과 복합적으로 작용, 최종적으로 세상을 원망
	사고 야기	• 교통사고나 범죄, 과실에 의한 사고를 내고 죄책감에 빠진 경우
	모방형	• 인터넷 자살사이트, 언론 등에 의해 전해지는 자살사고 모방
	생명 존엄성 결여	• 인터넷 자살사이트, 언론 등에 의해 전해지는 자살사고 모방 • 청소년 자살예방교육 미흡
부대 환경적 요인	내무생활 악습	• 고참병의 폭행과 횡포, 동료들과의 인간적 유대감 단절 • 내무생활이 만족감을 주지 못하고 통제와 고통의 연속 • 구타/가혹 행위, 부당한 요구 등 내무생활 부적응 요소 산재
	업무처리 능력 비관	• 교육훈련(사격, 태권도, 행군 등) 미숙에 대한 질책과 모욕 • 보직에 대한 불만과 보직 교체 • 업무처리능력 미숙으로 열등감과 잦은 지적으로 인한 근무 의욕 상실
	인격적 모독	• 업무 미숙이나 태도 불량 등으로 상관으로부터의 인격적 모독 • 집단 따돌림
	상담창구 미흡	• 의사소통이나 상담창구 미흡
	생활 환경 변화	• 전입 초기 하루 일과, 의식주 등의 급격한 변화 • 열악한 부대생활 및 근무 환경

출처: 육군본부 사고분석(2010).

03 군 자살자의 자살방법 및 특성

군 자살은 목맴, 투신, 총기 등 다양한 방식으로 나타난다. 일반적으로 우리나라에서 나타나는 자살방법과 비교해 볼 때 총기에 의한 자살은 상당한 의미가 있다. 총기에 의한 자살은 미국 등 총기 소지를 허용하는 나라에서 가장 많이 나타나는 자살방법이지만 총기를 규제하는 우리나라의 경우에는 주로 군인과 경찰의 자살방법으로 나타난다. 총기를 사용한 자살에서도 대부분 권총이 아닌 소총에 의한 자살방법을 선택하였다.

2008년부터 2012년까지의 군 자살자 253명 중 유서를 남긴 124명을 대상으로 분석한 결과 계급별로는 이병 53%, 일병 33%, 상병 11%, 병장 2%로 나타났으며, 자살 유형으로는 목맴 51%, 투신 23%, 총기 19%, 가스중독 등 기타 7%로 나타났다. 유서의 대상자로는 부모와 가족이 48%, 군대 동료 및 상관 13%, 복수대상자 10% 순으로 나타났다.

자살자의 자존감 분석에서는 자신을 '쓰레기', '병신' 등으로 표현한 자기학대 24%, 자신의 무기력이 44%로 나타났으며, 유서에 남긴 정서 분석에서는 좌절감 47%, 군 조직에 대한 회의 43%, 억압감 23%, 자신의 죽음으로 인한 주변인에 대한 미안함 52%, 심적 고통 41%, 구타 등에 의한 육체적 고통 20% 등으로 나타났다.

우리나라 군 자살의 특성은 다음과 같다.

첫째, 병사의 자살원인 대부분은 군 내부의 환경적 요인과 입대 전 청소년 시기의 개인별 환경적 요인이 복합적으로 작용한다. 따라서 자살자의 청소년기의 개인별 환경적 요인인 부모와의 갈등, 빈곤, 무기력, 우울증 등과 징집이라는 국방의 의무를 마치기 위해 입대했던 군의 환경적 요인을 함께 고려하여야만 자살자에 대한 실체적 진실을 발견할 수 있다.

둘째, 군 환경에서는 자살의 촉발 요인인 하위문화가 존재하며, 이로 인해 갈등이 즉각적인 행동으로 이루어진다. 군 집단에서는 20대 남성이 집단적으로 생활하게 되므로 긍정적 문화와 부정적 문화, 즉 악습으로 여겨지는 하위문화도 생성된다. 이러한 하위문화 자살에 영향을 주는 구타, 가혹 행위, 언어폭력 등은 초임병에게 육체적 · 심리적 부담감을 느끼게 하여 자살의 요인으로 작용한다.

셋째, 자살을 결심하고 실행에 옮기는 시간이 비교적 짧다는 특징을 갖는다. 군 자살자의 경우 군 내부의 각종 악습에 노출되거나 자신이 업무상 잘하지 못해 선임자의 질책을 받게 될 때 갈등을 유발한 후 자살을 실행하는 시간이 매우 짧은 경향이 있다.

넷째, 총기 등 자신에게 익숙한 도구에 의한 자살이 많다. 군 자살자는 자살을 결심하고 실행에 옮기는 시간이 짧다는 것과 당장 자신이 소지하고 있는 총기를 자살 실행의 도구로 이용하는 것은 상당한 관련성이 있다.

일반사회에 비해 군의 자살률은 절반도 되지 않지만, 군에서 발생하는 자살은 일반사회에서 발생한 자살보다 그 영향력이 막대하므로 자살은 군이 관심을 가져야 할 중요한 문제이다. 따라서 군에서는 발생하는 사고를 줄이기 위해 다양한 노력을 하고 있다.

또한, 이전에는 주로 병사들 사이에서 자살이 발생하였으나, 최근에는 간부들, 특히 초급간부들(하사, 중사, 소위, 중위)에 의한 자살이 증가하는 양상을 보인다.

04 한국군 자살예방의 목표

1) 목표

(1) 단기 목표

- 자살위기 장병에 대한 빠른 인식 가능
- 이들에게 적절한 도움제공
- 자살예방을 위한 간부의 역할 인식, 부대의 안전관리 증진
- 자살위기 장병 의뢰처의 전문성 고양

(2) 중기 목표

- 자살 및 정신건강에 대한 인식의 변화
- 장병은 긍정적인 대처기술을 배우며 지휘관은 이를 강화
- 도움을 청하는 것에 대한 수용적 분위기 조성
- 구성원 각자가 자살예방을 위한 역할 인식
- 자살예방을 위한 리더의 지속적인 관심과 지원

(3) 장기 목표

- 군에서 발생하는 자살률 감소
- 군에서 발생하는 자살 관련 행동 감소
- 지휘관의 지휘 부담을 줄이고 전투력 배양에만 전념할 수 있도록 노력
- 장병의 군생활 만족감 증가
- 안전하고 강한 군대
- 높은 대군 신뢰도
- 존중과 배려의 병영문화 조성에 기여

05 위기상담의 실제

1) 내담자가 긍정적으로 변화할 수 있게 해 주는 일반적 요소

(1) 희망

희(希)는 점괘를 가리키는 육효(六爻)의 효(爻)와 수건 건(巾)이 합쳐진 글자이다. 앞으로의 운수를 알려 줄 점괘를 수건이 가리고 있는 형국이므로 점괘가 드러나기 전까지는 앞날에 대한 기대를 가지게 된다는 뜻이다. 그래서 '바란다'는 의미를 추상적으로 담고 있다. 망(望)은 바깥에 나가고 없는 사람이 돌아오기를 달을 바라보며 기원한다는 의미가 있어 '바란다'는 의미를 담게 되었다. 이 단어는 바라는 것이 구체적이다. 그래서 희망은 '바란다'는 의미를 추상적이면서 구체적으로 담고 있는 용어이다.

(2) 낙관성

- 낙관적인 사람이 더 행복하고 더 많은 것을 성취한다.
- 선거와 운동경기에서도 상대보다 더 낙관적인 후보와 선수가 이긴다.

긍정심리학 창시자인 Martin Seligman은 30년 이상 낙관적인 사람들과 비관적인 사람들을 연구했다. 비관적인 사람들은 나쁜 일은 자기 잘못 때문에 일어나며, 오랜 기간 지속되고, 모든 것을 파괴한다고 믿는다. 또 스스로를 무력한 존재로 느끼고 우울증에 빠져들기도 한다. 오늘날 우울증은 특히 젊은 사람들 사이에서 유행처럼 번지고 있다. 반면 낙관적인 사람들은 실패는 일시적인 시련이나 어려움일 뿐이며, 그로 인해 자신이 무너지는 일은 없다고 믿는다. Seligman은 새로운 인지체계를 습득함으로써 "비관적인 사고에서 벗어나" 우울증을 이겨 내고 막아 낼 수 있으며, 자기 자신에 대해 더 좋은 생각을 하고 더 많은 것을 성취할 수 있다고 주장한다.

2) 희망 증진을 위한 기법

(1) 기적질문

기적질문이란, 자살생각이나 자살감정이 기적적으로 사라지는 것을 가정하는 질문을 말하며, 그 특징은 다음과 같다.

① 현실변화의 구축 가능성에 대한 자기상을 형성하는 것이다.
② 문제가 해결된 미래에 대해 상상해 보고 해결하기 원하는 것들을 구체화하고 명료화하여 내담자가 안도감, 희망, 용기를 갖도록 한다.
③ 문제를 제거시키거나 감소시키지 않고, 문제와 분리하여 해결을 상상하게 한다.

이는 치료를 통하여 변화하기 원하는 것을 설명하게 하며, 문제에 대한 집착으로부터 벗어나게 한다. 예를 들어, “밤에 잠자는 동안에 기적이 일어나 지금 치료 목표로 하는 문제가 해결되었다고 상상합시다. 그러나 잠자는 동안에 기적이 발생하여 무슨 일이 생겼는지 아무도 모르지요. 아침에 눈을 떴을 때 무엇을 보고 지난 밤 동안에 기적이 발생했는지 알겠습니까?”라고 물어볼 수 있다. 여기서 주의할 것은 기적이 ‘일어났을 때’를 가정하고 질문해야 하며, ‘일어난다면’으로 가상해서 질문하지 않아야 한다.

(2) 나이가 들고 현명한 당신

무기력한 내담자를 조금 더 나이가 들고 현명해진 사람으로 가정하는 것으로 내담자로 하여금 현재의 난관을 극복하는 방법에 대해 충고를 해 줄 수 있는 사람의 입장에서 생각해 볼 수 있게 해 준다.

(3) 문제해결에 초점을 둔 감정의 저장고

내담자에게 강한 부정적 감정을 시각적으로 잘 드러내 주며, 분노와 같은 부정적 감정이 내담자 자신의 통제하에 있다는 느낌을 느끼게 해 준다. 내담자에게 높은 수준의 부정감정을 감소시킬 수 있는 통제력을 줌으로써 내담자에게 권한을 이양하고 내담자를 격려할 수 있는 방법이다.

3) 자살하려는 사람과 상담할 때 흔히 하는 실수

- 전문적인 기술만 사용하고 내담자에게 더 많이 공감하는 것을 두려워하는 것
- 내담자에 대한 고정관념을 계속 갖는 것
- 내담자에게 지시를 내리지 못하는 것
- 내담자의 정서를 공감 대신 이지적인 관점에서 이지적으로 말하는 것
- 자살하려는 사람과 일하는 스트레스로 인해 방어적으로 대하는 것
- 진실이 담기지 않은 틀에 박힌 희망의 말을 제공하는 것
- 유발원인 또는 자살사고를 이끈 선행 사건을 정확하게 확인하지 못하는 것
- 치료적 관계에서 지나치게 수동적인 것

4) 상담 전 준비사항

(1) 상담실 환경

상담실의 물리적 환경은 상담과정에 영향을 미치는 중요한 요인이다. 상담실의 위치나 분위기 등은 상담기법 못지않게 상담 장면에서 중요한 비중을 차지하므로 상담 시작에 앞서 상담 환경을 구조화하는 데 세심한 주의를 기울여야 한다. 또한, 효과적인 상담을 위한 상담 환경을 마련하기 위해 우선적으로 고려할 것은 내담자가 자신의 문제가 다른 사람에게 노출되는 것에 대한 두려움 없이 자신의 생각과 감정을 표출할 수 있도록 다른 공간과 독립된 곳에 위치해야 한다. 또한, 목소리가 밖에서 들리지 않으며, 상담 장면이 노출되지 않도록 편안하고 안락하며, 안정되고 위협적이지 않은 환경을 제공해야 한다.

(2) 심리적 준비

가장 중요하게 생각해야 할 것은 신뢰감을 형성하는 일이다. 처음부터 상담의 특정한 기법을 적용하려고 노력하기보다 수용적이고 온화한 태도로 내담자에게 깊은 관심을 나타내는 것이 무엇보다 중요하다. 상담자가 이러한 태도와 관심을 보일 때 내담자는 상담자를 믿고 편안한 상태에서 이야기할 수 있게 된다. 그래서 상담자는 불편하고 어려운 상황에 있는 내담자를 편안하게 해 줌으로써 상담실에 들어오면서 느낄 수 있는 안정감을 고려해야 한다.

5) 기본적인 상담기술

(1) 반영

내담자에 의해서 표현된 요소를 내담자의 말을 그대로 되풀이하거나 그 내용을 반영하는 것이 아니라 그 밑바탕에 흐르고 있는 감정을 파악하는 것이 중요하다. 즉, 내담자의 기본적인 태도나 말로 표현한 주된 감정의 내용을 상담자가 다른 참신한 다른 말로 바꾸어 말해 주는 것이다.

(2) 수용

수용이란, 내담자의 이야기에 주의를 집중하고 있고, 수용하고 있다는 것을 보여 주는 기법이다. 내담자가 자신의 문제를 진술할 때 주로 많이 나타낸다. "음.", "네." 등의 긍정적인 언어 표현과 함께 표정, 몸짓 등의 비언어적 요소도 포함된다. 상담자가 내담자에게 주의를 기울이고 있다는 사실을 암시적으로 전달하는 것이다.

(3) 바꾸어 말하기

반영이 느낌과 감정에 초점을 맞추는 것에 반해 바꾸어 말하기는 사실적이고 인지적인 측면과 내용을 강조한다. 바꾸어 말해 줌으로써 상담자가 내담자의 입장을 이해하려고 노력하고 있음을 알려줄 수 있으며, 내담자가 말한 내용을 구체화시킬 수 있고, 내담자가 말하고 있는 내용을 상담자가 정확히 이해하고 있는지 확인해 볼 수 있다.

(4) 경청

내담자의 말과 행동을 경청하는 것은 상담을 성공적으로 이끄는 주요 요인이다. 경청하기 위해서는 다음 사항을 주의해야 한다.

- 내담자와 계속 시선 접촉을 해야 한다.
- 상담자는 이완된 자세로 내담자 쪽으로 약간 몸을 기울이는 것이 좋다.
- 상담자는 자신의 자세와 몸짓이 어떤 의미를 전달하는지 주목하고 이것이 자신이 의도한 것인지 분명히 파악해야 한다.
- 상담자의 언어 표현은 내담자가 말한 내용의 흐름을 따라가야 한다.

(5) 요약

요약이란, 여러 가지 생각의 감정을 상담이 끝날 무렵 하나로 묶어 정리하는 것이다. 한 주제를 끝내거나 면담이 끝날 때 사용하며, 이미 언급된 사항을 함께 묶어 요약해 주거나 다음에 만날 약속을 정하는 것 등이 포함된다.

(6) 명료화

명료화란, 내담자가 한 말 중에서 모호한 점을 내담자가 확실히 알도록 해 주는 것이다. 진술의 내용을 반영하는 특별한 방법으로써 내담자가 이야기한 것의 실체를 요약하는 기법이다. 내담자의 감정을 밀어붙이지 않고 그의 방황이나 흩어진 반응 등을 단순화시켜 줌으로써 통찰의 발달을 촉진하는 기법이다. 명료화는 내담자의 문제를 거울에 비춰보듯이 분명하게 하는 작업을 말한다. 내담자의 입장에서서 문제를 경청하고 그러면서도 객관적인 입장을 유지하는 것이 명료화의 전제라고 할 것이다. 명료화는 내담자의 문제갈등을 분명하게 하는 것뿐만 아니라 문제갈등에 연관된 내부적 진실을 분명히 한다.

6) 상담을 촉진하는 상담자의 태도

(1) 공감적 이해

자신이 직접 경험하지 않고도 다른 사람의 감정을 그 사람이 느끼는 것과 거의 같은 내용과 같은 수준으로 이해하는 것이다.

(2) 수용적 존중

상담자는 내담자에게 따뜻하고 수용적이어야 한다. 상담자는 이러한 태도를 말로 전달하는 것뿐만 아니라 목소리의 억양과 표정, 몸짓 등을 통해서도 전달해야 한다.

(3) 일관적 성실

상담자가 진실한 마음으로 책임감을 느끼고 내담자에게 꾸준히 성실하고 정직하게 대하는 것을 말한다.

7) 위기상담에 임하는 자세

① 즉각적으로 개입한다.
② 관심을 가지고 자신 있게 대한다.
③ 자세한 상황적 정보를 얻는다.
④ 위기 상황이 발생했다는 것을 내담자가 받아들이도록 돕는다.
⑤ 잘못된 안심은 제공하지 않는다.
⑥ 행동으로 옮기는 것이 중요하다는 것을 인식한다.
⑦ 사회적 지지의 네트워크를 재수립하도록 한다.

⑧ 집중적인 문제해결을 위해 노력한다.

⑨ 자기개념에 초점을 맞춘다.

⑩ 자립을 격려한다.

06 위기상담의 과정

1) 위기상담의 시작

(1) 공감과 라포 형성

공감이란 그 사람의 입장에서 그 사람의 감정, 사고, 경험을 이해하고 나누고 느끼는 것, 즉 그 사람의 관점에서 그의 세계를 이해하는 것을 말한다.

❶ 공감(empathy)

- 의식적이고 목적 있는 과정이며 훈련이 필요하다.
- 상호작용을 통해 일어난다.
- 상대방의 현 상태를 정확히 지각한다.
- 상대방의 관점에서 이해한다.
- 상대방을 판단하지 않고 있는 그대로 수용한다.
- 상대방의 느낌을 공유하면서 객관성을 유지한다.
- 상대방을 이해하고 있다는 것을 전달하는 의사소통을 포함한다.
- 상대방을 돕고자 하는 의지를 보인다.

❷ 공감의 조건

- 확고한 정체성과 인격의 통합
- 진정한 관심과 배려, 돌봄

- 성실한 대화, 경청과 느낌에 대한 적극적인 반응
- 경험의 유사성

❸ 공감의 장애 요인

- 자신의 문제에만 집착
- 감정 표현을 삼가는 문화
- 수용이나 지지보다는 문제해결에만 중점

❹ 공감의 과정

- 동일시와 통합: 나 자신을 상대방의 세계에 몰입시킨다. 나의 경험보다는 상대방의 경험을 받아들인다.
- 반향: 공감을 전달한다.
- 분리: 주관적인 개입에서 물러나고 우리 자신의 정체감을 찾는다(이성과 객관성, 통찰을 이용해서 도움을 제공한다).

❺ 라포(rapport) 형성

- 자신과 상대를 편안하게 하기 위해 가벼운 대화 등으로 시작한다.
  - 날씨 또는 식사 여부에 관한 간단한 안부 질문
  - 오시는 길에 대한 노고를 인정, 함께할 수 있음에 감사를 표현
- 상대가 보이는 표정, 신체 반응, 목소리 등 비언어적 행동을 잘 읽고 적절한 반응을 해 준다.
  - 편안하게 워크숍 환경에 적응할 수 있도록 말을 걸어 표현
  - 워크숍 장소 및 다과 안내
- 상대가 거리를 유지하고 피하면 기다리고 천천히 다가간다.
  - 눈이 마주치도록 노력하고, 눈이 마주치면 웃으며 인사
- 상대가 비유를 사용하여 말하면 그 비유를 그대로 사용하여 반응한다.
  - 참여자가 사용한 단어를 그대로 인용하면서 소속감을 부여
- 상대를 공감하고 존중하며 일치하는 점을 찾으려 이해한다.

- 소외되는 의견이 없도록 경청하며, 상대를 칭찬하고 높여 주는 표현을 사용 (예: 정말 대단해요!)

- 상대에 대한 무조건적인 긍정적 관심을 표현한다. 상대가 어떤 것이든 느끼는 그대로 표현하도록 한다.
  - 틀린 것이 없으며 모든 의견과 모든 사람이 동등함을 선언
  - 어떤 표현에도 중립을 지키며 중재
- 다른 생각에 잠기지 않는다. 상대의 주위를 산만하게 할 일을 피한다.
  - 참여단의 발언에 늘 경청하고, 경청의 리액션과 표정을 통해 안정감을 부여
  - 촉진자(facilitator)의 발언이 혼동을 주지 않도록 발언에 신중함

(2) 불일치 평가하기

❶ 언어적인 의사소통

- 자살의도에 대해 분명히 말하는 것
- 과거 시제로 말하는 것
- 애매하게 말하는 것
- 신변을 정리했거나 혹은 정리하고 있다는 말을 하는 것
- 거의 알아들을 수 없게 말하기

❷ 비언어적인 의사소통

- 눈 맞춤
- 구부정한 자세
- 기뻐할 상황이 아닌데도 과도하게 즐거워하는 것
- 개인적 위생이나 자기 관리 외양에 대한 관심 저하
- 불안하거나 겁에 질린 표정

(3) 자살을 이끌어 내는 질문

- "당신은 최근 자살에 대해 생각한 적이 있습니까?"
- "이 시점에서 당신은 얼마나 잘 대처할 수 있다고 느끼시나요?"
- "이 모든 것이 당신을 얼마나 우울하게 만들고 있나요?"
- "이제까지 당신이 겪어 온 삶에 대해 어떻게 느끼는지 듣고 싶어요?"
- "지금 삶을 끝낸다고 생각하면 얼마나 편안하게 느껴지나요?"

2) 위기상담의 필수 작업

(1) 위기상담의 주요한 과제

- 내담자의 안전을 보장해야 한다.
- 자기-관찰, 즉 극심한 동요가 있는 동안 자기 스스로의 상태를 돌아보게 해야 한다.
- 증상의 완화와 안정을 목표로 하고 이것을 달성할 수 있도록 해야 한다.
- 내담자가 경험하고 있는 절망감의 원인을 해소하는 것을 직접적인 목표로 삼아야 한다.
- 내담자가 지목한 사람에게 지지를 받을 수 있도록 해야 한다.
- 현재 자살하려는 상태인지에 대해 분명하게 확인해야 한다.
- 내담자의 자살위기와 최대 약점을 알아야 한다.
- 위기에 대처할 수 있는 계획을 제공해야 한다.

(2) 자살심리치료의 유형

- 정신역동적 치료
- 문제해결적 접근
- 인지 행동적 치료
- 변증법적 행동치료

- 대인관계치료
- 가족치료
- 집단치료
- 정신 약물학

(3) 자살에 관한 흔한 질문

- 누군가 나에게 찾아와서 "자살을 생각하고 있습니다."라고 이야기한다면 어떻게 해야 합니까?
- 자살과 관련해서 어떤 곳에서 가장 잘 도와줄 수 있을까요?
- 자살할 거라는 위협이 그냥 주위의 시선을 끌려고 하는 것이 아닐까요?
- 사람에게 '죽을 권리'라는 게 있지 않을까요?
- 자살의 원인은 무엇일까요?
- 자살을 생각하고 있지 않은 사람에게 자살에 대한 이야기를 해서 괜히 그 사람이 자살을 고려하는 것은 아닐까요?
- 자살을 고려하는 당사자가 도움이 필요하지 않다고 할 때는 어떻게 해야 합니까?
- 자살을 하려는 사람이 내가 잘 아는 사람이 아니거나 우리 부대 사람이 아닌 경우 어떻게 해야 합니까?
- 자살은 가족이나 친구에게 어떤 영향을 미치나요?
- 자살하려는 사람을 도와주려는 노력을 하면 법적으로 책임을 져야 하나요?
- 자살을 시도하는 사람의 유형이 있나요?

07 군 내 자살예방 시스템의 구축

1) 자살예방교육 상례화

군 내 자살예방 시스템을 구축하기 위해 가장 먼저 할 일은 자살예방교육을 상례화하는 것이다. 자살이 발생한 후에 자살예방교육을 실시하는 것은 의미가 없다. 자살예방 프로그램을 자주 실시할수록 더 빠르고 확고하게 자살예방 프로그램을 정착시킬 수 있지만, 여러 가지 제약이 있으므로 최소한 분기별로 한 번은 자살예방 프로그램을 실행하도록 하며, 신병교육과 간부들의 보수교육 시에 자살예방 프로그램을 고정적으로 실시하도록 해야 한다.

2) 자살예방에 기여하는 병영문화 조성

① 자살은 예방 가능하다.
② 자살은 군이 담당해야 할 중요한 주제이다.
③ 자살에 대해 자유롭게 이야기할 수 있어야 한다.
④ 어려울 때는 도움을 요청할 수 있어야 한다.
⑤ 정신건강 서비스에 있어서 장병을 차별해서는 안 된다.

3) 계급과 역할에 따른 자살예방노력

(1) 자살예방을 위한 간부의 노력

① 병사가 간부에게 부담 없이 도움을 요청할 수 있는 믿을 수 있고 지지적인 환경을 만들어야 한다.
② 일찍 개입할수록 귀중한 생명을 살릴 수 있는 기회가 증가한다.
③ 군 내외의 정신건강 서비스를 제공할 수 있는 관계자와 기관을 알고 있어야 한다.

④ 정신 병리에 대한 편견을 줄이기 위해 노력한다.

- 상담받는 장병과 상담자 사이의 비밀을 존중한다.
- 장병이 필요한 도움을 받는 것을 방해하는 규정과 절차가 있는지 검토한다.
- 모든 장병에게 불안, 스트레스, 우울증 등과 그 치료에 대해 교육한다.

⑤ 부하들을 파악한다.

- 부하들과 대화를 시도한다. 중요한 것은 그들이 하고 싶어 하는 이야기를 듣는 것이다.
- 필요하다면 군 내외의 정신건강 서비스를 통해서 상담받도록 조언한다.
- 부하들의 독특하고 다양한 성격적 특성을 받아들인다.
- 부하들을 존중하는 마음으로 대한다.

(2) 자살예방을 위한 병사의 노력

① 자살은 누구에게나 생길 수 있는 일이라는 인식의 전환이 필요하다.

② 필요한 경우 초기에 도움을 요청해야 한다.

4) 자살우려자의 식별 및 보고체계

① 일반적 자살우려자 식별 시 보고체계: 병사, 분대장, 소대장 → 중대장, 행정보급관 → 대대장, 주임원사 → 연대장, 주임원사 → 사단장

② 급성 자살우려자 선별 시 보고체계: 병사 → 주임원사 → 대대장 → 연대장 → 사단장

5) 의뢰체계 구축 및 전문성 확보

① 의뢰체계의 구축

② 의뢰체계의 자살 개입에 대한 전문성 확보

③ 연계 시스템

- 1차 게이퍼: 군 내 모든 인원
- 군 내 의뢰체계: 병영생활 전문상담관, 군종, 군의관, 자살예방교관
- 외부 의뢰기관: 보건소, 자살예방센터, 신경정신과, 정신보건센터

6) 스트레스 관리 및 안전한 부대 환경 조성

① 스트레스 관리에 대한 교육

② 전입자에 대한 특별관리

③ 가혹 행위의 금지

④ 안전한 부대 환경 조성을 위한 노력

08 사후 관리

1) 자살 관련 행동을 한 장병에 대한 사후 관리

자살의도와 우려가 없어졌다면 복귀하여 업무를 수행하지만 심각한 장애가 있고 정상적인 업무를 수행할 가능성이 없다면 해당 인원에 대해 의학적인 이유로 인한 전역을 고려해 보아야 한다. 부대로 재배치할 때에는 인원의 복무에 대한 적합성과 적절성에 대해 고려해 보아야 한다.

2) 자살유가족의 사후 관리

사후 관리의 주요 대상은 자살 유가족과 해당 부대의 구성원이다. 이들은 자살 이전에 당사자가 보냈던 자살의 경고 신호들을 심각하게 받아들이고 적절히 처리하지 못했다는 이유로 자책을 하기도 하며, 그러한 죄책감으로 자살을 생각하고 계획하는 경우가 있기 때문이다.

09

CHAPTER

자살 후 남겨진 자

자살이 일어난 후에는 그 뒤에 남아 슬픔을 겪는 많은 사람이 있다. '자살 후 남겨진 자'는 완전한 자살에 의해 영향을 받은 모든 사람을 말한다. 따라서 자살 후 남겨진 자는 배우자, 자녀, 부모, 직계 가족, 방계 가족, 친구, 이웃, 동료, 급우, 지인 등을 포함한다. 얼마나 많은 자살 후 남겨진 자들이 있는지 아는 것은 어렵다.

이 주제로 대단위 역학조사를 한 적은 없다. 그리고 누가 영향을 받았는지에 대한 확고한 정의도 없다. '자살 후 남겨진 자'에 대해서 스스로 동일시(Self-identification)하는 것은 매우 개인적인 것이다. 대개 한 명의 자살자 뒤에는 세계적으로 평균 6명의 친척이나 사랑하는 사람이 있다고 한다. 그렇지만 저자의 경험상에 의하면 우리나라에서의 자살은 그보다 훨씬 더 큰 영향이 있을 것으로 여겨진다. 우리는 우리의 가족, 직장, 학교, 이웃에서의 자살에 영향을 받아 왔고, 공식적인 6명보다 훨씬 더 많은 사람이 영향을 받고 살고 있다.

자살 후 남겨진 자가 평균 6명이라고 하더라도 매년 10만 명 가까운 사람이 자살 여파로 고통을 받으며 살고 있다. 이 점에 대해서 잠깐 생각해 보자. 매년 10만 명, 이것은 진실로 깜짝 놀랄만한 일이다. 우리는 자살 후 남겨진 자의 복지에 대해 관심을 가져야만 한다. 이것은 매년 너무 많이 생긴다는 것뿐만 아니라, 자살 후 남겨진 자로 살아간다는 것은 매우 힘들고 복잡하기 때문이다. 많은 전문가와 연구자는 자살 후 남겨진 자로 살아간다는 것은 독특한 애도 반응을 보이는 외상성 심리적인 현상이라고 믿고 있다.

자살 후 남겨진 자의 애도 과정은 연구와 임상 개입의 한 주제로 되어 왔으며, 우리가 아는 바와 같이 매우 복잡할 수 있다.

01 자살과 자살 낙진의 대응

낙진(Fall out)은 제9장의 주제로 신중하게 사용한 용어이다. 낙진의 사전적 의미는 핵폭발 후 남은 방사능 잔해물이 땅에 떨어지는 것(네이버 국어사전, 2016 인출)을 뜻한다. 가족과 지역사회에 있어서 완전한 자살은 핵폭발과 같아서 즉각적이고 장기간에 걸쳐 지역사회에 악영향의 결과를 가져온다. 자살 후 남겨진 자는 물론 자살로 인한 죽음에 의해서 즉각적이고 심각한 영향을 받는다. 자살자에게 비록 많은 징후와 자살위험요인이 있었음에도 불구하고 자살 후 남겨진 자는 예측할 수 없었다. 그 결과 자살 후 남겨진 자는 그 자살이 일어났다는 것에 충격을 받고, 믿을 수가 없고, 부정을 결정한다.

자살의 목격자가 되었거나 사랑하는 사람의 시신을 발견한 남겨진 자는 외상 후 스트레스 반응(post-Dramatic stress reactions)을 경험할 것이다. Rubel(2003)은 많은 자살이 집에서 일어나며, 자살 후 남겨진 자가 직접 피를 닦고 시신을 처리하거나 치워야 한다고 언급하였다. 그는 자신의 연구에서 11%의 자살 후 남겨진 자가 시신을 발견했을 때의 그 광경이 꿈속이나 깨어있을 때 반복적으로 떠오르게 된다고 보고하였다. 많은 경우 자살자는 비난을 받고, 그 죽음에 대해 상당한 부정적인 사회적 낙인이 있다. 자살 후 남겨진 자는 종종 일반적인 죽음의 남겨진 자보다 사회적인 지지를 덜 받게 된다. 따라서 그들은 좀 더 소외된 것을 느낀다.

자살에 대한 부정적 사회 낙인으로 인해 Berman와 Jobes(2006)는 자살 후 남겨진 자는 자살을 숨기려고 하고, 급히 장례를 치르고, 어린이나 다른 가족들이나 친구의 죽음의 원인을 밝히지 않는다고 보고하였다. 그 자살은 가족의 비밀이 되고, 이웃의 한담의 주제가 되고, 개인적 수치심과 남겨진 자를 대중이 피하는 증후군이 된다(Rubel, 2003).

자살의 초기 충격이 지난 후, 자살 후 남겨진 자는 자살의 계속되는 '낙진'에 대처해야만 한다. 이것은 자살자가 남겨진 자들에게 결코 동의한 것이 아니다. 자살에서 낭만적이거나 영웅적인 것은 없고, 유족들은 심한 정서적 충격과 심각하게 오염된 자살 결과에 남겨진다. 자살 후 남겨진 자에게서 자살에 대한 독특하게 지속되는 하나의 심리적인 결과는 죄책감이다. 많은 연구에서 유족들은 훨씬 많은 죄책감을 느꼈고, 다른 원인으로 죽은 유족보다 훨씬 더 자신을 비난한다고 보고되었다(Silverman, Range, & Overholser, 1994).

유족들은 많은 의문과 스스로 비난하는 언급을 한다. 예를 들면, "사랑하는 사람이 자살을 하려는 것을 막기 위해서 내가 무엇을 할 수 있었는가?", "왜 나는 그 자살 징후를 깨닫지 못하고, 그들에게 도움을 줄 수 없었는가?", 혹은 "만약 내가 좀 더 나은 배우자 자녀/친구였더라면 이 일은 일어나지 않았을 텐데."와 같은 것들이다. 이 연구는 유족들의 수치심과 죄책감의 장기적인 영향을 보여 주었다.

02 자살 후 남겨진 자에 관한 연구

자살 후 남겨진 자에 관한 연구의 중심적인 관점은 자살 후 따라오는 슬픔과 애도의 독특한 과정을 이해하는 것이다. 애도의 연구는 비교적 심리학과 상담에서 새로운 영역이며, 따라서 자살 후 남겨진 자의 애도 과정의 특별한 연구 또한 비교적 새로운 노력이라는 점은 놀랄만한 일이 아니다. 자살 후 남겨진 자에 관한 첫 번째 현대적 고전인 『*Survivors of Suicide*』는 1972년 A.C.Cain에 의해 저술되었다. 따라서 비교적 이 분야의 연구는 일천하다. 자살 후 남겨진 자에 관한 연구 논문은 적지만 증가하고 있다. 자살 후 남겨진 자에 관한 연구에서 가장 자주 언급된 의문은 애도 과정의 특징에 대한 확인과 자살로 인한 죽음으로 영향을 받은 개인에게 이러한 특징들이 서로 어떻게 다른지 아니면 어떻게 독창적인지에 관한 것이었다.

자살 후 남겨진 관에 대한 연구는 세 개의 뚜렷한 단계로 변화하였으며, 그 내용은 다음과 같다.

1) 개인적 이야기(individnal accounts) 연구 단계

자살 후 남겨진 자에 관한 대부분의 논문은 이 단계에서 개인적인 설명으로 구성되어 있으며, 종종 남겨진 자에 의해 기록되고, 남겨진 자로서 그들의 경험을 묘사하였다. 비록 이러한 설명(이야기)은 양적인 개념에서 연구는 아니며, 좀 더 질적인 설명에 유사하다. 이러한 '개인적 이야기'는 종종 배우자나 부모에 의해 기록되는데, 그 개인의 마음으로 들어가서 어렴풋이 감지할 수 있게 한다. 이러한 개인의 경험은 어떤 일을 하는 데 동기가 되기도 한다. 기록을 위해 개인의 자살 후 남겨진 자로서 전문가와 이야기를 나눈다.

2) 그룹 내(Within-group) 연구 단계

이 단계에서 대부분의 연구자는 독특한 그룹으로 자살 후 남겨진 자의 특징을 연구하였다. 이러한 종류의 연구사례는 연구자들이 159명의 자살자 친척 조사를 했던 연구일 것이다. 이 연구 결과는 86%가 죄책감을 느끼고, 83.6%가 분노를 느낀다는 것이었다. 조사를 받은 많은 사람이 수면장애, 집중력 상실, 이별과 격리의 감정, 죽음의 장면에 대한 정신적 잔상, 자살의 원인 부정, 자살로 이끌었던 사건의 복구하는 것에 대한 어려움 등을 보고하였다. 남겨진 자들 중 여성이 남성보다 더 많은 부정적인 증상을 보고하였다(Wrobleski & McIntosh, 1987).

3) 그룹 간(between-group) 연구 단계

다른 조사연구에서 자살 후 남겨진 76명의 가족과 친척들을 전화 면담을 통해 육성으로 밝힌 가장 큰 문제들(높은 것에서부터 낮은 순서로)은 가족 관계 문제, 스트레스 관련 관심 사항들(예를 들면, 청구서 지불, 신체 및 정신적 질병), 슬픔을 표현하기, 힘든 애도 과정의 이슈 등이었다(Provini, Everett, & Pfeffer, 2000).

나아가 이 연구는 자살 후 남겨진 가족과 친척들이 어린이와 그 죽음에 대해 어떻게 이야기해야 하는지에 대한 정보와 다른 가족 구성원과 어떻게 격려를 주고받아야 하는지 정보에 대해 전문적인 치료자의 도움이 필요하다고 말하였다. 자살과 관련된 법적인 절차와 대중 매체의 관심은 자살 후 남겨진 자에게 부가적인 문제의 원인이 됨을 보여 준다(Biddle, 2003).

자살자의 유족은 자연사한 유족이 겪지 않은 법적인 이슈에 종종 대처해야만 한다. 그 예는 그 죽음에 관한 경찰 활동과 검시관에 의해 부검 지시, 자살원인에 대한 공식적인 질문, 반(反)자살 조항을 가진 보험 약관의 어려움 등을 포함한다. 이러한 법적인 이슈는 그 자체가 유족에게 매우 강한 스트레스의 원인이 된다(Biddle, 2003; Rubel, 2003).

정신건강 종사자는 종종 정서적인 영향에 초점을 맞추어야 한다. 이러한 연구에서 밝힌 것은 자살 후 생존자는 정서적인 도움뿐만 아니라 실제적인 도움과 관심이 필요하다는 것이다. 정서적인 도움에 더해서 자살 후 남겨진 자는 장례 절차의 마무리, 충분한 전문적인 도움을 구함, 청구비 지불, 자살에 관해 어린이와 가족들과 어떻게 대화를 하는 지에 대한 정보를 얻기, 그리고 법적 이슈에 대처하기 등에 관한 도움이 필요하다. 이러한 그룹 내 연구는 자살 후 남겨진 자와 그들의 경험의 특징에 대해 이해를 돕기 위한 유익한 출발점이었다.

이것은 최근의 연구 초점이다. 이러한 연구형에서는 자살 후 남겨진 자와 애도 과정에 있는 다른 그룹 사이를 비교한 것이다. 이러한 비교를 통해서 여러 연구자와 임상의는 자살 후 남겨진 자가 다른 종류의 애도 과정과 어떻게 다른지 이해할 수 있었다(Mcintosh & Kelly, 1992).

Silverman, Range와 Overholser(1994)는 자살 후 남겨진 자와 살해, 사고사, 예측된 자연사, 예측되지 않았던 자연사 등의 유족을 비교하였다. 이 연구에서 자살 후 남겨진 자에 관한 몇 가지 흥미롭고 중요한 결과가 보고되었다.

- 자살 후 남겨진 자는 사랑하는 사람의 죽음에 책임이 있다고 더 많이 여기며, 다소 그것을 예방해야만 했었다고 더 많이 믿는 것으로 보였다.
- 자살 후 남겨진 자는 어떤 다른 그룹보다 자신을 파괴하는 행동에서 의미 있게 높은 점수를 보였다.

- 자살 후 남겨진 자는 어떤 다른 그룹보다 높은 정도의 수치감과 거부를 경험하였다.
- 자살 후 남겨진 자는 다른 그룹보다 그 죽음을 설명하는 것을 모색하는 데 더 많은 고통을 보고하였고, 그 죽음을 이치에 맞게 하는 것에 더 어려움을 보고하였다.

더 최근의 연구에서 Bailley와 동료들(1999)은 4개의 다른 유족 그룹과 비교해서 매우 비슷한 결과를 보고하였다. 1999년의 연구 결과는 자살 후 남겨진 자는 어떤 유족 그룹보다 수치감과 고통이 더 많았고, 전체적으로 슬픔이 가장 컸다고 보고하였으며, 거부당한 느낌이 가장 높았다. 또한, 자살에 대한 매우 높은 책임감을 느꼈으며, 더 많은 낙인과 죽음 뒤에 강한 수치감과 당혹감을 느꼈다고 보고하였다.

비록, 분명히 그룹 간에 차이가 있음에도 불구하고 몇 개의 다른 연구에서는 자살 유족과 사고사 유족에서 유사점을 제시하였다. 이러한 그룹은 '체념'에서 유사하였다. 자연사 유족보다 죽음을 받아들이지 않는 것과 충격의 경험이 더 많았다(McIntosh & Kelly, 1992).

Dyregrov(2003)는 232명의 부모 연구에서(140명은 별거 가족), 자살 유족의 애도와 사고 유족의 애도는 차이가 없었다고 보고하였다. 이러한 연구들은 죽음의 형태, 특히 죽음이 예측되지 않았을 때, 유족들의 슬픔의 반응의 종류와 강도에 있어 중요한 예측인자가 된다고 지적하는 것으로 보인다. 다른 그룹과 비교한 연구에서 자살 유족 애도의 다른 특징은 애도 반응의 기간이었다.

애도 기간은 자연사보다 자살 후가 길었다. 자살 낙인, 수치심, 공격심, 책임감 등이 사별자를 압도할 수 있고, 그것이 애도가 더 길어지는 원인이 되고, 유족은 심리적 · 신체적으로 더 위험해질 수 있게 한다.

이러한 연구와 다른 연구로부터 자살 유족의 애도는 다른 종류의 애도 과정과 달리 자신의 독특한 특징과 복잡성을 가지고 있다는 것을 보여 준다.

03 특별한 관심: 남겨진 어린이

남겨진 어린이는 자살 유족 연구 논문에서 거의 특별한 관심을 받지 못하였다. 자살에 의한 어린이의 상실과 같은 것은 특별히 부모에게 어려운 것으로 생각된다.

1) 부모 자살

부모가 자살한 아이 역시 후에 자살을 하거나 각종 주 정신장애가 발병할 위험이 3배 이상 높은 것으로 나타났다. 부모의 자살이 성인기 초반보다는 소아와 10대 청소년에게 더 큰 영향을 주는 것으로 나타났다. 또 유전적 인자뿐 아니라 환경적 인자와 발달적 인자가 다음 세대에서도 자살위험에 영향을 줄 수 있는 것으로 밝혀졌다.

2) 형제 자살

일반적으로 형제나 자매의 자살로 가장 큰 영향을 받는 것은 한집에 사는 부모와 형제자매이다. 나이 차이가 많은 형제의 경우 아버지와 같은 형의 죽음은 큰 충격일 수 있다. 형은 최고의 친구이자 선생님이며, 언제나 믿고 의지할 수 있는 보호자이기 때문이다. 어린 시절부터 자신을 지켜준 형을 구하지 못했다는 사실에 우울증 원인이 된 죄책감과 슬픔을 감당하기 힘들어질 수가 있다.

3) 친구 자살

국내 10대의 15%가 또래 친구의 자살에 자살충동을 느낀 경험을 가진 것으로 조사되고 있다. 캐나다 의사협회저널에 따르면 10대의 '자살전염' 현상에 대한 첫 실증적 연구조사 결과 친구의 자살로 인한 자살충동이 2년여간 지속되는 것으로 드러났다.

자살에 노출되지 않은 10대의 자살충동은 3%로 드러났다. 조사 결과 12~13세 연령대가 주변 친구의 자살 이후 자살을 실행할 위험이 자살에 노출되지 않은 집단보다 5배 높은 것으로 나타났으며, 14~15세 연령대는 3배, 이어 16~17세 연령대는 정상 집단보다 2배 높은 것으로 조사됐다.

친구의 자살을 겪은 10대 중 7.5%가 실제 자살을 시도한 것으로 나타나 정상 집단 비율의 1.7%를 크게 앞질렀다. 조사에서 16~17세 연령대의 24%가 자살한 친구가 있다고 응답하여 일반 지인 중 자살한 사람이 있다는 응답률인 20%보다 많았다.

04 남겨진 자, 자살을 돌보는 우선순위

자살 후 남겨진 자는 자신을 돌보는 세심한 노력뿐만 아니라 다른 사람의 돌봄과 지지 모두 매우 중요하다. 용감하려고 노력하거나 자살 죽음에 관련된 감정을 부인하려고 노력하는 것은 칭찬받을만하거나 건강한 것이 아니다. 그 자살에 대한 감정과 사고를 소통하기 위해 지지체계를 사용하는 것은 비록 전형적으로 매우 어렵지만 결국은 치료에 도움이 된다.

다음은 자살 후 남겨진 자의 슬픔에서 도울 수 있는 목록들이다.

- 그 자살에 관해서 이야기하라. 그 자살이 일어나지 않았던 것처럼 가장하지 말고 그것을 설명하는 데 완곡어법을 사용하지 마라.
- 그 자살에 관한 모든 감정의 범위를 자신이 다 느끼도록 하라. 충격, 분노, 슬픔, 행복, 죄책감 모든 감정이 다 나타난다. 만약 당신이 강력한 감정을 가졌다는 것과 처음에는 부적절하게 보였던 감정을 가졌다고 해서 부끄러워하지 말라.

- 당신이 어떻게 느끼고 있는지를 지지해 주는 다른 사람들과 대화를 하도록 하라. 다른 사람이 어떻게 느끼는가를 경청하라. 당신의 감정은 정상이고 표현할 필요가 있다. 자신을 표현하기 위해 일기나 예술 작업을 사용하라.
- 당신 자신이 필요한 만큼 스스로 당신이 이야기하는 것을 듣기 위해 그 자살에 관한 스토리를 이야기하라. 처음 그것을 이야기했을 때보다 반복적인 이야기가 더 논리적인 감각을 주지는 않는다. 그렇지만 그 스토리는 사실이기 때문에 당신은 그 죽음의 비극적인 본질을 인정할 수 있다.
- 사랑하는 사람을 잃은 것을 반추하라. 슬퍼하는 시간을 가져라. 당신에게 관대해질 것이고 사랑하는 사람을 느끼게 될 것임이 틀림없다.
- 우울증, 무력감, 슬픔 등에 대처하기 위해 지지적인 상담사, 치료자, 자조 모임을 찾아보라. 그것은 이러한 중대한 사건에 따르는 도움을 반드시 찾게 할 것이다.
- 당신을 정상적으로 즐겁게 하였던 취미나 활동, 그리고 계획 등을 포기하지 마라. 당신이 사랑하는 사람, 활동, 직업에서 의미를 찾기 위해 당신의 삶을 계속하라.

05 자살 후 남겨진 자를 위한 정신건강 도움

자살 후 남겨진 자가 정신건강 도움을 받으려고 할 때 그들은 자신이나 친구나 가족을 통해 도움받게 된다. 그들은 상담을 받을 때 '지금보다 더 잘해야만 했었는데.'라고 느낀다. 어떤 특정 기간을 지나도록 슬퍼해야 한다는 믿음이 서구 사회에서는 보편적인데, 자살 후 남겨진 자는 사회체계로부터 그들과 그들의 애도 과정이 뭔가 비정상적이라는 메시지를 받는 것처럼 보인다. 앞의 내용에서처럼 자살 유족의 애도 과정이 다른 유족의 슬픔과 비교해서 비정상적이라고 하였지만, 자살 유족에게 그 과정은 정상적이다.

자살 죽음 뒤에 오는 자살 유족의 어떤 슬픔의 증상들(예를 들면, 죄책감, 거부감, 부끄러움, 낙인 등)은 애도 과정을 복잡하게 하는 것으로 보인다(Harwood, Hawton, Hope, & Jacoby, 2002).

임상의는 애도하는 자살 후 남겨진 자와 일을 할 때 다른 종류의 유족과 달리 빨리 회복되지 않을 것이며, 치료를 복잡하게 하는 어떤 특별한 이슈가 있으리라는 것을 실감할 필요가 있다. 결국, 이러한 의뢰인의 경험은 정상적인 애도 과정의 분리된 단계로 들어가지 못할 것이다.

문헌에서 확인된 가장 특징적인 자살 후 남겨진 자의 애도의 모습은 심한 죄책감과 수치심과 관련이 있다. 두 번째 나타나는 주제는 '왜?'라는 질문에 답하기 위하여 그 죽음을 고려하여 이해하기 위한 필요이다. 세 번째는 사회적 낙인과 결과적인 격리에 대처하는 것이다. 이러한 이슈에 더해서 자살 후 남겨진 자는 부정, 사회적 철회, 자기파괴적 행동, 대화의 실패, 지속되는 정신적 · 신체적 건강 문제의 발생 등을 피해야만 한다.

이러한 이슈들을 다소 다르게 언급하였는데 상담에서 자살 후 남겨진 자의 주요 심리적인 주제는 다음과 같다.

- 왜 자살했는가에 대한 강박적인 탐색
- 낙인화의 느낌
- 불완전하고 색다른 애도 형태
- 자살사고에 의한 의식 사고의 침범
- 무력감과 낮은 자존감
- 사회적 관계의 규모 축소와 복잡성
- 다른 사람에 대한 기본 신뢰감의 침식

문헌에서 직접적인 치료를 위한 유용한 주제를 확인한 후에도 임상의는 여전히 의뢰인에게 많은 개인적인 차이가 있다는 것을 기억해야만 한다. 나이, 성별, 문화적인 배경, 삶의 경험 등 이들의 많은 것이 앞의 내용에서 위험요인으로 밝혀졌으며, 모든 것이 일반적으로 애도 과정에 영향을 주고, 특별히 자살 후 남겨진 자의 애도 과정에 영향을 준다. 그러나 이렇게 많은 동일시와 경험이 애도 과정 형성에 어떻게 상호작용하는지는 잘 이해가 되지 않는다. 예를 들면, 어떤 사람은 어떠한 슬픔도 나타내지 않지만 편견에 반하여 지연된 애도 과정도 가지고 있지 않을 것 같다. 현재는 이러한 사례의 결과에 대한 장기간 연구는 없다.

다른 사람은 남겨진 유서에서 편안함과 의미를 찾는다. 반면에 다른 사람은 이러한 유서가 심장을 비틀고 그 과정을 훨씬 더 복잡하게 한다. 자살자와 남겨진 자 사이의 관계와 그 관계의 특징이 중요한 개인적인 변화인자이다. 자살자와 남겨진 자 사이의 친밀감은 실제 혈연적인 관계보다 훨씬 더 중요할 것이다. 남겨진 자의 슬픔에 주어진 그 복잡성은 임상의가 이러한 의뢰인을 치료하는 데 참을 수 없고 낙심하게 만든다. 다행히 정신건강 전문가가 도울 수 있는 매우 실제적인 일이 많이 있다.

다음은 Faberow(2001)가 남겨진 자에게 도움이 되었다고 보고한 활동들의 목록이다.

- 친구나 가족과 대화하는 것(가장 도움이 됨)
- 사진이나 추억거리를 회상하는 것
- 무덤을 찾는 것
- 소장품을 정리하거나 보관하는 것
- 개인 정신치료(50%가 도움이 되었다고 보고)
- 집단 정신치료(22%가 도움이 되었다고 보고)
- 나아가 자살 후 남겨진 자의 회복에 결정적으로 중요한 요인은 자살의 무의미함을 해결하는 것으로 제시되었다(Rudestam, 1992).

왜 자살이 일어났는가에 대해 의뢰인을 돕기 위해 그들로 이야기를 하게 하고, 그들로 재구성을 하도록 돕고, 그들의 죽음에서 어떤 의미를 만드는 것 등이 치료자가 할 수 있는 가장 도움이 되는 것일 것이다. 많은 자살 후 남겨진 자가 그들의 경험을 다른 사람에게 내밀고 그들을 도와주는 것에 사용한다. 이러한 '의미를 찾는 것'의 예는 Garrett Lee Smith Memorial Act의 제정(자살예방을 위한 대학과 대학교에 최초의 연방 예산 배정)과 같은 공공의 법적 주장에서부터 기념적 웹페이지의 작성이나, 'Jed Foundation of American Suicide Prevention Foundation'과 같은 자살예방운동에 기부하거나 혹은 정신건강 종사자가 조금 더 잘 준비하도록 돕기 위한 책을 쓰는 것 등의 개인적인 운동까지 다양하다.

덧붙여 자살자와 관련된 죄책감, 수치심, 책임감의 정서를 벗어나 일을 하도록 돕는 것은 전문적인 정신건강 종사자가 분명히 남겨진 자를 도울 수 있는 일이다. 또한, 임상의는 남겨진 자가 스스로 자살위험이 상승하는지 남겨진 자의 자살위험에 대해서 추적(monitor)해야만 하고, 결국 치료자는 사회관계망 속, 그들이 느끼는 어떤 주어진 낙인 속에서도 기능하는 남겨진 자의 능력과 접속함으로써 의뢰인을 도울 수 있다. 자살에 뒤따르는 친구들과 사랑하는 사람들과 스스로 위축되고 격리되지 않는 것은 남겨진 자에게 중요하다.

미국의 지역정신건강기관에서 후원받는 그룹 형태의 자살 후 남겨진 자에게 도움을 제공하기 위한 운동이 종종 있다. 이 단체는 아주 흔하게 S.O.S(Survivors of Suicide)라고 불린다. 그러나 다른 이름으로 불리기도 한다. S.O.S 그룹은 때로는 동료가 이끌고 때로는 전문가와 동료가 공동관리자로 이끈다(Faberow, 2001). 이러한 그룹에 대해서 체계적인 연구는 거의 없으며, 그들의 효과에 대해 알려진 것 역시 거의 없다.

그러나 자살 미망인 사후예방 그룹의 최근의 한 연구에서 사별과 관련하여 어떤 긍정적인 결과를 밝혀내었다. 그 그룹은 그룹토의를 원활히 하고 사회화를 격려하기 위한 것에 초점을 맞춘 90분 session의 8주간 만남이었다. 그 연구는 사회 적응의 호전뿐만 아니라 모든 우울과 정신적인 고통, 그리고 슬픔의 감소를 나타내었다(Constantino, Sekula, & Rubinstein, 2001).

자살 후 남겨진 자의 임상적 치료와 관련한 마지막 관점은 일반적으로 임상의는 자신의 의뢰인의 자살 시 자살 후 남겨진 자를 치료하면 안 된다는 것이다. 이러한 믿음은 임상의 자신의 감정이 객관적으로 되지 못하는 것 같고 자살 후 남겨진 자와 긍정적인 치료 관계 형성 역시 복잡한 것이라는 관점에서 생긴 것이다. 임상의는 자신의 의뢰인과 관계있는 자살 후 남겨진 자를 지역사회의 다른 동료에게 의뢰하는 것이 최선의 행동으로 간주된다(Pietila, 2002).

06 자살 후 가족 개입의 제안된 모델

1) 가족 보고 모델

(1) 초기 가족 보고 모델 session 1(1시간에서 3시간 정도)

가족 구성원 각자에게 자살과 관련된 감정을 토의하기 위해 7단계의 구조화된 과정을 제공한다. 외상 후 스트레스 장애(PTSD)의 증상과 가능한 지역사회 정신건강자원(예를 들면, 24시간 응급 전화, 연결, 자살 후 남겨진 자를 위한 지지 그룹 등)에 관해서 가족 구성원들을 교육한다.

❶ 자살 후 가족 개입의 제안된 모델

- 소개: 보고 과정에 대해서 교육하고 참가의 의무를 확립한다.
- 가족 보고 모델 규칙: 현재 있는 모든 가족 구성원이 전 과정에 반드시 참가해야 하며, 계속되는 4개의 session 각각에도 기꺼이 헌신하겠다는 규칙을 세운다.
- 사실 확인: 자살에 관한 비감정적인 사실에 대한 토의를 가족 구성원들이 원활히 하게 한다.
- 사고와 인지: 가족의 자살을 둘러싼 그들의 개인적인 생각을 가족 구성원들이 토의하도록 격려한다.

- 자살에 반응: 자살에 관한 그들의 감정적인 반응에 관해서 가족 구성원들의 토의를 원활히 하게 한다. 가족의 상실에 관한 그들의 감정을 나누기 위해 모든 가족 구성원에게 기회를 허용하라.
- 증상: 감정 억제를 원활히 하고 스트레스 증상을 확인한다.
- 가족 구성원들이 감정 영역에서 나와 인지 영역으로 되돌아 가도록 돕는다.
- 가족 구성원들의 손 떨림, 집중력의 어려움, 우울 등과 같은 신체적 · 인지적 · 혹은 감정적인 증상을 평가하라.
- 교육: 자주 경험하는 전형적인 슬픔의 반응이나 급성 스트레스 장애 증상들(예를 들면, 분노, 우울 등)에 대해서 가족 구성원을 교육한다.
- 재등록: 첫 번째 session의 종료를 촉진하고 어떤 그 이상의 생각이나 관심을 토의하고, 서로 삶의 서약(자살 금지 계약)을 한다.
- 가족체계의 힘이나 돌봄과 관련하여 격려를 한다.
- PTSD와 우울증의 토의된 일반적인 증상을 적은 유인물을 나누어 준다.

(2) 가족 보고 모델 session 2~4

- 자살에 적응하기 위한 가족을 도울 수 있는 개인이나 가족의 힘, 회복력, 풍부한 자원, 지원 등의 확인을 격려한다.
- 후기 session에서는 치유를 암시했던 이전에 확인된 행동을 토의함으로 session을 시작한다.

(3) 가족 보고 모델 session 5

- 가족 보고 모델 경험에 관해 요약을 하고, 분명하게 윤곽을 그린 마침점을 진전시킨다.
- 가족들에게 다음을 요구하라.
  - 그들 자신과 그들의 가족, 애도 과정에 대해 배운 것이 무엇인지 보고하라.

- 죽은 사람에 대한 기억이 어떻게 잊혀지지 않을 것인지 지적하라.
- 만약, 서로에게 필요시 상담을 받는 것을 기꺼이 도와줄 것을 약속하는 그들의 삶의 서약을 다시 진술하라.
- 치유를 촉진하는 데 도움이 되는 행동을 확인하고, 같은 것을 계속할 수 있는 방법을 확인하라.

- 이러한 5 session의 모델은 가족이 자살과 가족 구성원에게 준 그것의 영향을 토의할 수 있는 공개 토론회(Forum)를 제공한다.

저자에 의하면, 주요 이득은 가족 구성원 간의 고립을 줄이고 감정과 대처 방법을 토의하기 위해 가족을 함께 끌어들이는 것에 초점을 가짐으로써 파괴된 가족체계를 강화하는 것들이다.

정신건강 전문가는 만약 자살 후 남겨진 자가 도움이 필요하면 도움이 가능하다는 것을 알게 하고 어떻게 도움을 받을 수 있는지에 관한 정보를 제공하고, 정상적인 애도 과정에 대해 교육하고, 그들 자신의 회복 계획을 만들 수 있도록 하는 것들을 확신시켜 줄 수 있다.

자살을 막기 위해 최선을 다했지만 의뢰인이 죽는 경우가 종종 있다. 어떤 경우는 진실로 죽기로 작정하여 주어진 기회에서도 자살을 한다. 때로는 다음은 임상의가 자살하려는 사람과 일을 할 때 사용하기를 원할지 모르며, 의뢰인이 완전히 자살한 후에는 분명하게 사용을 고려할 것이다.

- 슈퍼바이저나 전문적인 멘토에게 그 사건을 이야기하라. 당신과 슈퍼바이저에게 진심으로 대하라.
- 동료나 그것에 대한 감정 진행의 도움을 받아라.
- 남아 있는 갈등을 해결하기 위해 개인적인 상담을 받아라.
- 당신 자신의 개인적 필요를 인식하라.
- 자살 의뢰인과 일하는 것은 개인적으로 스트레스라는 것을 인식하라.
- 전문가로서 한계점을 인식하라.

얼마나 많은 좋고 능력이 있는 치료자가 그들의 자살하려는 의뢰인을 잃었는지 알면 놀랄 것이다. 스스로 당신의 감정을 가는 데로 두게 하고, 동료와 그 경우에 대해서 검토해 보라. 당신 역시 사람이고, 전문적인 기계가 아니다. 그래서 위의 스스로 돌봄에 대한 다섯 가지 제안을 따라 하라. 의뢰인을 자살로 잃는다는 것은 작은 일이 아니며, 당신 자신의 슬픔과 치유과정을 위한 계획을 신중하게 만들어야만 한다.

자살은 때로 그들을 보호하는 데 아무것도 하지 않았기 때문에 다른 사람의 최선의 노력이 있었음에도 불구하고 일어나기도 한다. 자살 후 남겨진 자는 자살을 포함한 그들 자신의 정신건강 문제의 발생에 위험한 상태이다. 덧붙여 자살로 인한 사별은 다른 종류의 슬픔과 질적으로 다르다는 생각을 지지하는 많은 증거가 있다. 결정적인 사건 보고 모델을 가족에게 적용하기 위하여 제시하였지만, 불행하게도 자살 후 남겨진 자를 돕기 위한 연구를 통해 지지를 받아 온 특별한 치료법은 없다. 의뢰인의 자살을 경험한 정신건강 종사자 역시 정신건강 문제의 증가된 위험 상태에 있다. 의뢰인의 자살은 많은 임상의가 부딪칠 현실이다. 그러므로 자문과 상담을 포함한 스스로 자신을 돌보는 방법과 사건의 진행을 돕는 것을 매우 중요하게 기억해야 한다.

10

CHAPTER

자살의 법적 · 윤리적 이슈

01 자살의 법적 · 윤리적 이슈

자살은 현대사회에서 다른 어떤 주제와 마찬가지로 행동 건강, 행동 과학자, 관리 제공자에게 윤리적이고 법적인 모든 측면에서 중요하며, 그들에게 복잡하고 논쟁의 여지가 있는 주제이다. 자살 현상은 종종 생명의 신성함과 보존에 관한 가치와 개인의 자유와 다른 것을 선택하는 민주적 개념의 가치 사이에서의 갈등을 야기한다. 나아가 낙태, 사형 등의 삶과 죽음에 관한 많은 논쟁의 여지가 있는 자살은 우리 모두에게 강한 정서적인 반응을 유발할 가능성이 있다. 이렇게 자살이 많은 사회적 논쟁과 법적 투쟁의 소재가 되는 것은 의심의 여지가 없다. 제10장에서는 자살을 절대 금지하는 것과 어떤 상황에서는 자살을 허용하는지 두 의견의 기본적인 윤리적 논쟁을 알아보고자 한다.

이러한 논쟁은 본질상 단지 학문적인 것과는 거리가 멀다. 그것은 의사도움자살(Physician-assisted suicide: PAS)의 현대적 이슈에 대해 실감 나는 관계를 가진다. 다음은 자살하려는 의뢰인과 함께 일을 하는 정신건강 전문가가 반드시 대처해야 할 법적 현실에 관한 것이다. 이번 논의는 자살과 관련된 의료 과실과 태만의 기본적인 것은 물론, 법적 위험을 최소화하기 위해 위험 관리를 위한 제안들이 포함된다. 마지막으로 자살 사례의 상황에서 관리의료(managed care)와 대화하고 일을 하는 것의 중요성에 관한 어떤 특별한 이슈가 임상의가 법적 · 윤리적 갈등을 피하는 데 도움을 줄 그 이상의 위험관리전략으로써 논의될 것이다.

02 윤리, 가치, 그리고 자살

자살 죽음에 관한 토론은 종종 사람의 가장 소중한 가치를 서로 갈등 속으로 빠트린다(Lester & Leenaars, 1996). 사실 자살은 죽을 권리(the right to die)와 의사도움자살(PAS)과 같은 뉴스 표제를 장식하는 이슈로, 의미 있는 사회적 논쟁의 주제로 계속되어 왔다. 자살의 윤리에 관한 이번 주제는 독자의 경각심을 높이기 위함이다. 지금까지 자살에 관한 윤리적 논쟁의 모든 측면을 이야기함으로써 독자 여러분이 이 주제에 대해 어떻게 느끼며, 생각하는지를 결정할 수 있도록 노력해 왔다. 본서를 읽는 정신건강 종사자에게 가장 중요한 것은 여러분 자신의 윤리와 자살에 관한 치료적 입장을 되돌아보는 시간을 갖는 것이어야 한다. 치료자는 자살하려는 의뢰인이 자살에 관한 그들 자신의 가치관이 어떤 것인지 생각하고 치료에 전념하려고 할 때까지 기다리면 안 된다. 그러한 가치로부터 오는 치료적 결정은 그 의뢰인에게 중요한 삶과 죽음일지도 모른다.

1) 자살을 반대하는 윤리적 · 도덕적 주장

모든 환경에서 자살을 금지하는 것을 지지하는 주요한 윤리적 주장은 '생명의 존엄함'을 이야기한다(Battin, 1995). '생명의 존엄성'의 원칙은 모든 생명(특히 인간의 생명)은 가치가 있다는 믿음으로 가장 단순하게 정의된다. 나아가 이 원칙은 인간 생명의 가치는 근본적으로 타고난 것이고, 본질적인 것이고, 중재를 위해 공개할 수 없는 것으로 주장한다. 만약 임상의가 '생명의 존엄성'이 중요한 전제라는 사회적 주장의 윤리적 입장을 받아들인다면, 그 임상의는 자살은 어떤 환경에서든지 또 예외 없이 결코 허용할 수 없는 것으로 믿게 될 것이다.

'생명의 존엄성' 원칙에 덧붙여, 자살을 금지하는 사회적 주장이 있다. 이러한 사회적 주장은 개인의 자살은 의미 있는 사회적 비용이나 사회적 손실을 나타낸다는 견해에 초점을 맞춘다(Battin, 1995; cholbi, 2004).

스스로 생명을 거둔 사람은 그들의 독특한 재능과 노동, 기여하는 것을 공동체에서 빼앗는다. 따라서 자살로 인한 개인의 죽음은 전반적으로 사회 그룹이나 공동체에 해로운 것이다. 이러한 주장의 논리적 결과는 사회는 자살을 용서해서는 안 되며, 자살을 해로운 것으로 간주해야만 한다는 것이다. 그러한 사회적 주장의 윤리적 경지를 가진 임상의는 개인의 자살을 의뢰인의 삶에 영향을 줄 뿐만 아니라 그 개인과 어떤 형태로라도 관계가 있거나, 연결되어 있는 자살 후 남겨진 자가 될 가능성이 있는 사람의 완전한 사회 조직망을 위해 의미 있는 영향을 가질 것으로 볼 것이다.

자살을 강력히 금지하고 인간 삶의 기본적인 가치를 지지하는 주장은 주로 종교적인 전통이나 세속적 철학에서 유래되었다. 예를 들면, 기독교, 유대교, 이슬람교 전통은 자살이 자연법칙(natural low)을 범했기 때문에 자살 실행에 반대 주장을 한다(Battin, 1995). 자연법칙은 생명은 신, 알라, 하느님의 선물이고, 사람은 단지 그들의 영혼을 일시적으로 맡고 있을 뿐이라고 주장한다. 따라서 자살로 생을 파괴하는 것은 이러한 높은 신에 대항하거나 자연법칙을 범하는 죄라고 말한다. 자살을 금지하는 종교적인 주장은 자살을 정신이상(착란)이나, 자연법칙에 반하는 것으로 본다. 종교적인 주장에 더해서 자살을 완전히 금지하는 것을 지지하는 세속적 · 철학적인 주장이 있다. 철학자 Immanuel Kant가 그 대표적인 예이다. Kant는 인간은 도덕주의와 법을 만들 수 있는 유일한 동물이라고 주장하였다. 그는 인간은 도덕적이 될 수 있기 때문에 인간의 생명은 고유의 타고난 가치가 있다고 말한다. Kant는 자살은 아마 틀림없이 인간 사회의 토대인 도덕성과 준법을 감소시키는 영향을 가지고 있기 때문에 해로운 것으로 보았다(Cholbi, 2004).

따라서 자살은 도덕적 대리인(사람의 생명)을 파괴하므로 사회가 용서할 수 없고 허락할 수 없는 불법의 형태이며, 반사회적 행동이다. 결국, 사람은 근본적으로 모든 상황에서 이성적인 선택보다 정신질환의 증상으로 자살을 하는 것에 동의하지 않는다. 이러한 관점에서 자살하려는 사람은 절망감, 자포자기, 우울, 물질 남용 등의 감정에 반응한다. 이러한 상태는 개인의 이성적 능력과 합리적 결정을 방해하는 것으로 생각되지만, 아직 그들은 일시적이고 치료 가능한 상태로 본다. 따라서 죽기로 그 사람이 표현된 소원에 상관없이 자살예방은 항상 최우선적이다.

이와 반대로 자살을 허용하자는 주요 주장은 개인의 자유를 보호하는 관점에서부터 자살 실행은 사회에 유익을 주는 것으로까지 보는 것이다. 자살을 허용하자고 주장하는 개인의 자유는 주로 자유와 선택의 서구 민주적 이상으로부터 유래되었다. 이러한 주장은 개인 삶의 질은 그것의 가치를 잃을수록 격하되는 상황이 있다는 시각을 나타낸다. 따라서 자살은 고통을 끝내고 개인의 존엄을 지키는 방법으로 사용될 수 있다. 많은 자살 옹호자는 이것은 죽음의 방법과 시간을 선택할 수 있는 기본적 인권이라고 주장한다. 인간은 육신의 주인이며, 살고 죽는 것을 선택하는 기본적인 권리를 가지고 있다고 말한다. 따라서 죽음을 선택하는 개인의 권리는 사회나 가족(온정)주의에 의해 빼앗길 수 있는 힘(권력)이 아니다(Battin, 1995; clarke, 1999).

자살에 관한 자신의 윤리적 자세를 기초로 이러한 믿음을 가진 임상의는 개인은 항상 삶과 자살을 선택하는 것에 관해서 최종 결정권자라는 결론을 내릴 것이다. 또한, 사회적 주장은 다음의 의문을 제기함으로써 자살에 찬성한다. 자살은 어떤 상황에서는 받아들여질 수 있는 행동인가? 종종 이러한 주장은 공공의 선이 한 사람의 개인적인 삶의 가치보다 중요하다는 상황에서 사회에 유익이 될 수 있는 것인가를 논쟁한다. 이러한 주장과 관련된 중심적인 믿음은 비윤리적이고 비도덕적이 아닐 수 있는 개인의 자살 속에 제한된 조건과 특별한 상황이 있다는 것이다. 예를 들면, 부모가 그들의 자녀를 죽음에서 구하기 위해 자신을 희생하는 경우일 것이다. 다른 예는 나이든 말기 질환 환자는 그들의 가족이 파국적인 의료 부채에 빠지는 것을 막기 위해 자살을 시도할 것이다. 전시 중에도 많은 예가 있다. 이러한 주장은 자살이 바람직한 행동이었을 것이라는 도덕적 상황이 있다는 생각을 지지한다. 이러한 윤리적 자세로부터 자살을 바라본 임상의는 각각 특수한 상황에 따른 변수에 의해 어떤 환경에서는 자살이 허용되고 다른 환경에서는 안 된다는 결론을 내리는 상대주의적 접근을 할 것이다. 결국, 정신건강 임상의는 문화적 · 종교적 · 윤리적 다양성이 자살 의뢰인과 일을 할 때 고려해야 할 중요한 변수임을 깨달아야 한다. 그리고 개업의는 의뢰인이 스스로 받아들였던 자살 금지와 같은 도덕적 · 윤리적 경고를 의뢰인이 가졌을 것으로 가정하면 안 된다. 예를 들면, 대개의 현대 서구의 종교 철학에 반해 자살을 금지해 온 동양의 종교적 전통이 있다. 그러나 그럼에도 불구하고 자살의 실행을 허용하는 동양의 종교적 전통도 있다. 힌두교와 불교의 전통은 만약 특별한 의식에 따라 신의 사람을 드러내기 위해서, 혹은 최고의 정신적인 상태에 도달하기 위한 과정의 한 부분으로써 실행된다면 개인의 자살은 허용되었다.

2) 경합하는 가치의 복잡성 이해

정신건강 전문가에게 자살에 찬성하든 반대하든 모두의 도덕적이고 윤리적인 논쟁을 고려하는 것은 중요하다. 이러한 주장에 의해 제기된 이슈는 단지 철학적 토론의 주제만이 아니라 매일의 업무에 직접적인 연관이 있다. 정신건강을 돌보는 사람으로서 우리는 업무 중 자살하려는 사람을 만날 것이고, 완화하는 돌봄을 결정하는 것에 대해 의뢰를 받을 것이고, 자살 후 남겨진 자의 삶에 긍정적인 영향을 주기 위해 노력할 것이고, 그리고 아마도 심지어 자살 관련 사회적 이슈에도 영향을 줄 것이다. 자살을 둘러싼 도덕적 · 윤리적 이슈에 관한 우리의 가치관을 심사숙고하고 명확히 하는 우리의 능력은 개인적 혹은 전문가적인 삶에서 장래의 자살을 해석하는 인지 구조를 우리에게 제공할 것이다.

바라건대, 자살에 관한 윤리적 이슈와 씨름하면서 우리는 장래에 환자에 대한 우리의 책임감에 더 잘 대처할 수 있을 것이다. 이 주제와 관해 스스로 이해하는 것을 돕기 위해 정신건강 개업의가 사용할 수 있는 가치 분석 모델을 제시하였다. 임상의는 다음 각 요소에 관한 우리 자신의 개인적 · 전문가적 가치체계의 이해를 가질 필요가 있다고 언급하였다.

① 책임감
② 통합
③ 헌신
④ 선택의 자유
⑤ 능력 강화
⑥ 슬퍼할 권리

비록 이 모델은 쉽게 대답을 주지 않는다. 이것은 자살과 관련한 질문을 받는 모든 사람의 이러한 노력의 복잡성을 보여 주는 것이다.

03 의사도움자살과 존엄사

뜨거운 논쟁 중인 의사도움자살(Physician-Assisted Suicide: PAS)은 윤리적이고 도덕적 요소를 모두 갖고 있는 이슈이다. 오늘날 개업한 임상의는 이러한 사회적 논쟁을 알고 있어야만 하며, 스스로 이러한 중요한 이슈에 관해 자신이 어느 관점에 있는지 결정해야만 한다. 비록 개인적인 윤리적 자세에 기초하여 선택함에도 불구하고 유효한 법령 안에 있어야 한다. 면허를 가진 의사가 환자에게 치명적인 처방을 하고, 환자 스스로가 그 약을 투약할 때 의사도움자살이 일어난다. PAS 지지자는 개인이 고칠 수 없는 통증과 고통에 대처하기 위해 자신의 죽음의 시간과 장소를 선택할 기본적 인권을 가지고 있다고 믿는다(Batavia, 2000).

PAS 지지자는 심각한 정신적 · 신체적 · 경제적 부담으로부터 자신과 가족을 보호하기 원하는 사람에게 품위 있는 죽음을 주는 것으로 PAS를 이해한다. PAS 지지자는 기본적인 인권으로써 자신의 죽음의 때와 방법에 관해 선택할 수 있는 개인의 능력을 본다. 나아가 PAS 지지자에게 자살할 권리는 협정할 수 있는 것이 아니다. 정부는 자살에 관한 개인의 선택을 관리할 법령을 만들 수 없다. PAS 시행의 반대자는 이것이 비도덕적이고 비윤리적이라고 믿는다.

그러나 PAS 반대자는 PAS의 시행을 인간 생명의 가치를 근본적으로 훼손하는 것으로 보며, 또 죽음을 선택하는 정당한 경우는 없다고 주장한다. 그들은 PAS 시행을 허용하는 법은 금지되어야 한다고 믿는다. PAS를 반대하는 자의 한 가지 두려움은 인지적으로 충분한 말기 질환뿐만 아니라 노인, 정신질환자나 발달장애인 등과 같이 불리한 사람과 취약한 사람 모두를 포함하여 확산된 것이라는 점이다. 많은 나라가 이러한 관점을 지지한다. 네덜란드에서는 20년 이상 PAS가 시행되었는데 의사가 취약한 인구군의 자살을 도와주던 사례들이 있었다(Lester & Leenaars, 1996). 나아가 PAS 반대자는 현대 의학의 통증 관리 접근이 개인의 통증과 고통에 적절하게 반응하는 것을 언급함으로써 자살을 통해서 심한 고통을 끝낼 필요에 관해 PAS 지지자들의 주장에 반론을 제기하였다.

현재 오리곤 주의 '존엄사 법'은 의사가 정신질환을 가진 사람이 자살하는 것을 돕는 것을 허용하고 있다. 일반의는 정신건강진단을 가진 사람이 정신건강 전문가에게 의뢰하지 않고 자살을 도울 수 있다. 참석한 의사는 단지 환자가 자살에 관하여 충분한 결정을 하였는지 그들 자신의 의견을 확인해야 한다. 그러나 이것은 많은 일반 내과 개업의가 적절한 훈련을 받지 않았으며, 정신건강평가나 정신적인 진단을 내리는 데 전문적인 지식을 가지고 있지 않다는 문제가 있다.

따라서 분명히 자살하려는 사람의 정신적인 역량에 대해서 결정을 할 수 있는 실행의 범위, 전문적인 감정 범위, 능력의 범위에 관한 하나의 이슈가 있다. 의사가 PAS에 관해서 결정을 내리려는 개인의 역량에 의심이 갈 때 자문을 받기 위해 정신건강 전문가를 부를 것이다. 한 연구에서는 기꺼이 이러한 종류의 평가 시행을 하고 심지어 환자에게 치명적인 물질을 전달하는 것을 돕는 것까지 하는 정신건강 전문가가 상당히 많다고 밝혔다(Dipasguale & Gluck, 2001). 따라서 의사로부터 PAS 서비스를 받는 경우 의뢰인의 적격성을 결정하는 것은 정신건강 임상의의 영역이 될 것이다.

11 CHAPTER

자살의 예방 및 대처 정책

01 WHO 관련 활동

WHO는 세계자살예방전략(SUPRE)과 '세계 자살예방의 날' 등의 자살예방 대책을 실시하고 전 세계적으로 자살예방 대책을 추진하기 위한 활동을 하고 있다(国立精神・神経保険研究所, 2008).

1) WHO 세계자살예방전략(WHO: SUPRE)

WHO는 전 세계적으로 자살이 심각한 문제라는 인식이 부족하고, 많은 사회에서는 이 문제를 논의하는 것도 금기시되어 있으며, 자살예방을 위해 무엇이 좋은 것인가가 불명확하기에 자살예방을 위한 활동이 충분하지 않고, 자살예방을 위해 건강 관련 영역 외에도 개입도 필요하며, 다양한 조직에 의한 혁신적이고 포괄적인 접근이 필요하다는 입장에서 세계자살예방전략(Suicide Prevention: SUPRE)을 제시하여 활동하고 있다.

그 구체적인 목표는 첫째, 자살률과 자살행동과 관련된 유병률을 감소시키는 것, 둘째, 자살 관련된 금기를 줄이고, 셋째, 이 난제를 극복해 나가기 위해서는 정부와 일반인의 협력 체제를 만든 것이다. 그중에서도 세계의 자살에 대한 현상 주변에 미치는 영향, 손실, 원인 구체적인 예방책과 그 중요성 지원과 개입 등에 대해 말해 WHO가 만든 8종류의 책자를 바탕으로 활동하고 있다(http://www.who.int/mental_health/prevention/suicide/supresuicideprevent/en/).

2) 세계자살예방의 날(World Suicide Prevention Day)

2004년부터 매년 9월 10일을 '세계 자살예방의 날'로 정하고, 세계자살예방협회(International Association for Suicide Prevention: IASP)와 공동으로 이벤트

를 개최하고 "자살은 심각하지만 예방 가능한 공중보건문제이다."라는 슬로건과 함께 세계의 관심을 유도하고 있다(http://www.who.int/mediacentre/news/releases/2004/pr61/en/print.html).

02 외국의 자살예방 활동

1) 핀란드

핀란드는 1986년부터 10년간 자살자 수를 20% 감소시키는 것을 목표로 "자살은 예방할 수 있다."라는 범국가적 자살예방 프로그램(1986~1996년)을 시작하였다. 사업 개요는 국립보건연구원(KTL)이 1987년에 전문가 5만 명을 동원하여 실시한 1,397건 심리적 부검 결과를 바탕으로 국립복지건강연구개발센터(National Research and Development Centre for Welfare and Health)가 중심이 되어 우울증이나 다른 정신질환의 조기 발견과 치료를 위한 의사들의 교육과 보급 계발, 자살위험군 사람에게 상담과 약물치료를 병행하고, 사회적 접촉을 증가시키고, 약물과 무기 같은 자살수단에 대한 접근의 감소 등의 의료모델 및 지역모델에 의한 종합 대책으로 진행되었다. 이러한 성과에도 불구하고 핀란드의 자살예방 전문가들은 아직까지도 구체적이고 과학적인 자살예방 전략을 밝혀내기 어렵다고 평가하고 있지만, 핀란드의 자살예방 프로젝트는 세계적 차원에서 자살예방에 대한 공중보건학적 접근에 관심을 갖게 하고 인식을 제고하도록 만드는 계기가 되었다(国立精神・神経保険研究所, 2008; 복지건강실, 2013).

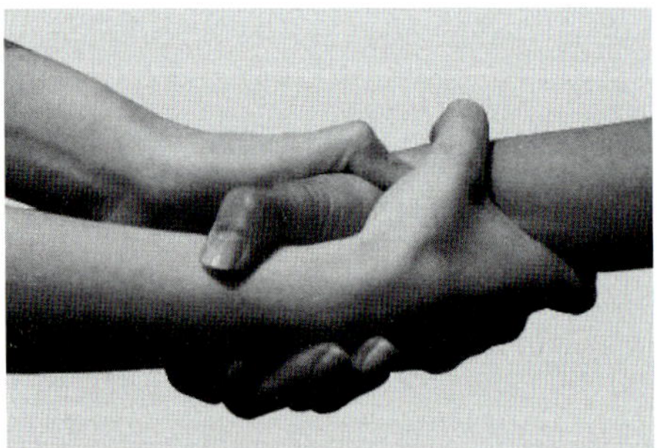

2) 미국

미국의 자살 사망률은 10만 명당 11명으로 국제적으로 보면 자살 사망률이 높은 국가는 아니다. 그러나 다민족 국가, 큰 빈부격차, 총기의 접근 용이성 등의 특성이 자살의 실태에 영향을 주고 있다. 미국은 민간차원에서 일찍부터 자살 대책을 수립 · 실행했다. 1958년부터 각지에 설립된 자살예방센터를 기점으로 많은 봉사 활동이 시작되었고, 초기부터 심리적 부검에 의한 실태조사, 미디어의 자살 보도에 관한 문제를 제기하여 왔다. 미국의 자살대책은 1996년 UN, WHO에서 발표된 "자살예방: 국가 전략의 작성과 실시를 위한 지침"의 영향에 따라 크게 변화했다. 자원봉사로 자살예방 활동을 하고 있던 민간단체가 정책입안자 및 연구자와 연계하여 국가적인 자살대책을 마련하여, 2001년부터 시작된 "건강국민 2010"은 국가 자살예방 전략의 특징을 가지고 있다(国立精神 · 神経保険研究所, 2008).

3) 영국

영국 정부는 "Saving lives: Our Healthier Nation(OHN)"의 슬로건 아래 자살률을 20% 감소시킨다는 목표를 위한 자살예방전략 "National Suicide Prevention Strategy for England"(2002)를 실행하였다. 영국의 자살예방전략은 포괄성, 증거기반, 명확성, 평가의 4가지 이념하에 6개의 분야별 활동으로 구분하여 실시하고 있다. 영국은 자살예방을 위한 많은 계획과 작업을 지역적으로 진행하기 위해 계획을 수립하고, 자살예방에 대한 업무를 조율하고 수행하는 것에 대한 지역의 책임은 지방 공공보건 및 건강증진을 이끌기 위한 지방자치단체의 새로운 책임으로 정하면서, "No health without mental health" 수행 틀에서 자살예방사업을 실시하고 있다(国立精神 · 神経保険研究所, 2008; 복지건강실, 2013).

- Area for Action 1: 고위험군의 자살률 감소와 위험 완화
- Area for Action 2: 특정 집단의 심리적 건강과 정신 보건 개선 구축 대책
- Area for Action 3: 자살에 이용되는 방법 · 구조의 감소

- Area for Action 4: 자살 유가족과 자살위험군에게 더 좋은 정보와 지원 제공
- Area for Action 5: 미디어의 자살 보도 전략 지원
- Area for Action 6: 연구, 데이터 수집과 모니터링

4) 뉴질랜드

뉴질랜드는 1980년부터 자살자 수가 증가하기 시작하여 2003년에 자살률은 인구 10만 명당 11.5명으로 분석되었다. 연령별로는 25~44세의 자살률이 가장 높고, 15~24세 청소년의 자살률도 25%를 차지하는 것으로 나타났다. 뉴질랜드는 1990년대에 청소년 자살예방 전략을 실시하고, 2000년에는 모든 연령에 대응하는 새로운 자살예방에 대한 활동을 시작하였다. 첫째, 선행 연구(증거)의 리뷰가 이루어지고, 그 결과 얻어진 과학적 근거를 바탕으로 초안이 작성되었다. 그 후 많은 의견을 모집하고 검토 후, 2006년에 "뉴질랜드 자살예방 전략 2006~2016"으로 발표되어 실시되고 있다. 이 전략은 공중보건학적 접근을 활용하여, 객관적 증거를 통한 검증 결과에 근거하여 작성하고, 그 전략의 근거가 명시되어 있는지, 근거 자료가 부족한 지역에서는 증거 구축의 필요성을 인식하고, 이미 실시한 전략의 평가 방법의 개발을 시작으로 평가 결과에 따라 수정의 필요성을 명기하고, 평가를 위한 틀을 이미 결정하는 것 등이 특징이다(国立精神・神経保険研究所, 2008).

5) 한국

우리나라는 자살의 심각성을 인식하여 국가 주도적 체계적 자살예방 대책을 마련하기 위해 2004년 9월에 "제1차 국가자살예방 5개년 기본계획(2004~2008)"을 발표하고, 2004년 12월에 복지부 차원에서 국가자살예방 5개년 기본계획을 수립하여 2005년 9월 세부추진계획을 수립・시행한 후, 2008년에 자살예방관련 전문가 및 단체를 중심으로 민관합동 TF를 구성하여, 2008년 9월에 "제2차 국가자살예방 5개년 종합대책(2009~2013)"을 마련하였다(보건복지가족부, 2008).

(1) 제1차 국가자살예방 5개년 기본계획(2004~2008): 2004.9. 발표

제1차 국가자살예방계획은 자살률, 자살시도 및 충동률 감소, 우울증 상담 및 치료율 증가를 목표로 정하고 3대 전략을 중심으로 실시되었다. 3대 전략은 첫째, 환경적 접근과 대상자 중심의 접근을 포괄하는 추진체계의 구축, 둘째, 생애주기에 따른 사업 단계별 추진체계의 구축, 셋째, 공공 부문과 민간 부문의 역할 분담과 협력체계 구축을 통한 사업추진으로 구성되어 있다(복지건강실, 2013).

그러나 정부의 자살예방대책 기본계획 발표에도 불구하고 시행 5년간 자살률은 지속적으로 증가하는 것으로 나타났으며, 예산과 인력보강도 없어 정신보건 관계자들에게 또 다른 업무부담 가중과 사회 환경의 변화와 지원책 및 다양한 자살원인을 고려한 범부처 간 종합적 대책 마련 미흡이 문제점으로 드러났다.

(2) 제2차 국가자살예방 5개년 종합대책(2009~2013): 2008.9. 발표

제2차 국가자살예방 종합대책의 목표는 "자살위험 없는 안전한 공동체 구현"을 통해 2013년까지 자살률을 20명 미만으로 감소하는 것을 목표로 제1차 기본계획의 문제점을 개선하고, 타 공공기관과 합동으로 10대 과제 추진을 선정하고, 정신보건과 사회 환경적 접근 통합, 범부처 간 참여하는 능동적 사전예방 대책 수립을 중심으로 실시되었다.

그러나 자살률은 2008년 126명 대비 2009년에는 31명, 2010년에는 31.2명으로 지속적으로 증가하였고, 범부처와 협력하는 운영체계를 구성하였으나, 개별사업집행에 있어 보건복지부가 관여하기 힘들고, 자살예방을 위한 사업에 대한 예산 미확보의 문제점이 있었다(복지건강실, 2013). 정부의 "자살위험 없는 안전한 공동체 구현"의 중점추진 목표는 다음의 〈표 11-1〉과 같다.

〈표 11-1〉 자살예방 중점 추진 목표

10대 과제	중점 추진목표
1. 자살에 대한 국민의 인식을 개선한다.	우울증이 치료 가능한 질환임을 인식하는 국민의 비율을 2007년도 대비 30% 이상 향상시킨다.
	자살이 사회적 노력을 통해 예방 가능한 문제임을 인식하는 국민의 비율을 2007년도 대비 30% 이상 향상시킨다.
2. 자살위험에 대한 개인·사회적 대응 역량을 강화한다.	국민 스트레스 지수 중 스트레스를 대단히 많이 느끼는 비율을 2007년도 대비 10% 이상 감소시킨다.
3. 자살에 치명적인 방법과 수단에 대한 접근성을 감소시킨다.	농약으로 인한 자살 사망자 수를 2007년도 대비 20% 이상 감소시킨다.
4. 자살에 대한 대중 매체의 책임을 강화한다.	자살에 대한 언론 보도기준 준수 비율을 60% 이상으로 향상시킨다.
5. 자살 고위험군에 대한 정신보건 서비스를 강화한다.	중증정신질환자 및 알코올 중독자의 지역사회 등록관리율을 20% 이상으로 향상시킨다.
	우울증의 수진율을 40%로 향상시킨다.
	자살시도자 및 유가족 관리 프로그램을 확산시킨다.
6. 지역사회 기반의 다양한 자살예방 인력에 대한 교육체계를 강화한다.	정신보건전문요원의 자살예방교육 이수율을 100%로 한다.
	경찰과 소방대원의 자살예방교육 수료율을 높인다.
7. 자살예방을 위한 법과 제도적 기반을 조성한다.	「자살예방법」을 제정한다.
8. 자살예방 서비스 제공을 위한 인프라 구축을 적정화한다.	24시간 자살예방 및 위기개입체계가 12개 이상의 시·도에서 구축되도록 한다.
	지역정신보건센터 설치율이 85%로 향상된다.
	알코올상담센터 설치율이 20%로 향상된다.
9. 자살예방을 위한 연구·감시체계를 구축한다.	국가정신건강연구원에 자살예방정보센터를 설치한다.
	국가통합 자살 DB 구축을 완료한다.
10. 근거에 기반을 둔 자살예방정책을 개발한다.	통합적 자살예방 시범사업을 시행하고 평가한다.

출처: 보건복지가족부(2008). pp.16-18.

부록

부록 1 자살 심각성 평가 척도(Columbia-Suicide Severity Rating Scale: C-SSRS)

C-SSRS는 미국 FDA에서 약물 사용과 자살 발생의 관계에 대한 연구과정에서 자살위험성을 평가하기 위해 정해진 문항에 따라 피검사자와 직접 대화하고 자살 생각과 자살행동에 대해 분석하는 질적 평가도구이다. 임상적으로 외래 방문 시마다 사용하여 자살위험 평가를 선별적으로 할 수 있고, 검사 분량이 짧고 쉬워서 검사에 대한 순응도를 높일 수 있으며, 검사자도 임상 환경에서 시간적 물리적인 부담이 적다.

또한, 자기보고식 검사가 아니므로 피검사자의 이해 정도에 대한 영향도 적고, 보다 심층적인 자료도 얻을 수 있다. 즉, 검사자가 직접 자살위험성을 평가하면서 자기보고식 검사 특유의 장점도 상당 부분 가지고 있는 검사도구라고 할 수 있다.

C-SSRS는 자살생각(Suicidal Ideation), 자살생각의 심각성(Intensity of Ideation)과 자살행동(Suicidal Behavior), 실제 자살기도가 있던 경우만 답변(Answer for Actual Attempts Only)하는 자살의 치명도와 같은 섹션들로 구성되어 있으며, 섹션마다 서로 다른 질문지 구조를 갖고 있다.

[C-SSRS의 결과분석]

	저위험군	중위험군	고위험군
자살생각 항목	항목 1, 2가 '예'인 경우 :죽고 싶은 소망이나 비특이적인 적극적 자살생각이 없는 경우 (단, 나머지 항목들에는 '아니오'임)	항목 3이 '예'인 경우 :실행의도 없이 어떤 방법(계획이 아닌)들을 생각하는 적극적인 자살생각을 가진 경우(단, 항목 4와 5에서는 '아니오'임)	항목 4나 5가 '예'인 경우 :구체적인 계획 없이 어느 정도 실행의도가 있는 적극적인 자살생각을 가진 경우, 구체적인 계획과 의도가 있는 적극적인 자살생각을 가진 경우
자살생각의 심각성	0~4점	5~14점	15점 이상

1) 자살생각(현재 자살시도를 기준으로 평가)		
선별문항 1, 2를 질문하십시오. 모두 부정인 경우, '3) 자살행동'으로 이동하십시오.	Yes	No
1. 죽고 싶은 소망 Q. 이번 자살을 시도하기 전에 죽고 싶다거나 잠든 뒤 깨어나지 않았으면 좋겠다고 바란 적이 있습니까?	□	□
2. 비특이성 적극적 자살생각 Q. 이번 자살을 시도하기 전에 실제로 자살에 대해 생각해 본 적이 있습니까? (예) 자살에 관해 생각해 보았다.	□	□
선별문항 1, 2의 대답이 모두 '아니오'인 경우 '3) 자살행동'으로 넘어가십시오. 선별문항 2의 대답이 '예'인 경우, 아래 3, 4, 5 항목에 답변하십시오. 선별문항 1만 '예'이고 2가 '아니오'인 경우 '2) 자살생각의 심각성'으로 넘어가십시오.		
자살생각의 유형	Yes	No
3. 실행의도 없이 어떤 방법(계획이 아닌)들을 생각하는 적극적 자살생각 Q. 자살시도할 생각은 없었지만 어떻게 실행에 옮길지 생각해 본 적이 있습니까?	□	□
4. 구체적인 계획 없이 어느 정도 실행의도가 있는 적극적 자살생각 Q. 자살시도할 생각이 있었고 실제 실행할 의도가 있었습니까?	□	□
5. 구체적인 계획과 의도가 있는 적극적 자살생각 Q. 자살방법에 대해 구체적으로 계획한 적이 있습니까? 그 계획을 이번 자살시도에 실행할 의도가 있었습니까?	□	□

2) 자살생각의 심각성(intensity): High / Moderate / Low

시작: Q. 자살생각이 언제부터 시작되었습니까?

(　　　　)년 (　　　)월 (　　　)일

잘 기억이 나지 않는다면 아래 중 하나를 적어주세요: (　　　)주 전부터 / (　　　) 개월 전부터

빈도: Q. 자살생각이 시작된 뒤 이러한 생각을 몇 번이나 하셨습니까?

□ 일주일에 한 번 미만　□ 일주일에 한 번　□ 일주일에 2~5번
□ 매일 또는 거의 매일　□ 매일 여러 번

지속 시간: Q. 자살생각이 나면 얼마나 오래 지속됩니까?

□ 순간적- 몇 초 또는 몇 분　□ 1시간 미만 / 잠시 동안　□ 1~4시간 / 한참 동안
□ 4~8시간 / 하루 중 대부분　□ 8시간 이상 / 끊임없이 또는 지속적

통제 가능성: Q. 자살생각이 나면 쉽게 통제할 수 있습니까?

□ 생각을 통제하기가 쉽다.　□ 생각을 통제하기가 거의 힘들지 않다.
□ 생각을 통제하기가 약간 힘들다.　□ 생각을 통제하기가 많이 힘들다.
□ 생각을 통제할 수 없다.　□ 생각을 통제하려고 노력하지 않는다.

저지 요인: Q. 죽고 싶은 마음이나 생각이 실행되지 않도록 막은 사람이나 무언가가 있습니까?(예: 가족, 종교, 죽음의 고통)

□ 자살시도를 막은 저지 요인이 확실히 있다.　□ 저지 요인이 있는 것 같다.
□ 저지 요인이 있는지 확실치 않다.　□ 저지 요인이 없는 것 같다.
□ 저지 요인이 분명히 없다.　□ 해당 없다.

자살생각의 이유:

Q. 죽고 싶거나 자살하고 싶다는 생각을 하게 된 이유는 무엇입니까?(두 가지 모두 해당 가능)
- 고통이나 힘든 감정을 끝내려는 목적이 있었습니까?
- 다른 사람으로부터 관심이나 복수 등을 얻어 내려는 목적이 있었습니까?

□ 전적으로 다른 사람으로부터 관심이나 복수 또는 반응을 얻어 내려는 것이었다.
□ 주로 다른 사람으로부터 관심이나 복수 또는 반응을 얻어 내려는 것이었다.
□ 다른 사람으로부터 관심이나 복수 또는 반응을 얻어 내려는 것과 고통을 끝내려는 것이 절반씩이었다.
□ 대체적으로 고통을 끝내려는 것이었다.
□ 전적으로 고통을 끝내려는 것이었다.
□ 해당 없다.

3) 자살행동(이번 응급실에 내원한 주된 이유에 관해서만 질문합니다.) * '예'인 경우에만 체크해 주세요.

☐ 실제적 시도:
- 실행과 관련하여 죽으려는 의도/욕구가 **조금이라도** 있으면 '실제적 시도'로 간주될 수 있다.
- **어떤 상해나 위해가 있어야 하는 것은 아니며,** 상해나 위해의 잠재성만 있으면 된다.

총을 입에 넣고 방아쇠를 당겼지만, 총이 고장 나서 상해를 입지 않았다면 이는 시도로 간주된다.

[추론적 의도]
- 개인이 죽으려는 의도/소망을 부인하더라도 행동이나 상황으로부터 임상적으로 추론할 수 있다.
- 죽으려는 의도를 부인해도 이번 시도가 치명적일 수 있다고 생각했다면 의도를 추론할 수 있다.

☐ 방해된 시도:
- (외부상황에 의해)잠재적 자해 행위의 시작이 방해를 받은(그렇지 않았다면 실제로 시도가 이루어졌을) 경우

(예) 약물 과용: 손에 약을 쥐고 있으나 복용이 저지된 경우. 일단 약을 복용하면 방해된 시도가 아니라 시도로 간주한다.

(예) 뛰어내리기: 뛰어내리려고 자세를 취했으나 잡혀서 끌어내려졌을 경우.

Q. 목숨을 끊기 위해 무엇인가를 시작했지만 실제로 실행하기 전에 누군가에 의해 또는 무슨 일로 중단되었습니까?

☐ 중단된 시도:
- 자살시도를 실행에 옮기기 시작했으나 어떤 자기파괴적 행동을 실제로 하기 전에 스스로 중단한 경우. 사례는 방해된 시도와 유사하지만, 누군가에 의해 또는 무슨 일로 중단된 것이 아니라 스스로 중단한 것이 다르다.

Q. 목숨을 끊으려고 무슨 일을 시작했지만 실제로 행하기 전에 스스로 중단하였습니까?

☐ 준비행위나 행동:
- 곧 자살을 시도하기 위한 행위 또는 준비. 여기에는 구체적인 수단을 강구하거나(즉, 약물 구매나 총기 구입) 자살을 통한 죽음을 준비하는 (즉, 물건을 나눠 주거나 자살 메모를 하는 것) 등의 말이나 생각을 넘어서는 어떤 것이 포함될 수 있다.

Q. 자살을 시도하거나 자살을 준비하기 위한 행동(즉, 약물 수집, 총기 구입, 소중한 물건 나눠주기, 자살 메모 적기)을 취한 것입니까?

☐ 자해 행동:

자살할 의도가 전혀 없이 순전히 다른 이유로 자해 행동을 한 것입니까?

(예) 스트레스를 풀기 위해, 기분 전환을 위해, 동정심을 얻으려고, 또는 상황을 바꾸기 위해서)

4) 자살의 치명도(이번 자살행동이 실제 자살시도인 경우에만 답변 하십시오.)

실제적 치명성 / 의학적 손상

- □ 신체적 손상이 없거나 매우 경미한 신체적 손상(즉, 찰과상) ⇒ 이 경우만 아래 작성
- □ 경미한 신체적 손상(즉, 어눌한 말투, 1도 화상, 가벼운 출혈, 접질림)
- □ 보통의 신체적 손상: 의학적인 주의 필요(즉, 의식은 있으나 혼미한 상태 – 어느 정도 반응 보임, 2도 화상, 주요 혈관의 출혈)
- □ 어느 정도 심각한 신체적 손상: 입원 및 경우에 따라서 집중적인 치료 요구(즉, 반사능력이 손상되지 않은 혼수상태, 신체 20% 미만의 3도 화상, 출혈이 심하나 회복 가능, 심각한 골절)
- □ 심각한 신체적 손상: 입원과 함께 집중적인 치료 요구(즉, 반사능력이 손상된 혼수상태, 신체 20% 이상의 3도 화상, 생명 징후가 불안정한 과다 출혈, 필수 부위의 심각한 손상)
- □ 사망

잠재적 치명성: 실제적 치명성이 '신체적 손상이 없거나 매우 경미한 신체적 손상' 경우에만 답변

– 의학적 손상을 입지 않은 실제적 시도에 따른 잠재적 치명성을 평가(실제 의학적 손상은 없으나 잠재적으로 매우 심각한 치명성을 지닌 시도)

(예 1) 입에 총을 넣고 방아쇠를 당겼으나 총이 격발되지 않아 의학적 손상을 입지 않은 경우
(예 2) 다가오는 기차 앞에 철로에 누웠으나 치이기 전에 끌려난 경우

- □ 상해를 초래할 가능성이 없는 행동
- □ 상해를 초래할 가능성은 있으나 사망으로 이어질 가능성이 없는 행동
- □ 의학적 치료에도 불구하고 사망으로 이어질 가능성이 있는 행동

부록 2 무망감 척도(Beck Hopelessness Scale)

문항	Yes	No
1. 나는 내 미래에 대해서 희망적이고 의욕적이다.	☐	☐
2. 내 생활을 더 좋아지게 할 수 없으므로 포기하는 것이 나을 것 같다.	☐	☐
3. 일이 잘 안 될 때에는 항상 이렇지는 않을 것이라고 생각하면 도움이 된다.	☐	☐
4. 나는 내가 10년 후에 어떻게 되었을지 상상할 수 없다.	☐	☐
5. 내가 가장 원하는 것을 성취할 수 있는 충분한 시간이 있다.	☐	☐
6. 장래에 나는 내게 가장 중요한 일에서 성공할 수 있을 것이다.	☐	☐
7. 나의 미래는 어두울 것 같다.	☐	☐
8. 나는 내 인생에서 보통 사람보다 좋은 것을 더 많이 얻을 수 있을 것이다.	☐	☐
9. 나는 마음이 편치 않으며 미래에도 아마 그럴 것이다.	☐	☐
10. 나에게 있어서는 과거의 경험이 장래를 위한 좋은 준비가 되었다.	☐	☐
11. 앞으로 나에게 일어날 모든 일은 좋은 일보다 나쁜 일이다.	☐	☐
12. 나는 내가 정말로 원하는 것을 가질 수 있다고 기대하지 않는다.	☐	☐
13. 나는 미래가 지금보다 더 행복할 것이라고 생각한다.	☐	☐
14. 내가 원하는 대로 일이 잘 풀리지 않을 것이다.	☐	☐
15. 나는 미래에 대해 큰 신념을 가지고 있다.	☐	☐
16. 내가 원하는 것을 가질 수 없으므로 무엇을 원하는 것은 바보 같은 일이다.	☐	☐
17. 나는 장래에 진정한 만족감을 느끼지 못할 것 같다.	☐	☐
18. 나에게 미래는 막연하고 불확실하게 보인다.	☐	☐
19. 나는 미래에 나쁜 일보다는 좋은 일이 더 많이 있을 것이라고 기대한다.	☐	☐
20. 내가 원하는 것을 얻기 위해 노력하는 것은 아마도 소용이 없는 일이다. 왜냐하면, 나는 아마도 그것을 갖지 못할 테니까.	☐	☐

- 1, 3, 5, 6, 8, 10, 13, 15 문항은 '아니오' = 1점, 나머지 문항은 '예' = 1점으로 하고, 각 문항의 점수를 합산하여 총점을 구한다.
- Beck은 10점을 자살위험 지표로 제시
- 한국의 연구(신민섭, 1993):
  - 고등학생 집단: 평균점수 5.53점(표준편차 5.03)
  - 대학생 집단: 평균점수 4.19점(표준편차 4.21)
  - 성인 집단: 평균점수 3.06점(표준편차 3.60)
  - 우울증 집단: 평균점수 8.97점(표준편차 5.42)

부록 3 우울 척도(Beck Depression Inventory: BDI)

번호	문항	
1	나는 슬프지 않다.	0
	나는 슬프다.	1
	나는 항상 슬프고 기운을 낼 수 없다.	2
	나는 너무나 슬프고 불행해서 도저히 견딜 수 없다.	3
2	나는 앞날에 대해서 별로 낙담하지 않는다.	0
	나는 앞날에 대한 용기가 나지 않는다.	1
	나는 앞날에 대해 기대할 것이 아무것도 없다고 느낀다.	2
	나의 앞날은 아주 절망적이고 나아질 가망이 없다고 느낀다.	3
3	나는 실패자라고 느끼지 않는다.	0
	나는 보통 사람보다 더 많이 실패한 것 같다.	1
	내가 살아온 과거를 뒤돌아보면 실패투성이인 것 같다.	2
	나는 인간으로서 완전한 실패자라고 느낀다.	3
4	나는 전과 같이 일상생활에 만족하고 있다.	0
	나의 일상생활은 예전처럼 즐겁지가 않다.	1
	나는 요즘에는 어떤 것에서도 별로 만족을 얻지 못한다.	2
	나는 모든 것이 다 불만스럽고 싫증이 난다.	3
5	나는 특별히 죄책감을 느끼지 않는다.	0
	나는 죄책감을 느낄 때가 많다.	1
	나는 죄책감을 느낄 때가 아주 많다.	2
	나는 항상 죄책감에 시달리고 있다.	3
6	나는 벌을 받고 있다고 느끼지 않는다.	0
	나는 어쩌면 벌을 받을지도 모른다는 느낌이 든다.	1
	나는 벌을 받을 것 같다.	2
	나는 지금 벌을 받고 있다고 느낀다.	3
7	나는 나 자신에게 실망하지 않는다.	0
	나는 나 자신에게 실망하고 있다.	1
	나는 나 자신에게 화가 난다.	2
	나는 나 자신을 증오한다.	3
8	내가 다른 사람보다 못한 것 같지는 않다.	0
	나는 나의 약점이나 실수에 대해서 나 자신을 탓하는 편이다.	1
	내가 한 일이 잘못되었을 때는 언제나 나를 탓한다.	2
	일어나는 모든 나쁜 일은 다 내 탓이다.	3

번호	문항	
9	나는 자살 같은 것은 생각하지 않는다.	0
	나는 자살할 생각을 가끔 하지만 실제로 하지는 않을 것이다.	1
	자살하고 싶은 생각이 자주 든다.	2
	나는 기회만 있으면 자살하겠다.	3
10	나는 평소보다 더 울지는 않는다.	0
	나는 전보다 더 많이 운다.	1
	나는 요즈음 항상 운다.	2
	나는 전에는 울고 싶을 때 울 수 있었지만, 요즈음은 울래야 울 기력조차 없다.	3
11	나는 요즈음 평소보다 더 짜증을 내는 편이 아니다.	0
	나는 전보다 더 쉽게 짜증이 나고 귀찮아진다.	1
	나는 요즈음 항상 짜증을 내고 있다.	2
	전에는 짜증스럽던 일이 요즈음은 너무 지쳐서 짜증조차 나지 않는다.	3
12	나는 다른 사람에 대한 관심을 잃지 않고 있다.	0
	나는 전보다 사람에 대한 관심이 줄었다.	1
	나는 사람에 대한 관심이 거의 없어졌다.	2
	나는 사람에 대한 관심이 완전히 없어졌다.	3
13	나는 평소처럼 결정을 잘 내린다.	0
	나는 결정을 미루는 때가 전보다 더 많다.	1
	나는 전에 비해 결정을 내리는 데 더 큰 어려움을 느낀다.	2
	나는 더 이상 아무 결정도 내릴 수 없다.	3
14	나는 전보다 내 모습이 나빠졌다고 느끼지 않는다.	0
	나는 매력 없어 보일까 봐 걱정한다.	1
	나는 내 모습이 매력 없이 변해버린 것 같은 느낌이 든다.	2
	나는 내가 추하게 보인다고 믿는다.	3
15	나는 전처럼 일을 할 수 있다.	0
	어떤 일을 시작하는 데 전보다 더 많은 노력이 든다.	1
	무슨 일이든 하려면 나 자신을 매우 심하게 채찍질해야만 한다.	2
	나는 전혀 아무 일도 할 수가 없다.	3
16	나는 평소처럼 잠을 잘 수 있다.	0
	나는 전만큼 잠을 자지는 못한다.	1
	나는 전보다 일찍 깨고 다시 잠들기 어렵다.	2
	나는 평소보다 몇 시간이나 일찍 깨고 한번 깨면 다시 잠들 수 없다.	3

번호	문항	
17	나는 평소보다 더 피곤하지는 않다.	0
	나는 전보다 더 쉽게 피곤해진다.	1
	나는 무엇을 해도 피곤해진다.	2
	나는 너무나 피곤해서 아무 일도 할 수 없다.	3
18	내 식욕은 평소와 다름없다.	0
	나는 요즈음 전보다 식욕이 좋지 않다.	1
	나는 요즈음 식욕이 많이 떨어졌다.	2
	요즈음에는 전혀 식욕이 없다.	3
19	요즈음 체중이 별로 줄지 않았다.	0
	전보다 몸무게가 2kg가량 줄었다.	1
	전보다 몸무게가 5kg가량 줄었다.	2
	전보다 몸무게가 7kg가량 줄었다.	3
	나는 현재 음식 조절로 체중을 줄이고 있는 중이다. 예( ) / 아니오( )	
20	나는 건강에 대해 전보다 더 염려하고 있지는 않다.	0
	나는 여러 가지 통증, 소화불량, 변비 등과 같은 신체적 문제로 걱정하고 있다.	1
	나는 건강이 너무 염려되어 다른 일을 생각하기 힘들다.	2
	나는 건강이 너무 염려되어 다른 일을 아무것도 생각할 수 없다.	3
21	나는 요즈음 성(sex)에 대한 관심에 별다른 변화가 없다.	0
	나는 전보다 성(sex)에 대한 관심이 줄었다.	1
	나는 전보다 성(sex)에 대한 관심이 상당히 줄었다.	2
	나는 성(sex)에 대한 관심을 완전히 잃었다.	3

- 21 문항 자기보고식 척도(0~3점, 총점 0~63점)
- Cut off point 13점, 16점, 21점
  - 0~9점: 우울하지 않은 상태
  - 10~15점: 가벼운 우울 상태
  - 16~20점: 임상적 경계선 우울장애
  - 21~30점: 중정도의 우울
  - 31~40점: 심한 우울
  - 40점 이상: 극심한 우울 상태

부록 4 자살생각 척도(Scale for Suicidal Ideation: SSI)

번호	문항	보기	V
1	살고 싶은 소망은?	0. 보통 혹은 많이 있다. 1. 약간 있다. 2. 전혀 없다.	
2	죽고 싶은 소망은?	0. 전혀 없다. 1. 약간 있다. 2. 보통 혹은 많이 있다.	
3	살고 싶은 이유 / 죽고 싶은 이유는?	0. 사는 것이 죽는 것보다 낫기 때문에. 1. 사는 것이 죽는 것이나 마찬가지다. 2. 죽는 것이 사는 것보다 낫기 때문에.	
4	실제로 자살시도를 하려는 욕구가 있습니까?	0. 전혀 없다. 1. 약간 있다. 2. 보통 혹은 많이 있다.	
5	별로 적극적이지는 않고 수동적인 자살욕구가 생길 때는?	0. 생명을 건지기 위해 필요한 조치를 미리 할 것이다. 1. 삶과 죽음을 운명에 맡기겠다. 2. 살기 위한 노력을 하지 않겠다.	
6	자살하고 싶은 생각이 얼마나 오랫동안 지속됩니까?	0. 잠깐 그런 생각이 들다가 곧 사라진다. 1. 한동안 그런 생각이 들다가 곧 사라진다. 2. 계속 거의 항상 그런 생각이 지속된다.	
7	얼마나 자주 자살하고 싶은 생각이 듭니까?	0. 거의 그런 생각이 들지 않는다. 1. 거의 그런 생각이 든다. 2. 그런 생각이 계속 지속된다.	
8	자살생각이나 소망에 대한 당신의 태도는?	0. 절대로 받아들이지 않는다. 1. 양가적이나 크게 개의치 않는다. 2. 그런 생각을 받아들인다.	
9	자살하고 싶은 충동을 통제할 수 있습니까?	0. 충분히 통제할 수 있다. 1. 통제할 수 없을 것이다. 2. 전혀 통제할 수 없을 것 같다.	
10	실제로 자살시도를 하는 것에 대한 방해물이 있다면?(예: 가족, 동료, 다시 살 수 없다는 생각 등)	0. 방해물 때문에 자살시도를 하지 않을 것이다. 1. 방해물 때문에 조금은 마음이 쓰인다. 2. 방해물에 개의치 않는다.	
11	자살에 대해 깊게 생각해 본 이유는?	0. 자살에 대해 생각해 본 적이 없다. 1. 주변 사람들의 관심을 끌고 보복하기 위해서. 2. 현실 도피적인 문제해결 방법으로.	

번호	문항	보기	V
12	자살에 대해 깊게 생각했을 때 구체적인 방법까지 계획했습니까?	0. 자살에 대해 생각해 본 적이 없다. 1. 자살생각을 했으나 구체적인 방법까지는 생각하지 않았다. 2. 구체적인 방법을 자세하고 치밀하게 생각해 놓았다.	
13	자살방법을 깊게 생각했다면 그것이 얼마나 현실적으로 실현 가능하며, 또한 시도할 기회가 있다고 생각하십니까?	0. 방법도 현실적으로 실현 가능하지 않고 기회도 없을 것이다. 1. 방법에 시간과 노력이 필요하며, 기회가 쉽게 오지 않을 것이다. 2. 생각한 방법이 현실적으로 실현 가능하며, 기회도 있을 것이다.	
14	실제로 자살을 할 수 있는 능력이 있다고 생각하십니까?	0. 용기가 없고 너무 약하고 두렵고 능력이 없어서 자살을 할 수 없다. 1. 자살할 용기와 능력이 있는지 확신할 수 없다. 2. 자살할 용기와 자신이 있다.	
15	정말로 자살시도를 할 것이라 확신합니까?	0. 전혀 그렇지 않다. 1. 잘 모르겠다. 2. 그렇다.	
16	자살에 대한 생각을 실행하기 위해 실제로 준비한 것이 있습니까?	0. 없다. 1. 부분적으로 했다(예: 약을 모으기 시작함). 2. 완전하게 준비했다(예: 약을 사 모음).	
17	자살하려는 글(유서)을 쓴 적이 있습니까?	0. 없다. 1. 쓰기 시작했으나 다 쓰지 못했다./생각만 했다. 2. 다 써 놓았다.	
18	죽음을 예상하고 마지막으로 한 일은?	0. 없다. 1. 생각만 해 보았거나 약간의 정리를 했다. 2. 확실한 계획을 세웠거나, 다 정리를 해 놓았다.	
19	자살에 대한 생각을 다른 사람들에게 이야기한 적은 있습니까? 혹은 속이거나 숨겼습니까?	0. 다른 사람에게 터놓고 이야기하였다. 1. 드러내는 것을 주저하거나 숨겼다. 2. 그런 생각을 속이고 숨겼다.	

- 19 문항 자기보고식 척도(0~2점, 총점 0~38점)
  - 20점 이하: 정신적으로 정상이며 건강함.
  - 21~30점: 자살생각이 있는 편임. 주의하여 살펴볼 필요가 있음.
  - 30점 이상: 자살생각이 위험한 정도이고 실제 자살행동에 대한 계획이 있을 수 있음. 심도 있는 상담이 요망됨.

참고문헌

참고문헌

강은정 · 이수형(2010). 자살의 원인과 대책 연구: 정신의학적 접근을 넘어서. 서울: 한국보건사회연구원.

국방일보(2010). 자살자 사고분석: 육군본부 보도내용.

국제조울병학회(2016). 연례학술대회 'Suicide in Bipolar Disorder: an ISBD task force report' 제16차 연례학술대회.

김병철(2010). 자살에 영향을 미치는 사회적 예측 변인 연구: 자살에 관한 언론 보도 내용 분석을 중심으로. 한국언론학보, 54(2), 346-442.

김영옥 · 김주영(2015). 육아정책 자문회의. 육아정책에 대한 의견 제안 및 육아정책연구 과제제안. 육아정책연구소.

김은경 · 양재원 · 정유숙 · 홍성도 · 김지혜(2005). 아동 및 청소년에서 소아 우울 척도의 요인 구조, 한국심리학회지, 24(3), 693-707.

박종익 · 김영주(2014). 한국판 자살 태도 설문지(ATTS-20)의 요인구조. 정신보건과 사회사업.

보건복지부(2005, 2014). '자살예방종합대책', '2013년에 자살실태조사실시' 언론보도.

보건복지부(2008), '자살예방종합대책', 2011 '자살예방 및 생명존중문화 조성을 위한 법률', 2013 '자살실태조사'.

복지건강실(2013). 보건복지위원회 보고서: 자살예방사업.

아주대학교(2013). 자살자에 대한 원인조사방법연구. 심리부검센터.

이채정 · 김상우(2013). 공공기관 정부지원 예산안 평가 국회예산정책처, 치매관리사업의 현황과 개선과제.

이하나 · 안순태(2013). 자살보도의 영향력에 대한 이론적 고찰: 공중보건학적 관점에서의 검토. 헬스커뮤니케이션연구, 9, 143-190.

이봉희(2004). 문학치료에서 활용되는 글쓰기의 치유적 힘에 대한 고찰과 문학치료사례. 교양교육연구, 8(1), 281-310.

정묘순 · 서수균(2014). 청소년 자살시도 예측변인: 자살위기 청소년을 중심으로. 한국청소년연구, 25(2), 146-147.

정신건강정책포럼(2007). 우리나라 자살의 사회 · 경제적 비용부담에 관한 연구. 창간호.

조홍식(2015). 생명문화와 자살예방정책 기조강연. 생명문화학회.

청소년대화의 광장(1994). 사회복지총론: 고등학생의 학업성취에 대한 불안. 서울: 한국교육개발원.

통계청(2012). '자살에 대한 충동 및 이유', 사망원인통계.

통계청(2013). '2012년 한국 자살률 OECD 1위'. 사망원인통계.

한국자살예방협회(2009). 임상사용의 실제. 서울대출판부.

한국프레스센터(2010). 청소년 자살, 원인과 징후 그리고 예방대책: 청소년상담 전문가 대담내용.

한상철 · 임영식(2000). 청소년 심리의 이해. 서울: 학문사.

American Psychiatric Association (2013). Diagnostic and statistical manual of mental disorder, Fifth Edition. Washington, D. C.: American Psychiatric Press.

Bailley, S. E. Kral, M. J. & Dunham, K. (1999). Survivors of suicide do grieve differently: Empirical support for a common sense proposition. *Suicide and Life Threatening Behavior*, *29*, 256-271.

Battavia, A. I. (2000). The relevance of data on physicians and disability on the right to assisted suicide:Can empirical studies resolve the issue?. *Psychology, Public Policy, & Law*, *6*(2), 546-558.

Battin, M. P.(1995). *Ethical issues in suicide*. Englewood Cliffs, NJ : Prentice Hall.

Beck, A. T., Weissman, A., Lester, D., & Trexler, L. (1979). Classification of suicidal behaviors: II. Dimensions of suicidal intent. *Arch Gen Psychiatry*, *33*, 835-837.

Berman, A., & Jobes, D. (1997). *Adolescent suicide assessment and 166 ntervention*. Washington, DC: American Psychological Association.

Berman, A. L., & Jobes, D, A. (2006). Treatment of the suicidal adolescent. *Death Studies*, *18*(4), 375-389.

Biddle, L. (2003). Public hazards of private tragedies? An exploratory. study of the effect of coroners'procedures on those bereaved bysuicide. *Social Science & Medicine*, *56*, 1033-1045.

Clarke, D. M. (1999). Autonomy, rationality, and the wish to die. *Journal of Medical Ethics*, *25*, 457-462.

Conwell, Y. & Caine, E. D. (2011). Suicide in the chronic elderly patient population. In Light, E. & Lebowitz, B. D. (Eds.), *The elderly with chronic mental illness : Directions for research*. 13-52.

Constantino, R. E. Sekula, L. K. & Rubinstein, E. N. (2001). Group intervention for widowed survivors of suicide. *Suicide and Life-Threatening Behavior*, *31*(4), 428-441.

DiPasquale, T. & Gluck, J. P. (2001). Psychologists, psychiatrists, and physician-assisted suicide: The relationship between underlying beliefs and professional behavior. *Professional Psychology: Research and Practice*, *32*(5), 501-506.

Durkheim, E. (1897). *Le suicide : etude de sociologie*. Paris : Presses Universitaires de France.

Ellis, T. (2001). Psychotherapy with suicidal patients. In D. Lester (Ed.), *Suicide prevention: Resources for the millennium*. NY : Brunner-Routledge.

Faberow, N. L. (2011). *The cry for help*. NY : McGrow-Hill.

Farberow, N. L. & Sineidman, E. S. (1974). A suicide prediction schedule for neuropsychiatric hospital patients. *Journal of Nervous Mental Disease*, *158*, 408-419.

Gerbert B, Sumser J, & Maguire BT (1991). The impact of who you know and where you live on opinions about AIDS and health. *Social science and medicine*, *32*(6), 677-758.

Gould, M. S. (2003). A study of time-space clustering of suicide. Final report. Atlanta : Centers for Disease Control.

Gould, M. S. & Shaffer, D. (1996). The impact of suicide in television movies : Evidence of imitation. *New England Journal of Medical*, *315*(11), 690-694.

Habenstein, K. & Simkin, S. (2013). Helping people bereaaved by suicide: Their needs may require special attention, *British Medical Journal*, *327*, 177-178.

Harwood, D. Hawton, K. Hope, T. & Jacoby, R. (2002). The grief experiences and need of bereaved relatives and friends of older people dying through suicide: A descriptive and case-control study. *Journal of Affective Disorders*, *72*, 185-194.

Hawton, K. (1998). Trends in deliberate self-harm in Oxford. *British Journal of Psychiatry*, *171*, 556-560.

Havighurst, R. J. (1972). *Developmental tasks and education*. NY : David McKay Company.

Jacobson, G. (1999). The inpatient management of suicidality. In D. G. Jacobs (Ed.), The Harvard Medical School guide to suicide assessment and intervention. San Francisco : Jossey-Bass.

Lester, D. (1993a). Challenges in preventing suicide. *Crisis: The Journal of crisis intervention and suicide prevention*, *14*(4), 187-189.

Lester, D. & Leenaars, A. A. (1996). The ethics of suicide and suicide prevention. *Death Studies*, *20*(2), 163-184.

Lewinsohn, P. M. Rohde, P. & Seeley, J. R. (1996). Adolescent suicidal ideation and attempts :

Prevalence, risk factors, and clinical implication. *Clinical Psychology Science and Practice*, *3*, 25-46.

Lichtenstein, Solvic, Fischhoff, Layman, & Combs (1978). Judgment and Decision Making.

Lewinsohn, P. M., Rohde, P, & Seeley, J. R. (1992). Psychosocial characteristics of adolescents with a history of suicide attempt. *Journal of the American Academ*, *32*(1),60-68.

McIntosh, J. L., & Kelly, L. (1992). Survivors' reactions: Suicide vs. other cause. *The Journal of Crisis intervention and suicide prevention*, *13*, 82-93.

Menec & Perry, (1995) of the kinds of strategies supported by the literature on motivation.

Metha & Farina, (1997). College of Pharmacy Synthesis and biological assessment of six novel 2-substituted.

Mishara & Brian L. (1999). "Childhood Conceptions of Death and Suicide: Empirical Investigations and Implicat.

Normand, R. & Mishara (1992). Efficacy of interpersonal psychotherapy for depressed adolescents.

Owen, F., Cross, A. J., Crow, T. J., Deakin, J. F., Ferrier, I. N., Lofthouse, R., & Poulter, M. (2009). Brain 5-HT-2 receptors and suicide. *The Lancet*, *2*, 8361.

Phillips, D. P. (1974). The influence of suggestion on suicide : Substantive and theoretical implication of the Werther effect. *American Sociological Review*, *39*(3), 340-354.

Pietila, M. (2002). Support groups: A psychological or social device for suicide bereavement? *British Journal of Guidance & Counseling*, *30*, 401-414.

Provini, C. Everett, J. R. & Pfeffer, C. R. (2000). Adults mourning suicide: Self-reported concerns about bereavement, needs for ssistance, and help=seeking behavior. *Death Studies*, *24*, 1-19.

Rubel, B. (2003). *The grief response: Experienced by the saviors of suicide*. Available at: Grief Work Center Inc.

Rudestam, K. E. (1992). Research contributions to understanding the suicide survivor. *The Journal of Crisis intervention and suicide prevention*, *13*(1), 41-46.

Silverman, E. Range, L. & Overholser, J. (1994). Bereavement from suicide as a compared to other forms of bereavement. *Omega*, *30*, 41-51.

Stillion, J. M. & McDowell, E. E. (1996). *Suicide across the lifespan: Premature exits (2nd ed).* Washington, DC: Taylor & Francis.

Wilkinson, E. R & Gunnell, D. C. (2000). Suicide in children younger than age fourteen: Clinical judgment and assessment issues.

Wrobleski, A. & McIntosh, J. L. (1987). Problems of suicide 177 urvivors : A survey report. *Israeli Journal of Psychiatry & Related Sciences*, *241*, 137-142.

高橋祥友(1997). 자살의 심리학. 講談社現代新書.

国立精神・神経保険研究所(2008). 국민건강증진기금 민간경상보조사업 최종보고서, 한국건간증진재단, 복지건강실, 2013.

저자소개

■ 김도진
성덕대학교 유아교육과 교수, 교육학박사

■ 이인학
대구과학대학교 물리치료과 교수, 교육학박사

■ 최성열
경북과학대학교 유아교육과 교수, 교육학박사

■ 류관열
계명대학교 외래교수, 교육학박사

■ 신성철
경북과학대학교 사회복지학과 교수, 교육학박사

■ 신연희
영남외국어대학교 유아교육과 교수, 교육학박사

■ 정일동
경북과학대학교 군사학과 교수, 정치학박사

■ 김숙복
계명대학교 외래교수, 교육학박사

■ 송희원
대구과학대학교 유아교육과 교수, 교육학박사

■ 최길용
경북과학대학교 호텔조리제빵차문화과 교수, 이학박사

생명존중교육을 위한

자살예방론

초판 1쇄 인쇄 2016년10월 13일
초판 1쇄 발행 2016년10월 17일

지 은 이 | 김도진 · 이인학 · 최성열 · 류관열 · 신성철 · 신연희 · 정일동 · 김숙복 · 송희원 · 최길용

펴 낸 이 | 김기섭
편 집 인 | 이혜란
펴 낸 곳 | 창지사 www.changjisa.com
08589 서울시 금천구 가산디지털 1로 83 파트너스타워 1차 9층
전화 (02)719-2211~3
팩스 (02)701-9386
등 록 | 1977년 4월 28일 · 제1-421호

ISBN 978-89-426-2343-3 (93330)

값 15,000원

이 도서의 국립중앙도서관 출판예정도서목록(CIP)은 서지정보유통지원시스템 홈페이지(http://seoji.nl.go.kr)와 국가자료공동목록시스템(http://www.nl.go.kr/kolisnet)에서 이용하실 수 있습니다(CIP제어번호: CIP2017004276)